国际贸易理论与实务

THE THEORY AND PRACTICE OF INTERNATIONAL TRADE

杨菲 著

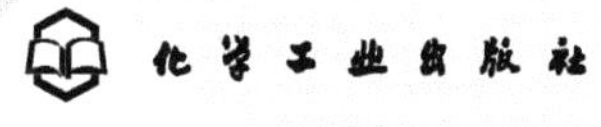

化学工业出版社
·北京·

内容简介

本书共分为两个部分，第一部分为国际贸易的理论研究，第二部分为国际贸易的实务研究。第一部分介绍了国际贸易的基础知识，阐述了国际贸易的基础理论，分析了国际贸易产生的积极影响，对国际贸易政策进行了多元化探索，探究了新时期国际贸易的发展模式与路径。第二部分对国际贸易术语、国际贸易商品的价格、国际贸易结算、国际货物贸易流程、国际贸易方式、国际货物运输与保险进行了阐述。

本书可作为高等院校国际经济与贸易、工商管理、国际金融等专业的教材，也可作为外销员、商务师、报关员考试辅导以及国际贸易理论研究和实际工作人员的参考书。

图书在版编目（CIP）数据

国际贸易理论与实务/杨菲著．—北京：化学工业出版社，2021.4

ISBN 978-7-122-39292-3

Ⅰ.①国…　Ⅱ.①杨…　Ⅲ.①国际贸易理论-高等学校-教材②国际贸易-贸易实务-高等学校-教材　Ⅳ.①F740

中国版本图书馆CIP数据核字（2021）第100356号

责任编辑：王　烨　　　　文字编辑：李　曦
责任校对：宋　玮　　　　装帧设计：刘丽华

出版发行：化学工业出版社（北京市东城区青年湖南街13号　邮政编码100011）
印　　装：北京科印技术咨询服务有限公司数码印刷分部
710mm×1000mm　1/16　印张18　字数281千字　2022年8月北京第1版第1次印刷

购书咨询：010-64518888　　　　售后服务：010-64518899
网　　址：http://www.cip.com.cn
凡购买本书，如有缺损质量问题，本社销售中心负责调换。

定　　价：98.00元

前言

国际贸易理论发端于重商主义经济学说，其后经过亚当·斯密、大卫·李嘉图、李斯特、赫克歇尔、俄林以及当代的里昂惕夫、克鲁格曼、杨小凯等人发展和完善，已经成为经济学的一个独立分支并获得了持续而又卓有成效的进展。

随着经济的发展，中国改革开放得到进一步的深化，经济全球化也在深入发展。在这种背景下，中国经济与世界经济已经融为一体。中国的发展离不开世界，世界经济的恢复和发展也需要中国。

国际贸易以多种贸易模式融入全球化发展中，急需一大批懂经济、会管理、通法律、善变通的高层次贸易人才，需要一大批具有国际视野的高层次经济管理人才，熟悉和掌握国际贸易理论的发展演变，通晓新的国际惯例与规则，掌握国际贸易实务操作的规范流程。正是在这种背景下，笔者撰写了《国际贸易理论与实务》一书。

《国际贸易理论与实务》是从抽象到具象的统一，国际贸易理论更多体现的是宏观研究的国际视角，国际贸易实务更多体现的是微观的具体运作。理论的掌握有助于我们从宏观角度把握政策方针，实务的掌握有助于技能的发挥与运用，两者相辅相成。

本书的结构分为两部分。

第一部分为国际贸易理论部分，共设置五章（第一章至第五章)。第一章阐述了国际贸易的产生、发展、地位、相关概念以及分类；第二章阐述了传统国际贸易理论、国际贸易新理论以及马克思国际贸易动力理论的当代应用；第三章从国民经济、偏向性技术进步、行业工资三个方面阐述了国际贸易产生的积极影响；第四章论述了发达国家、发展中国家以及中国的对外贸易政策研究，并对国际贸易政策的利益分析进行了阐释；第五章论述了新时期国际贸易的运营模式与发展路径。

第二部分为国际贸易实务部分，共设置五章（第六章至第十章）。第六章阐述了国际贸易术语；第七章论述了国际贸易商品的价格；第八章研究了国际贸易结算；第九章阐述了国际贸易方式；第十章探究了国际货物运输与保险。

本书可读性较强，内容的广度与深度适中。由于时间紧促和笔者水平有限，书中难免有不足之处，敬请各位读者批评指正，以便笔者在以后的研究中进一步完善。

著者

目录

第二篇 / 155

实务部分

理论部分

第一篇 理论部分

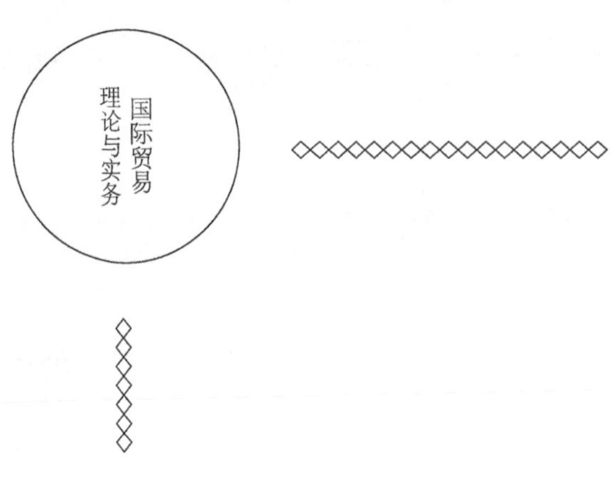

第一章 国际贸易的认知

第一节 国际贸易的产生与发展

以国际贸易发展的历史做认知的引子，对国际贸易的产生和发展历程进行回顾，有利于我们开始国际贸易整体体系的学习。国际贸易是在人类社会生产力发展到一定的阶段时才产生和发展起来的，它是一个历史范畴。

一、农业经济时代的国际贸易

（一）国际贸易的产生

在农业经济时代，基本经济制度是农业经济制度，包括奴隶制、庄园制、游牧制或佃农制，生产要素是私有的，奴隶主（庄园主或地主）决定生产要素的配置和生产成果的分配。在奴隶社会，自然经济占主导地位，其特点是自给自足，生产的目的主要是消费，而不是交换。奴隶社会虽然出现了手工业和商品生产，但在整个社会生产中显得微不足道，进入流通的商品数量很少。同时，社会生产力水平低下和生产技术落后，交通工具简陋，道路条件恶劣，严重阻碍了人与物的交流，对外贸易被局限在很小的范围内，其规模和内容都受到很大的限制。奴隶社会是奴隶主占有生产资料和奴隶的社会，奴隶社会的对外贸易是为奴隶主阶级服务的。当时，奴隶主拥有财富的重要标志是其占有多少奴隶，奴隶社会国际贸易中的主要商品是奴隶。据记载，古希腊的雅典就曾经是一个贩卖奴隶的中心。此外，粮食、酒及其他专供奴隶主阶级享用的奢侈品，如宝石、香料和各种织物等，也都是当时国际贸易中的重要商品。对外贸易在奴隶社会经济中不占有重要的地位，但是它促进了手工业的发展。

（二）国际贸易的发展

到公元100年前后，地中海的罗马帝国、亚洲的帕提亚帝国和贵霜帝国以及汉王朝分别发展成为各地区强大的政治经济实体。当时各地区之间交换的物品主要有罗马的亚麻布、金银铜锡、玻璃，印度的香料、宝石和中国的丝绸，其中最重要的产品是丝绸，因为中国农业和手工业发达，当时的丝绸锦绣的生产技术已发展到相当高的水平，中国与亚欧各国联系的主要通道被后世称为“丝绸之路”。

从11世纪到13世纪，地中海成为欧亚大陆的主要海上通道，促进了东方与西欧的贸易，来自东方的手工业品成为西欧的奢侈品。到了14世纪，整个欧洲已形成了几个主要的贸易区，包括以意大利的威尼斯、热那亚和比萨等城市为中心的地中海贸易区，以布鲁日等城市为中心的北海和波罗的海贸易区，德意志北部和北欧斯堪的纳维亚地区的汉萨贸易区，以及不列颠贸易区。这些贸易区不仅有大量的区内交易，相互之间的贸易往来也很密切。与此同时，亚洲也形成了几个比较重要的贸易区，包括以中国、朝鲜和日本为主的东亚贸易区，以占婆（今越南南部）和扶南（今柬埔寨）等为主的东南亚贸易区，以及以印度为主的南亚贸易区。

在13世纪和14世纪，东西方之间通过陆路和海路也进一步发展了贸易。欧洲从东方进口的商品主要有中国的丝绸、瓷器、茶叶，印度的珠宝、蓝靛、药材、地毯，以及东南亚的香料。这些商品在欧洲人的消费中占据了越来越重要的地位。但欧洲能向东方出口的商品却不多，除了出口羊毛、呢绒和金属制品外，不得不支付大量的黄金与白银购买商品。实际上，在15世纪前，国际贸易是建立在自然经济的基础上，可贸易在自然经济中的地位并不高，只是人们经济生活中的一个补充，当时各国之间、各洲之间的贸易还处于断断续续的状态。

真正意义上的大范围国际贸易源于15世纪的“地理大发现”。在此之前，欧洲城市的兴起和农业手工业生产力的提高促进了生产分工，也进一步促进了商品市场的发展。欧洲人对东方财富的垂涎以及通过贸易牟利的强烈欲望，在新的航海设备与技术的发展下推动了“地理大发现”。“地理大发现”把原来各自发展的国家联系了起来，真正意义上的世界贸易或全球贸易也由此发展了起来。

“地理大发现”的两大意义在于：第一，商业从手工业中脱离，出现了商业革命，表现为商业性质、经商技术以及商业组织方面的巨大变化；第二，引发了长达两个世纪的殖民扩张和殖民贸易。从15世纪中期开始，葡萄牙就向西非沿海扩张。到15世纪末，葡萄牙已占领了非洲西海岸的大片土地，大肆抢夺黄金、象牙和奴隶。哥伦布发现美洲新大陆后，葡萄牙又占领了巴西，随后达·伽马于1498年绕过好望角，葡萄牙占领了非洲的南端和整个东海岸。然后，葡萄牙人又东进印度、锡兰（今斯里兰卡）、马六甲海峡，甚至占据了中国澳门。在很长一段时间里，葡萄牙通过殖民统治垄断了东方贸易。他们将小镜子、小刀、帽子、葡萄酒、腌鱼、乳酪等运到殖民地，然后将殖民地的商品运往欧洲，牟取暴利。这些商品包括非洲的黄金、象牙、钻石、丁香、樟木，印度、锡兰的珠宝、胡椒、肉桂、大米，印尼的胡椒、丁香、豆蔻、白檀木等。

从15世纪开始到16世纪中期，西班牙先后用武力占领了除巴西和圭亚那之外的整个中南美洲。西班牙殖民者一方面掠夺美洲当时已有的金银财富，另一方面使用奴隶进一步开采金银矿。由于西班牙殖民者对美洲土著居民的杀戮，造成美洲种植园劳动力短缺，于是西班牙殖民者又大量从事奴隶贸易，将非洲黑人贩运到美洲从事劳动。

荷兰于15世纪末16世纪初也加入了殖民扩张。荷兰主要从葡萄牙人手中争夺殖民地。到16世纪中期，荷兰占领了大片原属葡萄牙的殖民地，其势力甚至超过了西、葡两国。为了垄断殖民地贸易，荷兰成立了规模巨大的“商业公司”，其中最著名的是东印度公司和西印度公司。这些公司依仗着政府授予的特权，从殖民地获得大量珍贵物产，然后运到欧洲以高价出售，获得暴利。当时的荷兰东印度公司在支付庞大的军事行政开支之后仍能分给股东20%～160%的红利。

英国从16世纪末开始远征印度，贸易中的惊人利润强烈刺激了英国政府与商人，他们由此也开始了疯狂的殖民扩张。到18世纪中期，英国先后战胜了葡萄牙、西班牙、荷兰以及法国，占领了北美、西印度群岛、亚洲和非洲的大片土地，成为世界上最大的殖民帝国。英国和法国分别于1600年和1664年建立了东印度公司，从事在亚洲的殖民贸易。法国还同时建立了西印度公司，从事在北美的殖民掠夺。英国从印度大量收购香料、棉织品、丝织品以及其他贵重物产和农副产品运回欧洲高价出售，同时在北美建立奴隶制种植园，专门种植烟草、大米、蓝靛和棉花，为英国提供粮食和原料。北美的奴隶大多来自非洲，英国从1562年就开始贩卖奴隶。1588年，英国又成立了皇家非洲开发者贸易公司，专门经营猎捕黑人运往美洲作为奴隶的贸易。仅在1680年后的100年里，英国运往其在北美殖民地的奴隶就超过了200万。这种殖民贸易给英国带来了巨大的利益。据统计，在17世纪末，英国贸易所得年利润平均为200万英镑，其中种植园贸易60万英镑，与非洲、远东、欧洲的贸易60万英镑，有将近三分之二的利润来自殖民贸易。[1]

地理大发现以及由此带来的西欧殖民扩张，虽然残酷，但客观上极大地推动了洲与洲之间的贸易，从而初步形成了一个以西欧为中心的世界市场。当时的贸易流向基本是：第一，欧洲向美洲出口工业产品，主要是纺织品、金属制品、家具、家庭用品、酒和其他消费品。第二，从非洲运往美洲的主要是奴隶。奴隶贸易不仅给欧洲人带来巨额利润并用以购买美洲和亚洲的商品，也为在美洲生产商品和原料提供了大量的廉价劳动力。第三，从美洲流向欧洲的商品主要是殖民地的黄金、白银、烟草、棉花、粮食、海洋产品和糖等。第四，欧洲从亚洲及其他东方国家进口的主要产品是香料、丝织品、茶叶等。17世纪后，远东的纺织品成为欧洲大量进口的商品之一。

---

[1] 宋则行，樊亢.世界经济史（上卷）[M].北京：经济科学出版社，1998：53-54.

二、工业经济时代的国际贸易

（一）工业革命时期的国际贸易

从16世纪到18世纪，随着殖民扩张和各洲之间贸易的发展，欧洲各国的经济发生了很大的变化。一方面，欧洲从海外获得了大量的金银财富，积聚了大量的商业资本和工业资本，从而基本完成了资本的原始积累，为资本主义生产方式的产生和发展奠定了基础。另一方面，海外市场尤其是美洲市场的开发使得对欧洲工业产品的需求迅速增加。这一点对欧洲来说非常重要。在与亚洲的贸易中，它们一直处于逆差状态。欧洲产品在亚洲一直没有市场，而美洲市场的出现使欧洲的贸易不平衡状况大大改善。当时的美洲主要是欧洲的殖民地，大量的欧洲移民到了美洲以后需要大量的食物、酒、油、金属制品、枪支、火药和毛麻织品，从而大大刺激了欧洲的工业生产。欧美之间的贸易大大促进了欧美国家以分工交换为基础的市场经济的形成和经济实力的加强。从18世纪60年代开始，欧美国家逐渐确立了资本主义的生产关系并先后发生了工业革命。

英国工业革命从18世纪60年代开始，到19世纪40年代基本完成，这一时期英国作为全世界最大的殖民帝国，殖民地贸易增长速度惊人。斧子、钉子、枷锁、铁链，以及武器的需求大大促进了英国炼铁工业的发展，继而推动了炼铁所用的煤炭的开采。对棉纺织品的需求也刺激着纺织工业的技术更新。需求增长导致了一系列的工业发明，包括阿克莱特的水力纺纱机（1769年）、哈格里夫斯的多轴纺纱机即珍妮机（1765年）、克朗普顿的走锭纺纱机（1779年）、瓦特的蒸汽机（1769年）、德尔比父子的煤与焦炭混合石灰炼铁法（1735年）、科特的搅拌炼铁术（1783年），以及凿井机、曳引机、蒸汽抽水机等。纺织、冶金、煤炭成为英国工业革命的三大支柱产业。纺织机、蒸汽机和冶金新技术则代表这一时期在工具、动力和材料上的技术革命。英国之后，法、德、美、日等国相继加入到工业革命的行列。

从18世纪70年代到20世纪初，欧美出现了许多装备了精密仪器和配备了训练有素的科学家的实验室。许多新的技术不断涌现，包括贝塞麦、西门子—马丁以及吉尔克里斯特-托马斯的炼钢法，石油勘探和开采技术，发电技术、照明技术、电讯技术，等等。在物理学、化学等科学指导下的发明创造取代了偶然或单独的发明。新的大量的发明创造促成了大量新的工业的产生。特别是以大批量生产为目的的技术也不断出现，包括制造生产标准化零件的模子和设计生产出装配线。这种新技术的应用不仅强化了专业化分工，同时大大提高了劳动生产率，并扩大了生产规模，这就是第二次工业革命。

两次工业革命以后，欧美国家的经济体制和经济结构发生了巨大的变化。欧洲、北美、日本都先后完成了工业化过程，从自然的农业和手工业经济过渡到资本主义工业经济。整个世界形成了以欧美国家为主的现代工业经济为一方和以其他国家组成的农业和手工业等传统经济为另一方的格局。工业革命与资本主义的生产方式对国际贸易的影响是深远的。贸易一方面作为商品销售和资本积累的方式，促进了资本主义生产方式和工业革命的产生和发展。另一方面，贸易作为资本主义生产方式和工业革命的必然结果而被不断扩大。在资本主义生产方式下，贸易不再只是自然经济中的互通有无，而是成为主要的牟利手段。工业革命则彻底改变了各国和世界的自然经济结构，使国际分工和国际贸易成为人类经济活动中的必要组成部分。

（二）第二次世界大战后的国际贸易

从1914年第一次世界大战爆发到1945年第二次世界大战结束，是世界经济和国际贸易波动和萧条的一段时间。两次世界大战和几次大的世界性经济衰退，大大削弱了欧洲各国的经济和军事实力，也极大地影响了全球贸易。第一次世界大战后，国际贸易缩减了40%，直到1924年才略超过战前水平。紧接着是1929年至1933年的经济大萧条，世界贸易量又一次大幅度下降。加上这一时期各国实行贸易保护政策，国际贸易一直处于萎缩状态，到第二次世界大战爆发前的1937年，世界出口总额也只有254.8亿美元，尚未恢复到1929年的水平（327.5亿美元），甚至仍低于1924年的水平（275.95亿美元）。这种状态直到第二次世界大战结束后才得到改变。

第二次世界大战（简称二战）后，世界经济又一次发生了巨大变化，国际贸易再次出现了飞速增长。战后世界贸易飞速发展的原因主要包括：

（1）二战后出现的第三次科技革命和20世纪90年代的信息技术革命

第二次世界大战后，以美国为先导出现了以原子能、电子、合成材料、航天技术和生物技术为代表的新的科技革命，这场新的科技革命又产生了一系列新的产业，包括原子能工业、半导体工业、石油工业、化学工业、电子工业、宇航工业、生物工业等。从某种意义上说，这也是一次新的产业革命。新产业在发达工业国家的产生和发展，一方面意味着大量新的工业产品的出现，国际贸易的产品变得更加丰富，工业产品越来越成为国际贸易中的主要商品。另一方面也意味着国际分工的日益扩大和深入。随着新产业的不断出现，任何一国都不可能在所有的产业上都具有比较优势。发达国家中新兴产业的发展也意味着其他产业的相对衰落，从而使国际贸易显得更有必要。

进入20世纪90年代以后，以互联网为代表的现代信息技术革命又进一步推动了这场规模大、范围广、影响深的技术革命。信息技术革命不仅创造了另一个新的产业，还为现代贸易提供了新的信息交流和交易方式。

（2）经济发展带来的收入增长促进了消费结构的变化

二战后的和平环境和科技革命使世界经济出现了空前迅速的发展。经济快速增长不仅反映了一国生产能力的提高，也表现为人们收入的增加。从战后到20世纪末，大多数工业国家和新兴工业国家的人均收入成倍增长。而收入的增长则促进了人们消费结构的变化。基本生活品得到满足后，人们对工业产品包括耐用消费品的需求欲望和购买能力也大大提高。对高质量和不同品种的新产品的需求也大大刺激了各国之间的贸易，尤其是工业制成品贸易。

（3）二战后国际经济秩序的改善

从19世纪末开始到第二次世界大战，西方各国为了争夺资源、保护国内利益集团，纷纷实行贸易保护主义。不断出现的关税战、汇率战和贸易战不仅大大影响了经济与贸易的发展，还最终导致战争。战后各国痛定思痛，决心建立国际经济新秩序。以布雷顿森林体系为基础的国际货币体系相对稳定，有利于国际贸易的发展。在《关税与贸易总协定》框架下的一轮又一轮降低关税的谈判以及1995年世界贸易组织的建立，不仅大大降低了各国的贸易壁垒，还建立了一个多边的解决贸易纠纷的机制，为国际贸易提供了一个相对稳定、公正和自由的环境。

二战后国际贸易发展的速度和规模都远远超过19世纪工业革命以后的贸易增长。从1950年到2000年的50年中，全世界每年的商品出口总值从约610亿美元增加到61328亿美元，增长了将近100倍。即使扣除通货膨胀因素后，实际商品出口总值也增长了15倍多，远远超过了工业革命后乃至历史上任何一个时期的国际贸易增长速度。而且，世界贸易实际价值的增长速度（年平均增长6%左右）超过了同期世界实际国内生产总值（GDP）增长的速度（年平均增长3.8%左右）。这意味着国际贸易在各国的GDP中的比重在不断上升，国际贸易在现代经济中的地位越来越重要。

第二节

国际贸易的地位

一、开展国际贸易的必要性

首先，各国的生产要素存在差异导致各国生产的产品有很大差异，有的国家因为资本充足、技术先进而有利于生产资本和技术密集型产品，如汽车和计算机；而劳动力丰富的国家，则有利于生产劳动密集型产品，如鞋类和纺织品等。各国按其所长，分工生产相对占优势的产品，而后进行贸易，不仅可以互通有无、调剂余缺、满足生产和生活所需，还能够促进生产资源有效利用，增加产品总量，提高经济福利和生活水平。

其次，国际生产要素流动性不足。国际发生商品和劳务的贸易，可以弥补国际生产要素如土地、劳动、资本、技术等流动性的不足。通过国际贸易，以彼之长补己之短，才能提高各国国民福利水平，促进世界经济繁荣。

二、国际贸易的重要性

（一）从世界范围看国际贸易的重要性

从世界范围来看，国际贸易的重要性主要表现在它对世界经济发展乃至人类社会进步起到的促进作用，国际贸易的发展能使世界范围的资源实现优化配置，促进世界经济的发展，促进世界范围的生产力水平快速提高。

国际贸易在世界经济发展中的重要性日益增长，这通过国际贸易总值增长率与世界生产总值增长率的相互关系得以部分反映。[1]据联合国的统计资料，第二次世界大战后国际贸易总值的增长率远远超过世界生产总值的增长率。当然，世界经济发展与世界贸易的发展是相辅相成、互为因果的。当前，波及全球的金融危机已给世界贸易造成了巨大影响。

（二）从一个国家看国际贸易的重要性

1.延续社会再生产

在社会再生产的四个环节中，生产表现为起点，消费表现为终点，分配和交换表现为中间环节。如果没有交换活动，一个国家的社会再生产过程将无法正常进行。国际贸易是国家之间货物、服务和生产要素的交换活动，国际贸易本身作为交换活动，使社会得以进行再生产。

2.实现社会产品价值

国际贸易对世界各国社会生产大部类的平衡、各部门间的产品价值实现和实物形态补偿起着重要作用。

（1）国际贸易有助于解决生产大部类的不平衡问题

在世界各国的生产条件下，大部类经常处于不平衡发展的状态，需要通过对外贸易来解决。

（2）国际贸易有助于社会产品的价值实现

国际贸易可以解决部分产品的价值实现问题。世界各国部分产品的价值实现依赖于对外贸易。如果没有对外贸易，失去了国外市场，当今世界各国产品资本的投入将有相当大的部分很难实现。

（3）国际贸易有助于实物形态的补偿

在经济全球化下，世界各国对初级产品补偿的内容增多，数量加大。资源比较丰富的美国也日益感到资源的重要性，需要通过对外贸易来进行补偿。美国石油资源丰富，但国内需求大，不能自给，也需要进口弥补。随着国际分工的扩大和深化，零部件生产的国际化日益加强，工业制成品实物形态上的补偿

---

[1] 侯明茹.经济全球化趋势下国际经济法的发展趋势探析[J].法制博览，2018（03）：160-161.

也在加强。

3.获得较低成本的效益

（1）降低生产成本

一个国家进行对外贸易可以降低生产成本。亚当·斯密指出，每个人都有自己擅长生产和不擅长生产的物品，如果某种物品自己生产耗费劳动较多，精明的人就会向他人购买而不是自己生产。

（2）实现比较成本优势

一个国家进行对外贸易可以实现比较成本优势。大卫·李嘉图（David Ricardo）认为，即使一个国家在生产成本上没有绝对优势，但是只要与其他国家相比在生产成本上具有相对优势，就可以通过生产相对成本较低的商品去交换别国生产的相对成本较低的其他产品，并因此获得比较利益。

4.利用与转化生产要素

出于自然、历史和社会等原因，人力、资本、土地及企业家才能等生产要素在世界各国分配并不平衡，差异很大。通过对外贸易，世界各国可以充分利用本国所拥有的充裕资源，从国外换取更多的由其相对稀缺生产要素生产的商品，以弥补本国生产要素的不足。

5.接受国际贸易“传递”

（1）国际贸易“传递”的含义

国际经济中国际贸易“传递”是指在国际经济领域中，一国经济盛衰通过对外贸易渠道直接或间接地对另一国经济产生影响。

（2）经济“传递”的过程

一般来说，各国经济发展中的对外贸易“传递”是通过产品价格变动对产量、就业和整个经济变动的影响进行的。从“传递”过程来看，世界市场价格较大幅度的变动，首先直接影响到本国与世界市场有直接联系的那些经贸部门，导致其产品价格提高或降低。但“传递”过程不会到此结束，这些部门又会通过与国内其他部门的经济联系，直接或间接地影响后者价格、产量和就业的变动，这样一来，对整个国内经济就会起到连锁带动的作用。

（3）影响“传递”的主要因素

第一，对外开放程度。一国对外开放程度越大，同其他国家经济上的联系越密切，对外贸易的“传递”作用就越大。

第二，市场经济发展程度。一国市场经济发展程度越高，该国接受经济“传递”的能力就越强，越能成为经济“传递”的中心国家，越能发挥比较优势；一国市场经济越不发达，接受经济“传递”的能力就越弱，越难以发挥比较优势。

第三，贸易地位。一国进出口贸易总额在国际贸易中的比重和在世界性商品供求中所占的比重越大，通过对外贸易接受经济“传递”的效果就越明显。

第四，双边贸易关系。互为主要贸易对象的国家之间通过对外贸易相互进行经济“传递”的作用较大。例如，美、日之间的经济关系极为密切，美国经济发生变化，日本经济也会随之波动。

第五，经济和贸易政策。一般来说，开放型的经济政策可使对外贸易的“传递”作用较大；反之，闭关自守、自给自足式的经济政策下“传递”作用较小。

6.成为“经济增长的引擎”

20世纪30年代，英国经济学家D.H.罗伯逊首先提出贸易是“经济增长的发动机”的命题。20世纪50年代，美国经济学家R.纳克斯认为19世纪的对外贸易不仅是简单地把一定数量的资源加以最适当配置的手段，而且是外围国家和地区经济增长的发动机。他认为，19世纪欧洲中心国家的经济增长使得中心国家对外围国家的原料和食品的需求急剧上升，给外围国家和地区增加了生产的压力和动力，导致中心国家的资本和劳动力转移到贫困地区，促进了那里的投资与生产。这样不仅保证了对中心国家市场扩大的供应，而且提高了外围国家国民的收入。

7.参与经济全球化

（1）经济全球化的含义

经济全球化是指以市场经济为基础，以先进科技和生产力为手段，以发达国家为主导，以利润和经济效益最大化为目标，通过分工、贸易、投资、跨国公司和要素流动等，实现世界各国市场相互融合的过程。经济全球化是全球化的基础和重要组成部分。20世纪50年代以来，经济全球化发展迅速，成为时代潮流。

（2）经济全球化的作用

第一，使国际分工向纵深发展，经济全球化加快了各国间商品、服务及其他生产要素的跨国界流动，使各国能发挥各自的绝对优势和比较优势，减少资源配置和价格扭曲所造成的资源不合理使用和浪费；加快了科学技术的扩散和转移，有利于各国产业结构的调整和优化。

第二，加快各国国内市场与世界市场的融合。经济全球化为不同国家和地区的企业提供了一个更广阔的施展才华和竞争的空间，便于它们形成规模经济，提高其无形资产价值，降低其交易成本。

第三，促使世界各国增加研发投资。经济全球化促进了发达国家与发展中国家的技术合作，为推广先进技术创造了条件，推动了新产品、新型材料的生产和消费，使产品生产周期大大缩短。

第四，加强了世界各国经济的相互作用。在经济全球化背景下，发达国家在向发展中国家传递经济增长和萧条的同时，发展中国家向发达国家的逆向传递也得到加强。

第五，扩大了世界市场上的交换内容。在经济全球化背景之下，参与世界市场活动的国家增多，交换的商品内容不断扩大，从货物向服务产品、知识产品延伸，可进行贸易的产品日益增加。

（3）国际贸易是参与经济全球化的途径

在国家存在的前提下，经济全球化下的国内市场与世界市场的融合是一个长期的、发展的历史过程，其融合的过程是通过对外贸易（货物贸易、服务贸易、投资、知识产权贸易）自由化和世界贸易体制来进行的。

8.维护和改善国际环境

国际贸易一直是世界各国对外政治、经济活动的重要内容。对外贸易政策成为对外政策的重要组成部分。

（1）通过国际贸易政策施加政治影响

20世纪以后，英国的贸易地位和政治地位受到德国和美国的挑战，到20世纪30年代，英国放弃了自由贸易政策。第二次世界大战以后，美国成为超级大国和贸易强国，转而积极推行自由贸易体制，筹建国际贸易组织，签订《关税与贸易总协定（GATT）》；20世纪70年代以后，美国竞争力下降，出现了新贸易保护主义和战略贸易政策。

（2）通过对外贸易，施展经济外交

经济外交包含两个实质性内容：其一，它是由国家（国家间的国际组织）或其代表机构与人员以本国经济利益（本组织的经济宗旨或经济利益）为目的制定和进行的对外交往政策的行为；其二，它是由国家（国家间的国际组织）或其代表机构与人员以本国（本组织）经济力量为手段或依托，为实现和维护本国（本组织）战略目标或追求经济以外的利益，制定对外交往政策并进行对外交往的行为。对外贸易是进行经济外交的重要基础，而经济外交可以为本国带来良好的国际环境，有助于国际形象的展示。

（3）通过贸易报复、制裁等手段，维护国际地位

第二次世界大战以后，美国对有敌意的国家采取贸易制裁，以维护其国际地位。

国际贸易对国家的作用因国家类型的不同而不同。就发达国家与发展中国家而言，对外贸易对发达国家的上述作用大于和强于发展中国家。这是因为发达国家对外贸易作用的发挥基于本身的经济发展和政治需要，发展中国家对外贸易作用的发挥受发达国家对外贸易作用的影响和制约。

第三节 国际贸易相关概念的释义

在系统地学习国际贸易理论与政策之前，我们有必要先对相关的概念进行了解，这能够帮助我们克服一些简单的阅读障碍，或是有助于更深刻地理解在阅读和学习中获取的相关知识。简单地说，掌握清晰的概念能够帮助我们理解、认知、怀疑、判断、提出问题和解决问题。

一、国际贸易与对外贸易

国际贸易是人类社会发展到一定历史阶段的产物，是指世界各国（地区）之间进行交换。它既包括有形商品（实物商品）交换，也包括无形商品（劳务、

技术、教育、咨询等）交换。[1]这种交换活动，从一个国家（地区）的角度看，称为该国（地区）的对外贸易；从世界范围看，世界各国（地区）对外贸易的总和构成了国际贸易，也称世界贸易。

国际贸易属于一定的历史范畴，它是在一定的历史条件下产生和发展起来的。它的产生必须具备两个基本条件：一是社会生产力的发展产生了可供交换的剩余产品，以及由此促进的商品生产和商品交换规模的扩大；二是国家的形成。

对外贸易与国际贸易都是指越过国界所进行的商品交换活动。从这一点来说，两者是一致的。但是它们也有明显的区别，前者是着眼于某个国家，即一个国家（地区）同其他国家（地区）之间的商品交换。从生产的过程来看，对外贸易先于国际贸易。后者是着眼于世界范围，即世界上所有国家（地区）之间的商品交换，是世界各国（地区）对外贸易的总和。进一步解释对外贸易，它包括两个方面：商品出口、向国外提供服务、资本流出；商品进口、接受国外的服务、资本流入。

二、总贸易体系与专门贸易体系

总贸易体系与专门贸易体系是统计进出口贸易数据的两个标准，它们作为不同的标尺度量贸易的进出。

总贸易体系是指以国境为标准划分的进出口贸易。凡进入国境的商品一律列为总进口，凡离开国境的商品一律列为总出口。总进口额加总出口额就是一国的总贸易额。过境贸易列入总贸易，中国、日本、英国、加拿大、澳大利亚及东欧等国家采用这种划分标准。

专门贸易体系是指以关境为标准划分的进出口贸易。当外国商品进入国境后，如果暂时存放在海关保税仓库或放在其他特区内使用而未进入关境，一律不列为进口。只有从外国进入关境的商品，以及从保税仓库提出并进入关境的商品，才列为专门进口。从国内运出关境的本国产品，以及进口后经过加工又运出关境的商品，则列为专门出口。专门进口额与专门出口额的加总就是一国的专门贸易额。美国、德国、意大利、瑞士等国采用这种划分标准。

---

[1] 余淼杰，蓝锦海. 国际贸易视角下逆全球化研究[J]. 长安大学学报（社会科学版），2020，22（04）：23-32.

三、贸易额与贸易量

关于贸易额与贸易量，可以从对外贸易额与贸易量、国际贸易额与贸易量两方面来学习。

对外贸易额是以货币金额表示的一国（地区）一定时期内的进出口规模，也称对外贸易值。它是反映一个国家（地区）对外贸易规模的重要指标。从进出口贸易角度，对外贸易额的度量为进口贸易额与出口贸易额的和；从对外贸易的标的来看，对外贸易额是对外货物贸易额和对外服务贸易额的加总。

简单地说，国际贸易额是世界各国的对外贸易额之和。关于国际贸易额的统计，为了避免重复计算，国际贸易额等于世界各国的进口额之和，或者世界各国的出口额之和。通常采用各国出口额之和。

贸易量是剔除价格变动的影响之后，准确反映国际贸易或一国对外贸易的实际数量。同样，贸易量分为国际贸易量和对外贸易量，也可以分为出口贸易量和进口贸易量。

四、贸易差额

贸易差额是一个着眼于国家的概念，即对外贸易差额是一个国家或地区在一定时期（一年、一季或一月）内出口总额与进口总额相比较的差额。对外贸易差额用以表明一国对外贸易的收支状况。

对外贸易差额包括贸易顺差和贸易逆差。当出口额大于进口额时，其差额称为对外贸易顺差，又称贸易出超；当出口额小于进口额时，其差额称为对外贸易逆差，又称贸易入超；出口额与进口额相等，则为贸易平衡。原则上讲，长期入超与长期出超对一国的对外贸易和国民经济发展都是不利的。

五、贸易条件

贸易条件是用来衡量一国贸易福利的指标，它表明了在一定时期内一个国家出口相对于进口的盈利能力和贸易利益的指标，反映该国的对外贸易状况，一般以贸易条件指数表示。它在判断双边贸易中产生的贸易利益时尤为重要。

常用的贸易条件有三种：价格贸易条件、收入贸易条件和要素贸易条件，它们从不同的角度衡量一国的贸易利益。其中价格贸易条件最有意义，也最容易根据现有数据进行计算。

价格贸易条件又称交换比价或贸易比价，即出口价格与进口价格之间的比值，就是说一个单位的出口商品可以换回多少进口商品。其计算的公式为：出口价格指数/进口价格指数×100。计算中以一定时期为基期，先计算出基期的进出口价格比率并作为100，再计算出比较期的进出口价格比率，然后将之与基期相比，如大于100，表明贸易条件比基期有利，交换效益优于基期；如小于100，则表明贸易条件比基期不利，交换效益劣于基期。

六、贸易商品结构与贸易地理方向

贸易商品结构与贸易地理方向都是从结构上认识贸易活动。下面分别从对外贸易商品结构与国际贸易商品结构、对外贸易地理方向与国际贸易地理方向两方面来讲述。

对外贸易商品结构是指一定时期内一国进出口贸易中各种商品的构成，即某大类或某种商品进出口贸易额与整个进出口贸易额之比，以份额表示。国际贸易商品结构是指一定时期内各大类商品或某种商品在整个国际贸易中的构成，即各大类商品或某种商品贸易额与整个世界出口贸易额相比，以比重表示。

对外贸易地理方向是指一定时期内各个国家或区域集团在一国对外贸易中所占有的地位，又称对外贸易地区分布或国别结构。通常以它们在该国的进出口总额或进口总额、出口总额中的比重来表示。

国际贸易地理方向是指世界各洲、各国（或地区）参加国际商品流通的水平，即世界贸易额的国别分布或洲别分布情况，它反映了各国或各洲在国际贸易中的地位，也称国际贸易地区分布。

七、对外贸易依存度

对外贸易依存度是衡量一国对外开放程度的重要指标，反映一国对国际市场的依赖程度。它是指一国的进出口总额占该国国民生产总值（GNP）或国内生产总值的比重。其中，进口总额占GNP或GDP的比重称为进口依存度，出口总额占GNP或GDP的比重称为出口依存度。一般来说，对外贸易依存度越高，表明该国经济发展对外贸的依赖程度越高，同时也表明对外贸易在该国国民经济中的地位越重要。

第四节 国际贸易的分类

一、按国际贸易中商品移动的方向划分

根据国际贸易中商品移动的方向划分，国际贸易可以分为出口贸易、进口贸易、过境贸易。

出口贸易是指一国把生产或加工的商品（包括本国拥有的劳务）输往国外市场销售的对外贸易活动。进口贸易是指一国从国外市场购进外国所生产或加工的商品（包括外国拥有的劳务）的贸易活动。进口贸易和出口贸易是就每笔交易的双方而言的，对卖方而言，是出口贸易；对买方而言，就是进口贸易。此外输入本国的商品再输出时，称为复出口；输出国外的商品再输入本国时，称为复进口。[1]

过境贸易是指商品生产国与消费国之间进行的商品买卖活动，实物运输必须经过第三国国境，对第三国而言，就构成了该国的过境贸易。由于过境贸易对国际贸易的阻碍作用，目前，WTO成员之间互不从事过境贸易。

二、按国际贸易中商品的形态划分

根据国际贸易中商品的形态划分，国际贸易可以分成有形贸易和无形贸易。

[1] 朱伟儒.浅谈技术性贸易壁垒对我国出口贸易的影响[J].商讯，2020（21）：184-185.

有形贸易是指贸易双方交易的商品是具体的、有形的实物商品，因为这些商品看得见、摸得着，故它们的进出口被称为有形贸易，有时也被称为货物贸易。例如，机器、家具等都是有实物形态的商品，这些商品的进出口都是有形贸易。

无形贸易是指在国际贸易活动中所进行的没有实物形态的商品的交易，在国与国的交换中，交换的标的物不是有形的商品。一般包括服务贸易和技术贸易。例如，专利使用权的转让、旅游、金融保险企业跨国提供服务等都是没有实物形态的商品，其进出口被称为无形贸易。

三、按生产国与消费国的关系划分

根据生产国与消费国的关系划分，国际贸易可以分成直接贸易、间接贸易和转口贸易。

直接贸易是指商品直接从生产国销往消费国，不通过第三国而进行的贸易，即进出口两国直接达成的交易。贸易的出口国方面称为直接出口，进口国方面称为直接进口。

间接贸易则是指商品生产国与消费国通过第三国进行商品买卖的行为。之前提到的过境贸易就是间接贸易的一种方式。

转口贸易又称为中转贸易，是区别于商品生产国与商品消费国直接买卖商品的直接贸易行为而言的。例如，战后的伊拉克有一些商机，但是风险也很大。我国有些企业在向伊拉克出口商品时，先把商品卖给伊拉克的周边国家，再由伊拉克的周边国家转口到伊拉克。

第二章 国际贸易的基础理论探究

第一节 传统国际贸易理论释义

一、传统国际贸易理论

（一）亚当·斯密的绝对优势理论

1.历史背景

18世纪中后期，资本主义工场手工业在西欧各国获得了空前发展，随之而来的便是产业革命。产业资产阶级为了扩大海外市场，并从国外进口廉价的工业原料，他们迫切需要摆脱重商主义国际贸易理论的束缚，开始反对政府对国际贸易的干预，反对金银外流的禁令。他们对货币金银本身已经不太感兴趣，而是对具体的物质财富（生产资料和消费资料）更加重视。[1]为了适应产业资

[1] 刘尧飞.西方古典国际贸易理论述评[J].经济视角（下），2010（07）：25-26.

产阶级的历史需要，以亚当·斯密（Adam Smith）为代表的经济自由主义思潮开始盛行。

1776年亚当·斯密出版了《国民财富的性质和原因的研究》（简称《国富论》）一书，批评重商主义，反对政府对经济的过度干预，创立了自由主义经济理论。在国际贸易方面，他主张国际分工和自由贸易，强调国际贸易的双方互利性，从而提出自己的国际贸易理论，即绝对成本优势理论。

2.理论假设和主要观点

绝对优势理论的前提假设有以下几方面。

①世界上只有两个国家、两种产品、一种投入要素，即“2×2×1”模型，投入的边际产量是固定的，生产的规模报酬不变。

②收入预算约束，消费受制于收入，不能借钱借债消费。

③对外贸易方面，没有运输成本和其他交易费用，进出口贸易值相等，即贸易是平衡的。生产要素在一国内是自由流动的，但在国与国之间却不能自由流动。

④市场是自由竞争的。

由此可见，绝对优势理论是一个理想模型。该理论认为，国际贸易的基础在于商品生产效率的不同，即单位产品的绝对劳动时间消耗不同；商品生产效率的不同是由各个国家所拥有的自然优势和获得性优势的不同造成的。自然优势是指自然地理、气候条件等方面的优越性，普通人力无法控制。如波兰的平原土壤条件好，粮食生产效率高，单位粮食产品所消耗的绝对劳动时间就少，其小麦生产就具有绝对成本优势。获得性优势是指某国掌握的特殊商品的生产技术和技能。技术熟练、技术水平高，生产效率就高，单位产品生产的绝对劳动时间消耗就少。

（二）大卫·李嘉图的比较优势理论

1.历史背景

19世纪初期，英国工业革命迅速发展，使当时的英国成了“世界工厂”，但地主贵族阶级在政治生活中还起着重要作用。1815年，英国政府为维护地主贵族阶级的利益而修订了《谷物法》，引起英国粮价上涨，地租猛增，地主贵族阶级显著获利，工业资产阶级利益严重受损。粮价昂贵迫使工人工资提高，商品成本提高，利润减少，削弱了工业品的竞争能力。出于发展资本、提高利润的需要，英国工业资产阶级迫切要求废除《谷物法》，与地主贵族阶级展开了激烈斗争。大卫·李嘉图（David Ricardo）在1817年出版的代表作《政治经济学原理与税收》（*Principles of Political Economy and Taxation*）中提出了以自由贸易为前提的“比较成本论”，这种更加一般化的国际贸易理论将自由贸易置于更加坚实的理论基础之上，奠定了西方国际贸易理论的核心基石，也为工业资产阶级提供了理论武器。

2.基本观点和理论逻辑

大卫·李嘉图在亚当·斯密的绝对优势理论基础上提出了比较优势理论。亚当·斯密认为，由于自然禀赋和后天有利条件的不同，各国均有一种产品生产成本低于他国而具有绝对优势，按绝对优势原则进行分工和交换，各国均可获益。[1]大卫·李嘉图发展了亚当·斯密的观点，认为决定两国能否进行专业化分工和自由贸易的基础不是绝对成本的差别，而是比较成本的差别。[2]在“2×2×1”的国际环境中，即使其中一个国家在两种产品生产上都处于绝对成本劣势，另一个国家在两种产品生产上都处于绝对成本优势，两国照样可以进行国际专业化分工和自由贸易。只要双方各自选择自己比较成本低的产品进行专业化分工并尽力扩大生产、加强出口贸易，同样可以保证贸易双方的互惠互利。

大卫·李嘉图的比较优势理论是建立在劳动价值论基础之上的，其理论的前提是假设各国的劳动生产率存在差异，从而也就暗含着各国生产同一产品的生产函数是不同的，这才是形成比较成本优势的基础。所谓比较成本，是指将本国不同产品的成本比值与国外同类产品的成本比值进行比较，即不同国家的成本比值的比较。只要成本比值存在差异，不同国家应按“两优取其重，两劣取其轻”的比较优势原则进行分工，这样两国之间就能够进行相互交换，并从中获得经济利益。

---

[1] 刘尧飞.西方古典国际贸易理论述评[J].经济视角（下），2010（07）：25-26.

[2] 马文君.关于贸易保护的理论分析——以中国加入WTO后遭受反倾销为例[J].商场现代化，2008（05）：5-6.

二、传统国际贸易理论的历史影响

传统国际贸易理论产生之后的一段时间，国际贸易理论方面鲜有重要的思想突破，即使像马歇尔等人也只是采用了新的研究方法对传统国际贸易理论进行了再演绎，比如提供曲线这样的分析工具。真正在国际贸易理论领域取得重大突破的是赫克歇尔（Heckscher）与伯尔蒂尔·俄林（Bertil Ohlin）。俄林在《地区间贸易与国际贸易》中指出，传统国际贸易理论已经很好地解决了国际贸易领域的许多现实问题，他自己创立的新理论只是对传统理论精髓部分的重申和拓展。新理论唯有做到很好地解决这些问题以及其他问题，才能被人们所接受。❶同时，伯尔蒂尔·俄林认为应建立一种与价格相互依赖理论相一致的国际贸易理论，从而脱离古典的劳动价值论。他还进一步强调，既然值得用瓦尔拉等人发展的相互依赖理论来取代古典的劳动价值论，那么就有理由放弃用古典的劳动价值论分析国际贸易问题。

（一）对传统国际贸易理论的继承发展

传统国际贸易理论的建立者在对国际贸易理论领域的探讨中，已经很好地解释了这一领域的许多问题，而后世的经济学家也只能在接受这些思想的基础之上进行创新，这正所谓是站在巨人们的肩上，才能看得更远。无论如何，后世的经济学家已经接受以下两点事实：一是比较优势思想，二是贸易均衡思想。

陈寿琦认为比较成本理论的合理内核——“相对优劣思想”是这一理论的核心，而不是它借以建立的基础。❷离开原先的基础，换个其他什么基础，仍然称其为比较成本理论，如离开“相对优劣思想”这个核心，就不称其为比较成本理论了。现代比较成本理论——要素禀赋理论，是建立在机会成本说的基础之上的，它放弃了劳动价值说，基础变了，但核心并没有变，仍然是“相对优劣思想”，也就仍然具有合理内核。

---

❶ 陈小红，李明阳.国际贸易理论综述[J].知识经济，2010（05）：113.

❷ 陈寿琦.对于应用“比较成本理论”的看法[J].外贸教学与研究，1981（03）：4-5.

“相对优劣思想”就是“两优取其重，两劣取其轻”的思想。各国出口生产处于优势、成本相对低的产品，进口生产处于劣势、成本相对高的产品，通过分工与交换，充分发挥本国优势，充分利用外国优势，彼此同获利益。

（二）俄林对传统国际贸易理论的批判发展

一种新思想的发展，也必然是对于原有思想的修正，以使其更加符合现实，更加易于理解和解释世界。赫俄定理就是这样一种理论，它对于古典的批判主要从以下两个方面阐述：一是对于古典劳动价值论的批判，二是对于古典忽视需求等因素的批判。考虑到古典模型的这些缺陷，伯尔蒂尔·俄林在其著作中进行了修正与发扬，开启了要素禀赋理论体系的历史。

1. 对于古典传统理论基础——劳动价值论的批判

使用古典劳动价值论的方法确定产品成本，需要设置一系列简化条件，产品的成本才能具有可比性，伯尔蒂尔·俄林在其著作中对古典劳动价值论进行了探讨。

伯尔蒂尔·俄林认为劳动价值论的简化条件假设与现实不符。[1]伯尔蒂尔·俄林援引沃京斯基、阿尔弗德、汉诺等人研究成果中的数据证明，古典理论关于资本与劳动的投入比例在所有产业都一致的假设与现实相去甚远。

2. 对于建立在劳动价值论上的传统理论的批判

传统国际贸易理论的建立基于古典劳动价值理论，后者固有的限制性也造成了传统理论的缺陷。伯尔蒂尔·俄林认为，古典劳动价值理论中的资本—劳动比例在所有产品中均相同，不同劳动的相对报酬率不变，这两项假设既是传统理论的前提条件，同时也构成了传统贸易理论内在的重大缺陷。[2]

首先，基于资本—劳动比例相同的假设的贸易理论存在缺陷。俄林证明了各产业资本—劳动比例均相同的假设在单一市场价格形成理论中的局限性。在

---

[1] 王永年，管德华.全面理解和把握劳动价值论的意义[J].淮北煤炭师范学院学报（哲学社会科学版），2009，30（05）：40-43.

[2] 张毅，张轩硕.马克思劳动价值理论及其新时代意义[J].鄂州大学学报，2019，26（06）：22-25.

国际贸易的多个市场环境下，这一高度简化的假设条件所固有的局限性仍不可避免，甚至导致对传统贸易理论有效性的质疑。伯尔蒂尔·俄林认为，所有影响生产成本的因素必定会影响该国的国际贸易。因资本供给增加而引起的工资水平和利率的逆向变化对国际贸易也有同样的影响。然而，传统贸易理论却无法解释这种现象。按该理论“所有产品资本和劳动力投入比例相同”的假设，工资水平和利率的变化不可能影响该国产品的相对价格。所有产品价格尽管可能抬高也可能降低，但是其变化趋势保持一致，即相对价格不变，于是国际贸易也不会改变，因为古典理论认为国际贸易只因产品相对价格的变化而改变。伯尔蒂尔·俄林指出，显然这个结论是错误的，因为基本假设不成立。

其次，基于劳动报酬率相对固定的假设的理论存在缺陷。按传统理论的假设，不同劳动的报酬率相对固定且不变，熟练劳动与非熟练劳动的工作效率也相应保持一致。依此假设条件，如果A国非熟练劳动与熟练劳动的工资水平一致，而B国非熟练劳动的工资水平仅为A国的一半，依古典价值理论的分析法，这种情况就被视为B国熟练劳动的工作效率是非熟练劳动的2倍，但A国熟练劳动不具有类似的特殊系数，其所有劳动量都只是简单相加。于是，两国所有产品的生产成本均可以用非熟练劳动时间来计量，由此得出的比较成本差异正是国际贸易产生的原因。

伯尔蒂尔·俄林认为，这样的假设和结论基于劳动报酬相对差异固定不变的前提下，用它解释多个市场的国际贸易时是很不恰当的。若以货币计算成本，上述传统理论可重新描述为：假设A国工人每人每天工资为5美元，而B国非熟练工人为3.5美元，熟练工人为7美元。于是，B国的熟练劳动含量最高的产品，其价格比A国同类产品高出很多，而非熟练劳动含量高的产品，A国的价格要比B国同类产品更高。

伯尔蒂尔·俄林指出，或许上述例子的条件过于简化，没有考虑到许多其他影响生产成本的因素，但已经能够有效地解释不同劳动的工资差别对不同产品生产成本和国际贸易的影响。由于这些贸易变化都是在产品生产的劳动耗费没有改变的情况下发生的，传统理论无法用来解释这样的贸易变化。

第二节

国际贸易新理论探究

一、传统贸易理论的新进展

（一）熟练劳动说

熟练劳动说又称人类技能说、劳动技能说和劳动效率说，最先是里昂惕夫提出的，后来由美国经济学家基辛（D.B.Keesing）加以发展，是用劳动效率和劳动熟练或技能的差异来解释“里昂惕夫之谜”和影响进出口商品结构的理论。

“里昂惕夫之谜”的产生可能是由于美国工人的劳动效率比其他国家工人高所造成的。他认为美国工人的劳动生产率大约是其他国家工人的三倍。在劳动以效率为单位衡量的条件下，美国就成为劳动要素相对丰富、资本要素相对稀缺的国家。❶

后来，美国经济学家基辛对此理论加以发展。基辛对要素禀赋理论关于各国拥有同质的生产要素的基本假定并不认同，认为一个国家的劳动要素很难说是同质的，而是可以分为若干个具有不同生产技能的组别。❷基辛根据美国1960年的人口统计资料，将美国的企业职工区分为熟练劳动和非熟练劳动两大类。熟练劳动包括科学家、工程师、厂长或经理、技术员、制图人员、机械工人、电工、办事员、推销员、其他专业人员和熟练的手工操作工人等；非熟练劳动指不熟练和非熟练工人。❸

基辛认为，由于每一个就业者接受的教育和所具备的专业技术特长不同，

---

❶ 高瑛玮.里昂惕夫之谜综述[J].黑龙江科技信息，2011（20）：179.

❷ 张永恒，郝寿义.新常态下的要素禀赋变化与区域经济增长动力转换[J].江海学刊，2017（04）：60-66+238.

❸ 马瑞永.对“里昂惕夫悖论”的进一步解释[J].云南财贸学院学报（社会科学版），2003（03）：13-14.

因而在他们之间客观上存在着劳动技能的高低差异。[1]通过研究，基辛发现美国各行业的出口数量同该行业总产量的比率，即该行业的出口在全行业生产总量中所占的比重，同按以上序列划分的美国就业人员劳动技能的高低呈正相关关系，某一行业就业人员的劳动技能越高，该行业的出口占全行业生产总量的比重越大。[2]同时，基辛还发现，在美国的工业制成品出口中，如按以上序列将其中包含着的劳动要素加以细分，前7类高技能劳动大约占55%，而在美国的工业制成品进口中，这一比重只有43%。[3]这就是说，美国出口的是“高技能劳动密集型商品”，进口的是“低技能劳动密集型商品”。此外，基辛还对13个工业发达国家劳动要素的技能构成进行了比较研究，得出了美国的各类高技能专业技术人员或者说高技能劳动要素相对丰裕的结论。在基辛看来，里昂惕夫对他自己的验证结果所做的解释是合理的。正是由于美国在技术要求相对较高的产业中具有国际比较优势，才使美国各行业的“出口/总产量比率”同该行业就业人员的劳动技能高低呈正相关关系，进而导致美国作为一个高技能劳动要素相对丰裕，而低技能劳动要素相对稀缺的国家，大量出口其具有比较优势的高技能劳动密集型商品，进口低技能劳动密集型商品。美国的对外贸易结构和商品流向与要素禀赋理论的基本原理并没有矛盾。

（二）人力资本说

人力资本说是美国经济学家西奥多·舒尔茨（Theodore W. Schultz）创立的，该学说用人力资本的差异来解释国际贸易产生的原因和一国对外贸易的类型。

西奥多·舒尔茨和许多其他西方经济学家认为，一个国家为其未来的长远发展所进行的投资并不仅仅局限于企业、厂房、机器、设备、技术发明等物质形态，同时在很大程度上也表现在教育、训练、医疗、保健、卫生、社区服务等各种人力资源开发上的投入。前者为物质形态的实物资本，后者可以概括为

---

[1] 陈建斌.克鲁格曼为代表的国际贸易新理论评述[J].上海经济研究，2004（12）：68-70+67.

[2] 韩玉群，韩玉杰.关于“里昂惕夫之谜”的理论回顾[J].中国集体经济，2012（07）：97-98.

[3] 辛晓晖.用马克思主义哲学观解读“里昂惕夫之谜”[J].经济纵横，2007（05）：57-58.

人力资本。[1]

人的智能之所以成为资本，是因为通过教育和培训所获得的智能可持续使用很长时间，并大大提高了劳动生产率，从而取得大于投资的收益。人力资本在比较优势决定中所起的重要作用则是：由于不同产品生产需要的人力智能高低、多寡不同，初级产品的生产需要较少、较低的人力智能，因而人力资本缺乏，但自然资源和劳动力丰富的发展中国家具有生产和出口优势；而战后信息、生物、空间、新材料及新能源等新兴产业的产品需要较高的人力智能，人力资本丰富的发达国家具有比较优势。如果在一国的出口商品生产中使用的人力资本要素大于该国进口商品中包含的人力资本要素，该国实际上是在出口人力资本密集型商品。

人力资本说认为，人力资源是一切资源中最主要的资源，人力资本是经济学的核心问题。在经济增长中，人力资本的作用大于物质资本的作用。人力资本投资与国民收入成正比，比物质资源增长速度快。

（三）研究开发要素说

以格鲁伯（W.Gruber）、梅尔塔（D.Meita）和弗农（R.Vernon）为代表的另一部分经济学家将“研究与开发要素”引入了对一国贸易结构和商品流向的研究。他们将美国的19个工业部门，依据研究与开发投资占销售额的比重和科学家、工程师占全部从业人员总数的比重，由低到高依次排列。从排列中他们发现，居于前列的交通运输工业、仪器仪表工业、化学工业和非电子机器制造工业等工业部门的销售额占美国制造业销售总额的39.1%，它们的出口额占美国工业制成品出口总额的72%，它们的研究与开发投资额占美国研究与开发投资总额的89.4%。据此，格鲁伯、梅尔塔和弗农得出了美国工业中研究与开发投资相对较为集中，因而技术水平相对较高的工业部门同时又是美国的主要出口生产部门的结论。

结合研究与开发投资在对外贸易结构中的地位与作用，格鲁伯、梅尔塔和弗农认为，美国正是根据由“科研要素”相对丰裕决定的在科学技术以及高科

---

[1] 冯诗博.中国进出口结构与“里昂惕夫之谜”——以2012年为例[J].现代经济信息，2016（08）：146.

技产业上的比较优势，生产并出口“科研要素”密集程度相对较高的高科技商品，同时进口“科研要素”密集程度相对较低的其他商品。美国的对外贸易结构和商品流向符合要素禀赋理论的基本要求。

（四）原料周期说

在产品生命周期理论的基础上，经济学家麦吉和罗宾在1978年提出了一种解释原料产品贸易格局的原料产品周期理论。[1]这是继弗农之后，将产品周期理论运用于贸易分析的又一尝试。该理论认为，原料产品寿命周期的特点同工业制成品正好相反，即在原料产品生命之初，发展中国家占据十分重要的地位，是原料的净出口国；在原料产品生命的后期，原料的生产优势逐渐转移到发达国家，因为在发达国家可以用高新技术不断生产出替代原料的合成品。

该理论通过与工业制成品的比较，结合原料本身的需求特点——需求缺乏价格弹性，即无论是在国内还是在国外，原料需求量的变动幅度都小于其价格波动幅度，可将初级原料周期大致划分为三个阶段：

第一阶段为“派生需求产生的繁荣”阶段。在此阶段，生产的发展使原料的需求迅速增长，从而导致原料的价格大幅度上涨。故初级原料在此时处于生命力旺盛的成长期。

第二阶段为“需求和供给来源的替代”阶段。在这一阶段，原料价格上涨迫使消费者（进口国）去寻找比较便宜的替代品，同时也促使更多的国家开发该项原料，于是原料价格的上升速度减慢，甚至出现下降。

第三阶段为“合成或研究与开发的介入”阶段。在这一阶段，科学技术的发展一方面提高了原料的利用率，另一方面又发明了新的合成替代品，将初级原料推向生命末期。这时，合成原料作为新的工业制成品被投入市场，开始了新的生命周期。

原料周期说认为，原料在其生命周期中的生产要素特点表现为：早期主要是自然资源密集；晚期则是研究与发展要素占主导，并且科学技术的新突破是原料产品生命周期阶段转变的关键。在国际贸易中的许多重要原料，最初都是

---

[1] 何颖.品牌生命周期理论的研究述评[J].商场现代化，2017（10）：1-5.

由于科学技术的进步和新兴工业生产部门的出现而诱发了对它们的需求，如汽车工业的发展对橡胶的需求量大增，电力工业发展的结果增加了对铜的需求，饮料行业的发展增加了对锡和塑料的需求，等等。

在原料产品周期的不同阶段，各类国家在原料的国际贸易中所处的地位是不同的。在原料产品周期的早期，发展中国家凭借其自然资源优势，在原料的国际贸易中占据十分重要的地位，是原料产品的主要出口国。但随着发达国家以先进技术生产合成代用品，使该项初级原料进入后期阶段，发展中国家在该原料贸易中的优势丧失，而发达国家在该原料的合成原料贸易中占据优势，它们不仅减少了初级原料的进口，还开始出口合成原料。近百年来，世界主要原料贸易的发展基本上都经历了上述演变过程。

二、国际贸易理论发展新趋势

（一）国际贸易理论动态发展

在当前新形势下，国际贸易合作得以较快发展，同时在国际贸易实际发展中也具备了稳定性越来越高的整体环境，且科学技术及贸易内容均得以实现创新。此外，国际贸易理论逐渐实现创新优化，整体上呈现出动态发展。就国际贸易发展前景而言，为能够实现理论创新，需具备现代化企业管理思想，从而使相关实际需求得以满足。另外，在当前发展新形势下，为能够实现国际贸易理论发展创新，应当对其研究范围做进一步的拓展。在当前国际投资理论越来越成熟的大形势下，各种投资项目越来越多，国际贸易理论在发展过程中应当对投资领域内的相关资源进行及时整合，从而在国际贸易投资及合作方面提供较好的指导与支持。

（二）国际贸易理论微观发展

在当前国际贸易不断快速发展的大背景下，为能够使国际贸易理论实现进一步完善及创新，需进一步拓展理论研究范围，进一步丰富研究对象及主体，进一步提升至国家层面，积极研究区域集团，以及基层现代化企业。另外，在国际贸易理论研究方面，还需要对相关研究方法及研究手段进行创新，在充分了解国际贸易整体发展趋势时，需要充分考虑的一点就是国际贸易中的相关组成要素，需注重其具体个体特点，从而使国际贸易理论研究能够更加具有科学性及客观性，从而为当前形势下国际贸易实现更好地发展提供较好的理论指导与支持。

（三）国际贸易理论的有效整合

国际贸易属于比较基础的一种经济学现象，在现代国际贸易理论及传统国际贸易理论中均包括较多的经济学相关知识，其研究对象主要就是市场，在经济学知识及国际贸易理论两者逐渐融合过程中，其主要研究对象及分析对象是市场范围及经济格局。在有些情况下，在国际贸易活动开展过程中，国家也可能会参与到实际活动中，在这一基础上使得国际贸易理论中的空间经济学实现有效整合，并且在国际贸易活动实际开展过程中起到比较理想的指导作用，可为国际贸易活动的开展提供更好的支持，从而促进国家经济的发展。

在国际贸易活动开展中，国际贸易理论属于重要指导思想，也是促进国际贸易发展的重要理论，因而对国际贸易理论进一步加强研究，促使其更好发展也就十分必要。为能够实现国际贸易理论的更好应用，相关研究人员应当充分了解其发展思路，充分把握其发展趋势，从而对其进行更好研究，促进国际贸易理论更好地发挥应有的作用。

第三节 马克思国际贸易动力理论的当代应用

一、马克思国际贸易动力理论

在马克思的经典著作中并没有对于国际贸易动力理论的完整表述，但有关国际贸易动力的理论却包含在他的全部著作中。事实上，马克思经济学著作的“六册计划”的第5册《对外贸易》和第6册《世界市场》，主要讲述国家对外和生产的国际关系方面的内容，通过对资本主义生产方式的全面分析，从一国范围扩展至世界市场总体，它在马克思经济理论体系中具有十分重要的地位和作用。我们可以根据马克思的理论逻辑来推演出马克思国际贸易动力理论的观点。

（一）成本优势理论造就国际分工学说的继承与批判

亚当·斯密指出，自由贸易会引起国际分工，国际分工的基础是有利的自然禀赋，或后天的有利生产条件。它们都可以使一国在生产上和对外贸易方面处于比其他国家有利的地位。如果各国都按照各自的有利的生产条件进行分工和交换，使各国的资源、劳动力和资本得到最有效的利用，将会大大提高劳动生产率，增加物质财富。

大卫·李嘉图认为，每个国家不一定生产各种商品，而应集中生产那些利益较大或不利较小的商品，然后在国际市场上进行商品交换。在资本和劳动力不变的情况下，生产总量将增加。如此形成的国际分工对各贸易国都有利。

马克思明确指出了导致国际分工的真正原因并不是成本优势或资源禀赋。马克思指出：资本主义生产一旦成为前提，在其他条件不变并且工作日保持一定长度的情况下，剩余劳动量随劳动的自然条件，特别是随土壤的肥力而变化。但绝不能反过来说，最肥沃的土壤最适于资本主义生产方式的生长。资本主义生产方式以人对自然的支配为前提。过于富饶的自然“使人离不开自然的手，就像小孩子离不开引带一样”。[1]它不能使人自身的发展成为一种自然必然性。资本的祖国不是草木繁茂的热带，而是温带。不是土壤的绝对肥力，而是它的差异性和它的自然产品的多样性，形成社会分工的自然基础，并且通过人所处的自然环境的变化，促使他们自己的需要、能力、劳动资料和劳动方式趋于多样化。社会地控制自然力以便经济地加以利用，用人力兴建大规模的工程以便占有或驯服自然力——这种必要性在产业史上起着最有决定性的作用。[2]根据马克思的观点，对分工起决定作用的是资本扩张的本性和资本主义生产方式发展的水平。

---

❶ 陈飞.马克思的财富思想及其现实意义[J].延边大学学报（社会科学版），2012，45（02）：12-18.

❷ 卡尔·马克思.资本论（第1卷）[M].北京：人民出版社，2004.

（二）推动国际贸易发展的直接动力是资本对超额剩余价值追逐的结果

推动国际贸易发展的直接动力是资本主义生产方式本身，具体到微观层面就是资本对超额剩余价值追逐的结果。

第一，国际分工是国际贸易的基础，所以推动国际贸易发展的直接动力同样也是资本主义生产方式。

从逻辑上看，马克思认为国际分工是国际贸易的基础。对于分工和贸易的关系从其本质上来说是生产和交换的关系，生产决定交换，交换以生产为基础。也就是说，国际分工是国际贸易的基础，这一规律不仅适用于国内市场，也适用于国际市场。国际分工的发展水平、结构和规模自然决定和制约了国际贸易的水平、结构和规模。国际贸易的发展史就是国际分工格局的变迁史。国际贸易发展的一切秘密和答案都能从国际分工中找到。

生产力的发展推动着经济与社会的不断进步，同时也促进着分工的不断发展。资本主义生产方式的不断扩张和产业革命的推动使国际分工不断深化，早期的资本主义国家英国最早进行了工业革命，使其成为当时的世界工厂，以它为中心的国际分工便由此建立起来。工业发达国家利用机器大生产所生产出来的廉价商品被销往殖民地和经济落后的国家，殖民地和经济落后的国家则被迫畸形地发展农业和矿业，为工业发达国家提供原材料和农产品，原来处于自然、半自然经济形态的国家，在廉价商品的冲击下，被卷入国际分工体系中来。

从另一方面来看，国际分工的发展迫使这些被卷入国际分工体系的国家由原来原始的或落后的生产方式向资本主义生产方式转变，同时推动了国际贸易向前发展，使国家与国家之间的贸易依存度迅速增强。随着国际分工的深化，不但扩大了贸易的范围，使国内贸易变成国际贸易，而且还扩大了贸易商品的种类，从而创造了互通有无和各取所需的商品贸易条件。另外，通过深化分工，大大提高了生产效率，提高了贸易规模和水平，从而加速推动了国际贸易的发展。

由上述推论可知，国际分工是国际贸易的基础，而推动国际分工发展的直接动力是资本主义生产方式本身。我们由此可以得出以下结论：推动国际分工和国际贸易发展的直接动力就是资本主义生产方式本身。同时，我们也有马克思的论述为佐证——对外贸易的扩大，虽然在资本主义的生产方式的幼年时期是这种生产方式的基础，但在资本主义生产方式的发展中，由于这种生产方式的内在必然性，由于这种生产方式的要求是不断扩大市场，它也因此成为这种方式本身的产物。

那么，为了更加深入地诠释资本主义生产方式的发展是怎样推动国际贸易向前发展的，我们便从资本主义生产方式的微观层面出发来找寻马克思所阐述的推动国际贸易的根本动力。

第二，资本主义生产方式发展的实质是最大化地追求超额剩余价值。资本主义生产过程的动机和目的，是资本尽可能多地自行增值，也就是尽可能多地生产剩余价值。资本的最大特征就是增值，而增值靠的就是最大限度地去获取剩余价值，这也是资本的本性和资本主义生产过程的实质体现。当所有的资本家都在不断改进生产技术，不断提高生产效率，不断地压缩个别生产时间去努力追逐剩余价值的时候，势必导致剩余价值率趋于平均。但由于资本的本性，也可以说是资本家的本性，因为资本家即是资本的人格化，其并不能停止追逐剩余价值的脚步，那么这时候，个别资本家就把追逐超额剩余价值作为自己唯一的目标。这也就使资本可以继续不断地扩张下去。当国内市场严重限制了资本家获取剩余价值的时候，也就是说，资本主义生产方式的发展水平阻碍了资本家获取剩余价值，雄心勃勃的资本家就必然打破这种限制，就必然跨出国界，到世界上任何一个可能存在剩余价值的地方去寻找获取剩余价值的机会。当资本家跨出国界去追逐国际剩余价值的那一刻，剩余价值就已经超越了国内剩余价值变成了超额剩余价值。正是对超额剩余价值的无限追求，使资本家突破国内市场的狭隘界限，不断扩展到世界市场。对资本来说，为了能够实现超额剩余价值的生产，任何界限都表现为必须克服的限制。这是资本家获取超额剩余价值的前提，资本的趋势是不断扩大流通范围，在一切地点把生产变成由资本推动的生产。

资本家对于国际市场的开拓富有那么大的热情，完全是出于实现资本主义生产过程的动机和目的。正是由于资本扩张的本质与资本家的欲望相结合，才摧毁了地域的一切限制，建立了世界市场，使资本主义生产方式得以在全球扩张，使整个世界纳入资本主义体系当中，从而使资本主义生产水平达到一个尽量高的高度。

正是由于资本主义生产方式的发展导致了国际分工，而国际分工又是国际贸易产生的基础，所以推动国际分工和国际贸易发展的直接动力就是资本主义生产方式本身。具体到微观层面，追逐超额剩余价值是资本主义生产方式发展的实质，是国际贸易产生发展的根本动力。资本家为了获取长期的无限的超额剩余价值才促使国际贸易的产生及发展。

二、依托马克思主义国际贸易动力理论解决我国国际贸易动力问题的对策

依托马克思主义国际贸易思想，对推动国际贸易动力的原因进行了深入的探究，并明确指出国际超额剩余价值就是推动国际贸易前进与发展的动力之源。在现代科技革命和经济全球化深入发展的今天，国际贸易发生了许多深刻的变化，一些新的情况、新的问题已浮出水面，各国对国际超额剩余价值的追逐也日益激烈，获取国际超额剩余价值也越发困难。作为全球第一大出口国，中国在国际贸易中不可避免地遇到一些新的问题、新的困难，我们必须充分思考，提出切实的行之有效的解决办法，只有这样才能切实维护好国家利益。

（一）我国国际贸易宏观动力问题对策分析

1.调整现有的经济、贸易政策，促进贸易增长方式的转变

面对出口导向型的外贸战略所逐渐暴露出的各种弊端，面对国际贸易利益的“漏损”，我们有必要及时调整现有的经济、贸易政策，促进贸易增长方式的转变。中国加入WTO已有多年，国内国际贸易环境已发生重大变化，整个经济和对外开放已经进入相对成熟的阶段，调整贸易政策的时机也已成熟。

① 转变外贸发展方式，推动外贸发展从规模扩张向质量效益提高转变，从成本价格优势向综合竞争优势转变。庞大的出口规模、大多位于价值链低端的产品，以及附加值不高的依靠价格成本优势的出口产品结构，不仅严重影响了我国对外贸易的质量，而且也是导致我国国际贸易“漏损”以及获取国际超额剩余价值能力不足的重要原因。现如今，我国拥有大量的外汇储备，再用扩大出口规模来增加外汇收入的做法已丧失了其必要性。我们必须转变这种依赖数

量和价格取胜的粗放型的外贸结构，由大变精，由粗放型变为高效益型；必须加大科技投入，提高产品的技术含量，增加出口产品的附加值，集中人力财力，创造属于自己的品牌，努力提高品牌知名度；可以利用我国的后发优势，在经济转型时期抓住机遇，在外贸生产方式上，由简单的加工贴牌贸易这种处于价值链低端的生产形式逐步向研发、设计、核心元器件制造、物流等环节拓展，延长国内增值链条；大力开拓新兴市场，把出口市场推向多元化；把出口产品从依靠价格的恶性竞争向综合竞争优势转变。

② 扩大国内需求水平，使出口导向向内需主导转变。有人形象地把投资、出口、消费比喻为拉动我国经济发展的“三驾马车”。但随着改革开放的深入，其在国民经济中的比例也发生着变化，投资、出口日趋强劲。作为一个大国，出口导向型的贸易政策对经济的带动作用可能一时有效，但却不是长久之计。我国拥有着很多国家没有的资源与市场，我们不能眼睁睁将国内市场拱手相让，或者闲置浪费。是时候进行反思，及时改变我们的贸易政策了，应由出口导向向内需主导转变，依靠庞大的国内市场，把内需作为带动我国经济发展的新引擎。只有大幅度提升国内消费水平，才能有效地化解目前严重过剩的生产能力，提高人民生活水平和人力资源的开发水平，才能形成经济增长和就业扩大的稳定的增长极。

首先，把鼓励出口转变为内外平衡。我国作为出口贸易额居世界第一的出口大国，现阶段，采取降低出口的措施并不现实，但笔者认为，对一些不合时宜的出口鼓励措施进行调整还是有必要的。例如，下调出口退税税率，对出口退税的主体进行区别对待。如出口的产品是高附加值、耗能少的企业继续实行较高税率的出口退税政策；对产品附加值低、耗能多、污染严重的出口企业，实行较低税率或不给予出口退税政策。

其次，大力提高居民收入水平，增强居民消费能力。据国家统计局数据，在国内市场中，农村消费和投资的潜力十分巨大，这是我国扩大内需的最有利条件。这就要求我们必须继续深化农村经济体制改革，调整农业结构，提升效率，增加农产品附加值，想尽一切办法提高农民的收入水平，以城市带动农村，促进农村经济的快速发展。同时加大对农村基础设施的建设，改变村容村貌，为农村的经济快速发展创造环境。

再次，加强省际、区际贸易。针对我国国情，大力发展国内省际、区际贸易具有重要的现实意义，其带来的经济利益就如同与其他国家进行国际贸易所带来的利益一样，同时在此过程中还可以规避国际贸易中类似关税等方面的贸易障碍和可能产生的贸易摩擦。在省际贸易、区际贸易中，资金、劳动力、物资可以更加自由地流动，资源得以最大程度地优化配置，促进市场规模化，依靠国内竞争，使国内企业迅速成长壮大，从而增强其自身的国际竞争能力。

最后，不再将出口额作为考核政府政绩的标准之一，从出口额多少向经济效益提高多少转变，从数量向质量转变，注重经济速度的同时也要注重经济效益。

③ 大力发展服务贸易。随着经济持续发展，发展重心由第一、二产业向第三产业过渡是必然趋势，也是经济发展的必由之路。结合我国国情，几十年的工业飞速发展对环境造成了严重的污染，同时也导致产业结构极不平衡，加之人口众多，就业压力繁重，而发展服务业有助于转变经济发展方式、调整产业结构、吸纳剩余劳动力，大力发展服务业迫在眉睫。而服务贸易的发展能够带动和促进整个服务业的发展，对整个服务业的提升至关重要，同时也是转变贸易发展方式的重要目标与方向。

据国家统计局数据，我国服务业吸收外资的比重占总外资的比重不到1/3，服务贸易出口占出口总额的比重仅在10%左右，是全球平均水平的一半。[1]面对广大国际市场，我国弱小的服务贸易严重阻碍着我国的国际贸易发展，与此同时，也预示着我国所蕴含的发展服务贸易的潜力是巨大的。服务贸易的发展，将带动我国的货物贸易产业向前发展，从而促使我国的货物贸易行业和企业从中获取更多利润。我们必须从思想上摆脱传统观念，为大力发展服务贸易清除各种障碍，破除陈规陋习，为服务贸易的腾飞创造一个积极宽松的发展环境。

2.加大对国际投资的引导监管力度，提高对外企的科学管理水平

我国出台各项优惠政策，吸引外资进行投资，目的只有一个，即带动我国产业升级，促进我国经济发展。随着改革开放的深入，我们的政府及主管部门

---

[1] 吴牧鸿.浅谈中国发展服务贸易的战略思考[J].经贸实践，2016（20）：44.

要时刻牢记这个宗旨，不要以为资本进入了社会主义的国度就会改变其性质；不要为了一些低质的外资所带来的眼前利益，而放弃国家利益与子孙后代的长远利益；不要被外资、外企华丽的外表所蒙蔽，要看清他们的本质，防止国家利益、民族企业受损；不要以为外资多多益善，要从有利于内外资公平竞争方面出发，跳出地区利益、部门利益的局限，上升至国家利益、宏观利益层面。这些都要依靠国家的正确引导与完善的监管和制度，从而保证对外资进行有效的制约。

①逐步使内外资企业在公平的基础上展开竞争。基于我国目前的经济发展阶段，对外资实行完全的国民待遇还不现实，但是我们必须把对外资实行完全国民待遇作为一个目标，分批次、分步骤地逐步实行；同时国家各部门、地方政府要认真贯彻，彻底执行中央有关对外资的方针、政策，彻底清理一些过时的、不符合实际的、重复的、矛盾的优惠政策，结合地方实际，制定具有长远意义的、具有针对性的、合理的引资政策。要从法律上逐步完善内外资的同等待遇，为内外资的公平竞争创造一个和谐的法律环境。逐步从根本上改变人民群众觉得外资品牌优于内资品牌的看法，重塑内资新形象。要加强基础设施建设，使优美的环境、完备的交通运输设施、规范的法律制度及政府高效的服务成为吸引外资的新亮点及重要因素。

②对外资进行正确引导，带动我国产业升级与区域均衡发展。随着我国面临经济结构调整与产业化升级的客观要求的变化，我国引资的重点也应有所转变，即从注重引资数量向追求引资质量转变。审时度势，把外资拿来为我所用。首先，应该把外资分为高、中、低三类，按类型制定不同政策、划分不同区域进行具有高针对性的引导。高：指国内此类行业较为薄弱的、高精尖的，并且对我国此类行业具有显著“技术溢出”效果的技术密集型外资，对这类外资应该降低准入门槛，并且鼓励这些外资企业来华投资，设立科研机构；结合我国具体情况，一些东部沿海地区和高科技人才资源丰富的地区可以制定相应措施，鼓励、吸引这些外资来进行投资。中：指可以发挥我国劳动力优势的，同时一些在世界领域接近成熟或已经成熟的劳动密集型产业，这类产业可以按区域进行区别对待。对东部地区来说，由于经济持续飞速发展，使得地价、劳动力价格高涨，成本剧增，东部地区已经不适合这种类型的企业追求成本优势的要求。相应地，在国家大力倡导中西部大开发的背景下，中西部地区的投资环境与基

础设施有了很大幅度的提高并日渐完善。在这种情况下东部地区对这类产业应该提高准入门槛，增加其进入的难度，而中西部地区则可以降低门槛，提供合理的、适度的符合本地实际的优惠措施，来吸引此类企业入驻中西部地区，从而带动中西部地区的发展。低：指科技含量低、高污染、高耗能的外资企业，国家应该限制、禁止这类企业的投资。对外资分类型、分区域区别对待，可以有效引导外资流向我国亟待发展的产业和地区，促进我国产业升级，同时还可以带动中西部地区的经济发展，从而缩小东中西部差距。

③加大对外资监管力度，提高对外企的科学管理水平。鉴于资本的本性，外资进入国内的目的就是获取剩余价值。同时由于我国的市场经济体制还不完善，各项法规制度还有待补充加强，有些地方还存有漏洞与隐患，这就大大增加了外资进行不规范操作的可能性。并且随着经济全球化趋势的深入，外资谋求实现国际投资自由化的欲望大大增强，这就不可避免地使我国的经济安全面临挑战。对外资加大监管力度，提高对外企的科学管理水平就显得刻不容缓。对外资不但要领进来，而且要管得住。

要想对外资进行有效的监管，需从以下几个方面入手。

首先，应该制定完备的监管法律与监管标准，改进、完善已有法律法规，理顺一些烦琐、矛盾的法规，废除过时的法规、标准。

其次，要分重点地进行监管，对可能对我国造成损害或者容易产生漏洞的方面进行重点监管。例如，对外资是否偷税、漏税、逃税进行监管，防止外资利用各种可能性进行偷税、漏税、逃税；对外资的外汇进出进行监管，防止外资通过不正当途径把资金汇至国外，造成我国外汇流失。对是否涉及外资行业垄断进行监管，防止外资故意抬高行业标准，造成行业性垄断。对外资企业是否对环境造成影响进行监管，防止一些高耗能、高污染的外资企业进入国内和一些外资企业忽视环境保护，肆意破坏环境；对是否侵害劳动者合法权益进行监管，防止外资对劳动者肆意加大劳动强度，延长劳动时间，克扣工人工资，虐待工人，忽视工人工作安全等行为。

最后，要统一监管机构。各级设立特定部门，对各项监管工作统一指挥，统一调度，协调各方。只有这样才能对外资进行有效、科学的监管，实现对外资有拒有纳、趋利避害的目标，从而更好地维护我国经济安全。

3. 完善人民币汇率形成机制，推进利率市场化改革

（1）提高汇率形成机制的市场化程度

若想使汇率通过市场供求进行调节，目前最大的障碍集中于银行结售汇制度。银行结售汇制度是国家对外汇收支行为的一种强行干预。以强制结售汇制度为背景的外汇供求关系并不是完全意义上的市场供求关系，必然会造成汇率水平一定程度的扭曲。[1]由于实行银行结售汇制度导致汇率的不真实反映，我们必须对此进行改革。具体来说，包括放宽限制，扩大涉汇企业保留外汇的限额，改银行强制结汇为自愿留存结汇，尽可能地扩大外汇管理局指定银行参与外汇交易的自由程度，促其成为真正的市场主体，以充分发挥市场机制对汇率的调节作用。

（2）放宽人民币浮动区间

放宽人民币浮动空间有助于真正发挥市场的价格信号作用，使汇率逐渐趋于均衡水平，同时也给中国人民银行留有更大的干预空间，有利于货币政策操作实现内部平衡的目标，缓解央行公开市场操作的责任压力，促进外汇市场的进一步发展。

（3）向独立的浮动汇率制度迈进

现如今我国实行的汇率制度只是由固定汇率制度向浮动汇率制度的过渡，因为汇率制度改革的结果只有两种：固定汇率制和浮动汇率制。[2]

根据蒙代尔—克鲁格曼不可能三角形理论，即货币政策独立性、资本自由流动与汇率稳定这三个政策目标不可能同时达到的结论可以推知，我国随着改革开放的深入发展，必然促使资本流动性增强，一旦将来实现了完全的资本自由流动，那么汇率制度必然会选择完全独立的浮动汇率制。[3]

4. 稳定推进人民币的国际化，提升人民币的国际竞争力

美国通过美元特权实行货币性掠夺的美元霸权行为，不但使美元作为世界货币遭到了愈加严重的信任危机，破坏了世界货币的稳定，同时还使包括中国在内的国家遭受了巨大损失，使得国际超额剩余价值在无形之中被美国通过国

[1] 张慧，卫津. 对我国结售汇制度的思考[J]. 商，2014（02）：259-260.

[2] 翁卓群. 人民币汇率制度的改革进程及展望[J]. 金融经济，2019（10）：18-20.

[3] 王全新，任山庆. 人民币汇率制度选择与改进[J]. 当代经济科学，2006（06）：54-57+124.

际货币体系窃取了。所以如何摆脱美元的货币性掠夺，使各国的国际超额剩余价值不受损失成为经济危机之后各国关注的主要问题之一。对于中国来说，摆脱美元货币性掠夺的最有效、最直接的方法就是推进人民币的国际化，提升人民币的国际竞争力，促成人民币成为世界储备货币之一。

（1）稳定推进人民币国际化，促成人民币成为世界货币的意义

第一，有助于我国提高国际影响力。以目前已成为世界货币的美元、欧元、日元为参照物可以看到，作为这些货币的发行国，其在国际贸易和国际货币体系中的地位是毋庸置疑的，这些国家在国际货币体系中居于主导地位，掌握着货币话语权。按此推导，当人民币成为国际货币之后，中国便会掌握对世界货币的发行权和调节权，有助于提高国际货币储备体系的均衡性，改善国际储备货币的结构；对全球经济活动的影响和话语权也会随之增加，从而大大提升我国的国际影响力，加强我国世界大国的地位；同时中国作为国际货币体系的重要一员，对于促进全球经济稳步前进将会起到重要作用。

第二，享受“铸币税收益”。众所周知，货币发行主体可以通过发行货币获取铸币税，铸币税是拥有发行权的国家给本国政府的一项重要的财政收入。如果本国发行的货币在本国境内流通，则铸币税是取之于本国用之于本国；如果本国的货币是世界货币，则整个货币在世界范围内流通，铸币税收益则是取之于世界用之于本国。铸币税收益也是美元长期掠夺世界其他各国国际超额剩余价值的一种重要方式。如果人民币成为世界货币，我国也可以通过发行人民币来获取铸币税收益，以弥补长期使用外汇而受到的损失，把“铸币税损失”变为“铸币税收益”。

第三，减少汇率波动所带来的风险，避免收支危机。进行国际贸易的主体常常要经受汇率的频繁波动所带来的损失，对于一些利润率低的国际贸易企业来说，这种打击足以致命。如果人民币成为国际货币，我国对外贸易都是按人民币进行计价，就不存在汇率波动带来的损失了，对内对外贸易是一样的，这样就把风险留给了对方，好处是可想而知的。同时，如果人民币成为世界货币，就可以有效地避免国际收支危机，因为中国的债务人（企业和政府）的收入和债务在汇值上是对等的，就不存在人民币收入和外币债的不对称性的问题了，这是人民币国际化所带来的一大好处。

第四，促进我国金融业发展完善。如果人民币成为世界货币，就意味着我

国金融业必须达到更高的水平，只有这样才能符合人民币全球流通的条件。同时会有大量外资银行和金融机构进入我国，这样势必会给国内金融机构造成压力形成竞争，促使国内金融机构逐步完善，向前发展；势必促进我国银行业的经营管理体制发生变化，建立符合市场需求的银行体制和金融市场体系[1]，从而带动整个金融体系向前发展。

（2）人民币国际化的实现步骤及措施

第一，持续保持贸易顺差，稳定人民币币值，增加更多国家对人民币的信任与需求。从历史经验来看，在强势货币的背后必然是强势的经济实力，若想人民币国际化，其最基础、最根本的就是保持我国经济的快速稳定发展。只有在拥有雄厚的经济基础、制造业基础之后，才能顺利推进人民币的国际化。我国目前GDP总量已跃居全球第二，并连续多年保持经常性项目和资本项目双顺差，可以说，推进人民币国际化的初步条件已经具备。但是面对现实，仍有许多问题亟待解决。我国虽然总体上长期存在贸易顺差，其收支结构却存在严重偏颇。一方面，我们对少数发达国家（地区）保持了巨额贸易顺差。另一方面，我们却对多数国家保持着不小的贸易逆差。这是“中国制造”的必然结果。[2]如果要推进人民币国际化，我们必须继续全面提升贸易竞争力，增加顺差覆盖范围，保持人民币币值稳定，以此来增加更多国家对人民币的信任与需求，使其自主地将人民币作为本国的外汇储备之一。

第二，完善金融市场，促使银行体系进一步升级。国际资本流动本质上是高度市场化的流动，其有效性与包括资本市场和货币市场在内的一国金融市场的成熟程度密切相关。[3]金融市场的发达、成熟与否就如同河道的宽与窄，如果河道很宽，则即使洪水来袭也能使其顺利通过；如果河道很窄，即使下点小雨，也能使其泛滥成灾。何况人民币国际化后，资本的流动性膨胀就如同每天都有洪水来袭一样，不够发达、不够成熟的金融市场是不足以去应付这么大的洪水的。发达的金融市场可以为资本提供充足的安全保障，减少资本变现成本，提

[1] 刘丹青.人民币国际化与国际货币体系改革[J].时代金融，2015（26）：11+13.

[2] 曹子彬，崔冉冉.国际货币体系改革下的人民币国际化问题研究[J].创新科技，2015（08）：60-63.

[3] 陶瑜.国际货币体系改革与人民币国际化[J].国际论坛，2016（02）：51-57+81.

高资本运作效率，同时还可以为资本提供种类丰富的金融工具。人民币的国际化必须有一个发达的金融市场与之相匹配。然而今天我国的金融市场与发达国家成熟的金融市场还存在很大差距。我国必须加快完善金融市场的步伐，完善金融市场的结构，使之符合经济运行规律，同时提高金融市场的运行效率。对于银行系统，首先要提升中国人民银行对于人民币随市场变化而进行调控的能力，完善金融监管体系，使之能够适应金融开放和资金的快速流动。其次，提升商业银行的业务能力和管理能力，增加资本充足率，增强创新和开拓国外市场的能力。只有这样，才能缩小我国的金融市场与国外发达金融市场的差距，提升银行体系的整体水平，为人民币国际化铺平道路。

第三，实现资本项目的全面兑换。目前，我国已经实现了人民币经常项目下的全面兑换，今后的主要任务就是要逐步推进人民币资本项目下的完全自由兑换，达到人民币全面可自由兑换。当前，我国对外汇的管制还较为严格，有很多限制条件，资本项目下人民币不能自由兑换成为人民币国际化的最大障碍。我国若要推进人民币国际化就必须实现人民币在资本项目下的可自由兑换，这是国际资本流动对人民币国际化的前提条件。人民币只有实现了完全可自由兑换，才能使人民币成为理想的价值载体，可以随意兑换其他币种和购买任何东西，才能成为世界人民喜欢并欣然接受的货币，从而为人民币国际化奠定坚实的基础。

（二）我国国际贸易中观动力问题对策分析

1.优化产业结构，提高产业集聚程度，形成规模效应

现如今，提高我国的产业集中度，使之形成规模效应已到了迫在眉睫的地步。

为提高产业集中度，可以采取以下措施。

第一，继续深化国有企业体制改革。打破行政性垄断，提高国有企业的竞争力，继续深化国有企业体制改革，在以符合现代企业制度为目标的渐进式改革过程中要注意区分着力改革的目标。对那些事关国计民生和具有自然垄断性的行业可以适当保持其具有的垄断地位，但是对于一些不涉及此类因素的产业领域必须按照市场经济的要求，以符合现代企业制度的标准进行改革，破除行

政性垄断，逐步开放和放松管制，恢复竞争，在整个产业内树立起优胜劣汰的氛围，使产业内各家企业公平竞争。只有按照市场规律进行改革，才能提升整个产业的产业集中度，提高企业的国际竞争力，才能增强企业获取国际超额剩余价值的能力。

第二，集中力量着力发展大企业。对于垄断度低，同时又具有规模经济要求的产业，国家应该通过强有力的政策指导与政策扶持，对其产业组织进行大力整合，提高集中度，提升产业效益，形成一些大企业集团，并通过相互渗透、相互融合，发挥规模经济效益，降低生产成本，使之走上集约化发展之路，从而促使这些企业成为具有国际竞争力的大企业。

第三，促进产业结构优化升级。对传统产业进行改造升级，对工业产业加大科技投入，以此提高企业的技术含量，加强企业的创新能力，提升技术壁垒，增加外资企业进入难度；同时也能防止因门槛过低，致使在产业链低端出现大量小企业堆积，形成竞争过度、无序竞争的局面。

第四，完善破产兼并体制。从提高产业集中度的角度出发，完善破产兼并体制，尤其是完善与破产兼并相关的政策法规显得尤为重要。由于我国的破产兼并制度起步较晚，目前尚存在制度不完善、实践经验缺乏、制度存在漏洞等方面的缺陷，所以国家必须下大力气投入人力物力，完善和弥补政策法规方面的不足，早日使我国的破产兼并纳入正轨，从而使破产兼并制度化、正规化，以促进市场主体在平等的环境下进行公平竞争，顺利实现优胜劣汰，以此提高产业集中度。

第五，完善社会保障制度。完善社会保障制度可以很好地解决企业职工的后顾之忧，减轻破产兼并企业的负担，为其顺利退出市场做好铺垫，从而使市场运行机制更好地发挥作用。政府要逐步扩大社会保障制度的覆盖范围，提高保障水平，实现保障制度的统一，进一步健全社会保障体系。

2.促进新兴战略产业发展，提高核心竞争能力

针对新兴战略产业发展过程中所暴露出的一些问题，在此提出一些对策。

（1）转变观念

地方政府与大中小企业要转变观念，不要局限于眼前利益，要审时度势，认清国家发展大局与全球经济的发展趋势；明确地认识到发展新兴战略产业必

然要经历一个“阵痛”的过程，想尽办法缓解阵痛，缩短阵痛时间。相关部门要统一思想，严格遵循与贯彻中央关于加快培育和发展战略新兴产业的决定的指示精神与要求，发展壮大各地区优势产业，积极培育战略新兴产业，努力改造传统产业，主动淘汰落后产业，排除任何不利于发展新兴战略产业的障碍，全面推进三大产业向高端化、高质化、高新化发展。

（2）深化科技体制改革，促进产学研相结合

因为技术研发与应用互相脱节，所以要深化科技体制改革。一方面要运用市场调节，提高科技机构的自我发展能力和为经济建设服务的活力，同时推动科技生产要素向企业流动，改变技术创新与研发以科研院所、高等院校为主体的局面，加强企业自身研发能力。另一方面，也是现阶段最重要的一个方面，即要建立一种类似于“中介”的机构，把研发单位与生产应用单位有机结合起来，起到桥梁的作用，以市场运作为基础，改变科研单位研究目标盲目性的现状，使得科研院所研究出的新成果、新技术符合市场与企业的需求，一旦研发成功，就可以联系到相关企业进行生产并得以应用。

（3）拓展融资渠道，实现投资主体多元化

面对国内科研资金还比较匮乏、投资主体单一的现状，最根本的解决办法就是要拓展新兴战略产业的融资渠道，实现投资主体多元化。首先，政府要发挥职责，完善风险投资机制，鼓励引导风险投资机构的创立，并对其进行有效监督，使其能够更好地为新兴战略产业服务。这是因为风险投资机制的完善，不仅可以给予涉足新兴战略产业的企业充足的资金支持，还可以促进企业提高其市场应变能力，从而使其在自身的不断成长中获得宝贵的经营管理经验。其次，采取各种合法渠道汇聚民间资金，例如创业板的启动就是一个很好地利用民间资金的平台，有条件的创新企业可以通过在创业板上市募集民间资金，以此来发挥民间资金在新型战略产业中的巨大作用，实现投资主体多元化。

（4）提高涉及战略新兴产业企业的创新能力，加大知识产权保护力度，提高核心竞争力

要增强创新能力，首先要利用产业内部现有的科技储备对资源进行整合，并在其基础上实现二次创新，使其形成梯度发展、逐层提高的局面，这样不至于造成技术断层，利于新老技术之间的衔接，从而形成一套成熟的技术体系。其次，鉴于人才对于创新的重要性，要加大人才储备，防止优秀人才流失。一

方面，加快人才培养进程，完善人才激励机制，采取各种优惠措施，把人才留住；另一方面，想尽一切办法，吸引海外人才，尤其是涉及我国距世界先进水平还有很大差距的短板领域的人才更应该大力引进，鼓励海外留学生归国就业，报效祖国。最后，加强新兴战略产业中各企业对知识产权重要性的认识，有了新的科研成果要第一时间申请知识产权保护。

（5）完善产业制度，改善新兴战略产业发展环境

制订发展规划要放眼未来，着眼并把握世界先进技术发展方向，选择我国距世界先进水平仍有较大差距的短板领域，优先布局，以求尽早弥补。完善产业政策，制定各项优惠措施，从政策制定上对新兴战略产业进行倾斜；对从事新兴战略产业的企业进行财政补贴，鼓励其对老旧设备进行更新换代；在银行，为审批、规划等涉及新兴战略产业的各个相关职能部门设立绿色通道，从而缩短新兴战略产业的筹备时间。同时加大国家对新兴战略产业产品的采购力度，以加速其壮大过程，提高其在国际市场上获取国际超额剩余价值的能力，使其早日成为我国的主导产业与支柱产业。

（三）我国国际贸易微观动力问题对策分析

1.提高企业分工协作水平，促进企业集群发展

企业作为国民经济的细胞，作为追求剩余价值最大化的经济组织，分工协作程度的高低与实现其最终目标有着密切的联系。企业分工协作水平的提高无疑会提升企业的生产效率，从而最终提升其获取超额剩余价值的能力。

企业分工协作包括两个方面：一方面是企业内部分工协作，另一方面是企业间分工协作。针对我国企业内部分工协作所暴露出来的小而全、全而不精、分工复杂、协作不够，同时分工程度位于全球生产价值链的底端，导致我国企业在国际贸易中获取国际超额剩余价值能力不足的问题，在此提出三点对策：第一，大力推进企业专业化，摒弃企业“大而全”“小而全”的错误思想，把“大而全”“小而全”变为“大而特”“小而特”，使每个企业都有自己的特色、自己的专长，从而提升企业专业化水平，提高企业核心竞争力。第二，要在企业内部建立一个符合中国各企业实际情况的、完善的信息交流协作机制，降低企业内部分工协作成本，提高分工协作效率。第三，促进企业间分工协作，推

动企业集群的快速发展。

针对第三点对策，也就是企业分工协作的第二个方面，即企业间分工协作，同时结合我国企业间分工协作的实际情况，围绕促进企业集群发展，提升企业获取国际超额剩余价值能力，我们提出以下具体对策。

第一，提升企业专业化水平。因为企业专业化是实现企业间分工协作的基础和前提，只有企业专业化水平提高了，才能促使企业专注于自身所擅长的领域，把自己并不擅长的或根据自身能力不能提升其经济效益的领域外化，促使生产链分散，这样每个企业都从事各自所擅长的生产活动，就易形成各企业间的分工协作，形成优势互补，从而促进产业集群的发展。从另一方面来说，随着国内企业专业化优势的增强，其国际竞争力也必定随之增长，这样就能够促进企业获取国际超额剩余价值的能力的提升。

第二，促使地方政府把地方企业集群建设纳入工作之中。从思想上予以重视，把眼光放长远，认清企业集群建设对于促进经济发展的重要性。在政策与财政两方面对其进行适度倾斜，加大企业集群园区的基础设施建设，为企业创造一个优质的外部环境，从而吸引周边具有互补性的企业到此落户，把分散的企业进行有效合理地集中，促进企业集群发展。同时地方政府要站在一个较高的层面对企业集群进行统一的指导，避免重复性建设，促进差异化竞争，使企业集群内部企业实现有效的互补，从而促进整个企业集群发展壮大。

关于企业集群建设，结合国外企业集群的发展经验，笔者认为可以将其分为两类有效的组织模式：第一类，以大型企业为核心，中小企业围绕大企业进行分工协作，形成企业集群。这种模式下，不论是大企业还是小企业都可以充分发挥自身的优势，并将两者优势进行充分有效的组合。在这种模式，大企业可以集中力量对核心技术进行研发升级，对核心部件的生产进行创新，利用市场配套资源有效合理地扩大规模，更好地参与实力和规模为决胜条件的国际市场竞争。小企业则可以发挥自身灵活多变、适应力强的优势，将有限的资源集中于零部件的生产与技术、工艺创新，为大企业配套协作，可以充分发挥小企业的特定优势并取得“小而专”的规模。[1]第二类，中小企业集群，这种组织

---

[1] 许坚.经济全球化与中小企业分工协作体系——兼谈加入WTO后南京中小企业发展的模式选择[J].南京社会科学，2000（S1）：32-39.

模式较多存在于以劳动密集型为主的产业和高新技术领域。在这种模式下，中小企业可以开展产品专业化分工，进行差异化生产，满足市场不同种类的需求。同时，企业之间又能进行零部件专业化分工协作，从而降低因中间环节复杂而带来的风险和交易成本。另外，中小企业之间还可以共享基础设施、信息资源和销售渠道，在原材料采购和产品销售、定价等方面进行协调，从而形成“集体议价能力”，增强整体竞争力。随着企业集群的发展壮大，中小企业集群可以向更高层次发展，转变为以大企业为核心的垂直分工协作，从而实现企业集群的全面升级和产品档次的提升。

第三，鼓励有条件的企业走出国门，积极与国外企业进行有效的企业间分工协作，与国外企业形成优势互补，并在分工协作中学习国外先进企业的管理经验与生产技术，提高民族企业的国际竞争力。

2.加大科技投入，提升企业的自主发展能力

针对我国企业科技投入水平低、创新活力不足的问题，笔者提出以下对策。

第一，提高企业创新意识，加大创新科技投入。创新不单单是企业主自己的责任，而是整个企业从领导到普通职工共同的责任。树立创新意识，培养企业自主发展能力，首先要在观念上下功夫，要转变过去企业创新意识薄弱、认识不到位的缺陷，要在企业上上下下大力宣传创新理念和思想，使创新意识深入人心，要使职工认识到创新对于企业来说至关重要，其中尤其要针对企业管理层大力宣传，使管理层树立起创新的精神和勇气，尽最大能力加大对创新的科技投入，从而提升企业科技的投入水平，以此来带动企业创新。

第二，拓展企业融资渠道，保证企业创新资金投入。对于企业融资问题，笔者在中观层面已经有所分析，这里对于企业创新来说，拓展融资渠道的方法笔者认为也是趋同的。首先，要利用国家与商业银行对于企业创新的扶持与贷款优惠政策，对一些尖端优势创新项目更要加大扶持力度。国家可以在税收政策上给予企业创新更多的优惠，例如对有所创新的企业在征税时少征、免征或者进行创新退税，以此鼓励企业加大创新力度，同时也可减轻企业的经济负担。商业银行对于创新企业借贷时，要放宽政策，使企业能够轻松地获取贷款。另外，在企业面对创新进行投入时要特别重视对与企业长远发展有密切关系的创新项目，坚决保证对这种创新项目的长期资金支持，不要出于短期困难或其他

原因放弃对此类项目的资金投入。联想集团董事长杨元庆认为，企业必须用更长远的眼光看待创新，在前瞻性技术开发和战略性业务上要有坚定投入。[1]对于民间融资这一块，政府要加强民间融资机构的建立与管理，为企业科研投入服务好。

第三，加大企业创新人才投入，完善人才激励机制。首先，对于企业创新人才的投入要从企业内部做起，企业要注重选拔内部具有创新意识和创新能力的人才，把其安排在能有效发挥其作用的岗位上，使人尽其才；同时，企业要加强内部研究部门的建立，达到研究出成果就能够立刻转化为经济效益的目的。其次，要加强企业与高校、科研院所的联系，使企业有效利用高校和科研院所的人才储备，形成以企业为主体，产学研相结合的创新体系。最后，要建立以能力和对企业贡献为依据的企业薪酬体系，吸引和养护创新型人才。目前我国企业大多实行职位薪酬体系，即工资标准按职位高低进行发放。在这种薪酬体系之下，职位相同的员工，干多干少一个样，这样很难有效激发员工的创新积极性，也很难吸引到社会上的优秀创新人才进入企业，不利于企业进行创新。而如果企业实行以能力和对企业贡献为依据的企业薪酬体系，即以员工的创新能力和个人对企业的贡献度为薪资发放的标准，既可以使员工的创造性劳动得到有效补偿，从而鼓励、提升员工的创新积极性，还有利于企业吸引创新人才，最终使企业拥有一支能力出众、创新积极性高涨的人才队伍。

第四，加强创新成果的管理投入，从而有效保护来之不易的创新成果。加强创新成果保护，需要国家与企业两方面共同努力。一方面，国家要在法律上进行完善，制定相应的法律条例，来保护企业的创新成果；另一方面，企业要增强专利与知识产权意识，在企业获得新的创新成果的第一时间，就申请专利或申请知识产权保护，防止辛苦得来的创新成果被他人窃取，给企业造成损失。同时，在创新过程中也要加大保护投入力度，以防创新成果在尚未研发成功时就已被窃取。

---

[1] 胡士磊.关于企业创新问题的几点思考[J].宜春学院学报，2009，31（S1）：58-60.

第三章 国际贸易产生的积极影响

第一节 国际贸易对国民经济的积极影响分析

对于经济，可以从两个维度进行分析：一种是长期影响，一种是短期影响。从短期看，三个因素共同决定了一国的经济增长，即投资需求、消费需求、进出口。从长期来看，情况就会变得复杂许多，一方面，全要素生产率的不断提升将会带来供给的增多和技术的进步，从而带来产业结构转型升级，彼此相互促进，共同影响经济增长。另一方面，资本和劳动等要素的增加带来经济实力的积累。

一、国际贸易—资本积累—经济增长

先从物质资本来看，在20世纪初，史密斯和其他古典经济学家就发现资本积累和经济增长之间有着密切的关系，也就是说，促进经济增长的关键因素取决于资本的积累。根据索洛模型，资本积累将增加人均资本存量，然后使一个国家的生产扩张，假设储蓄率不变，增加人均产出，促进一个国家的经济增长。

国际贸易主要是通过以下三种情况来增加资本积累，促进经济增长的。

一是竞争效应。由于国际贸易的作用，国外产品会使国内的出口企业面临更加激烈的竞争环境，企业若想生存，就必须加大资本积累，能够在一定时期内保有更多的资金积累，形成投资需求的驱动力，加快发展。

二是规模经济和比较优势。要素禀赋理论认为，如果政府不进行直接干预，企业可以直接进行进出口，则说明企业生产的该产品具有比较优势，可以生产并进行出口贸易，从中得到比较优势利益，这种利益也就来源于前文所叙述的要素禀赋优势。与此同时，还有一个好处就是，出口企业在出口具有比较优势的产品之后，部分企业可以分割国外的市场份额，占据国外市场。因此，企业资本的积累可以提升企业的利润率，从而使资本积累率也得以提升，并最终促进经济增长。

三是投资引致。作为一门新兴学科的发展经济学，提出了一个新思想：资本不足是经济发展的障碍。在发展经济学中，有一个经典的理论和模型，即“贫困恶性循环”理论和哈罗德—多马模型，通过对该模型的研究可以发现，储蓄率的高低是影响经济增长的一大原因。但是第二次世界大战后的发展中国家的经济发展和上述理论正好相反，这一时期这些国家国民储蓄率非常高，但并没有形成资本的积累。上述现象可能是由多因素造成的，但其主要原因是这些国家缺乏投资的诱惑。若一个国家能吸引更多的外资，从而改善投资环境，必然能够通过资本的不断积累促进经济增长。❶

对于人力资本，国际贸易的发生在引入高新科技产品的同时还能够引进一批优秀的高质量的人才，一方面根据“干中学”效应和外溢效应，在不断引进管理经验和先进技术的同时，带动自身行业技术型人才的培养；另一方面还可以通过不断的竞争，对中国企业的人力资本开发和培养形成倒逼，从而最终带来经济增长。

二、国际贸易—技术进步—经济增长

技术创新促进经济增长。在21世纪初时期，传统的生产方式和劳动力资本

---

❶ 周雪莲.浅析国际贸易与国民经济的相互影响[J].商业时代，2005（32）：51-52.

的数量是有限的，而且还具有边际产出递减的特点。在这种情况下，技术的作用就凸显了出来。技术创新是需要巨大的财力和物力支持的，所以对于发达国家而言，它不可能全部由本国进行研究与开发，这样是无法满足技术创新需要的；而对于发展中国家而言，国际贸易给予了学习和模仿其他国家先进技术的一个契机，使其可以在模仿中进行学习与创新，这样也能够减少一部分财力负担。在此机制下主要有以下三种效应。

（1）传染效应

积极开展进出口贸易的国家有更多的学习机会，能够达到国际先进的生产技术和管理经验的高度。对于一个国家来说，开放程度越高，所能够获得的国际贸易福祉就越大，从而更能够学习到先进技术，促进自身发展。

（2）“干中学”效应

发展中国家可以进口具有先进技术的产品，因为这些产品都是别国先进技术的物化，本国可以通过模仿学习，在相同或类似的产品的技术研发过程中不断推进自身技术水平的发展。除了学习和创新，发达国家的先进设备和技术的引进，使员工有机会学习和模仿，许多先进的技术和管理都是在学习中成长的，在学习中进行国家技术进步所需要的人才的积累，为经济增长提供动力支撑。

（3）产业关联效应

国内相关行业倾向于进口贸易型企业的先进技术和产品，并从中学习和借鉴。在当今社会和经济生产的网络结构中，如果一个部门引进了先进的国外技术，在上下游产业中为满足先进的设备或技术的需求将做出相应调整。此外，由于技术溢出效应的存在，技术的对外贸易部门不仅可以波及上游和下游产业，也使国内相关部门技术进步，从而提高整体劳动生产率，降低生产成本，促进国内经济增长。

三、国际贸易—制度变迁—经济增长

在新制度经济学中，认为经济增长的根本动力是制度变革，投资和创新、激励机制是不是合理与有效是由系统决定的。制度变迁是经济增长的一个原因，如果忽略了制度变革的重要性，经济增长的解释将不可避免地出现偏差，甚至会使实现经济增长缺乏制度条件。在制度经济学中，内生技术进步和国家政策密切相关。在此基础上，新经济增长理论提出，不仅先进的技术促进经济技术的研究和开发，系统和政策在促进技术研究与开发方面也发挥着作用。稳定和快速的经济增长是改善系统的一个先决条件。合理和完善的对外贸易系统促进经济发展的主要方式有以下四个方面。

①进口使当地企业可以学习和借鉴外国企业的合理的系统，以使其管理效率和技术创新效率大大提高，从而刺激国家的经济增长。

②一般来说，与进口的外贸企业相比，国内生产的同类产品价格高昂，最终导致国内企业竞争力丧失，市场份额被进口企业所瓜分。在这种情况下，为了维护本国企业的竞争力，以满足市场需求，有关部门会进行改革，优化政策措施，对国内企业进行保护。通过一系列的政策措施，鼓励国内企业向更有效率、更有竞争力的方向发展，这些都是有利于经济增长的。

③对外贸易可以让一国引进并学习其他国家的先进制度，这样不仅可以节约时间和成本，还能够快速提高劳动生产率，促进经济发展。

④从宏观角度来讲，国际贸易可以使国家面向一个更加广阔的市场，经济总量也会越发巨大，但与此同时也会产生一个弊端，就是使各主体关系复杂化，每个国家的利益不同会降低交易效率、提高交易成本，因此需要建立起一套公平合理的制度。从微观层面来讲，各个国家融入全球大环境中，竞争加剧，各国企业为了能够在这种激烈的竞争环境中生存，需要与时俱进，进行制度创新，降低各种费用和成本，提高管理效率和生产效率，从而保持竞争力。

第二节

国际贸易对偏向性技术进步的积极影响分析

对偏向性技术进步领域的研究起步于20世纪30年代，到20世纪90年代才逐步得到理论完善，在几十年的短暂发展岁月中，有关国际贸易对偏向性技术进步影响的理论研究寥寥无几。至今那些深入探究偏向性技术进步来源的经典文献，也大多是在劳动力异质的条件下，认为国际贸易引发了技能偏向性技术进步，重点关注的是技能偏向性技术进步的形成原因。笔者试将国际贸易引致偏向性技术进步的原因进行梳理，并总结归纳国际贸易、偏向性技术进步和其他经济问题的相关文献。

一、国际贸易引致偏向性技术进步的原因

有文献提出国际贸易通过价格效应影响偏向性技术进步。希克斯（Hicks）认为偏向性技术进步取决于要素的相对价格。产品生产要素相对价格的变动是促进技术创新的动力，技术进步方向会偏向于相对价格较贵的生产要素，以减少稀缺生产要素的使用。[1]贸易开放后，发达国家的高技能产品价格上升，因此会促进技术进步偏向于高技能。但价格上涨不一定会引发技术进步和创新活动，相反，要素价格的上涨有可能使企业总体利润下降，进而阻碍技术进步。有文献提出国际贸易通过规模效应影响偏向性技术进步，即偏向性技术进步的形成与知识产权保护制度有关。艾斯莫格鲁（Acemoglu）认为，南北贸易中南方从北方获得的技术和设备所受到的知识产权保护的程度，会通过调节市场规模的大小改变要素中包含的新技术的利润，进而形成技术进步的方向，使得技术进步偏向于相对丰裕的要素。[2]具体来说，如果发展中国家不具备完善的知识产权保护制度，则贸易不会使发达国家的创新市场规模发生变化，对外贸易会导致发达国家的技术密集型产品的价格上涨，致使技术进步偏向于技能劳动，此时价格效应大于规模效应。如果发展中国家具有较为完善的知识产权保护制度，则会导致发达国家的创新市场被扩大，此时同时受到规模效应和价格效应的影响，技术进步的偏向取决于技能劳动和非技能劳动替代弹性的大小。汉隆（Hanlon）在这一理论的基础上实证了英国的棉花贸易对纺织业偏向性技术进步的影响。结果表明，在美国内战爆发之后，英国放弃美国市场，转为从印度进口棉花后，出现了大量提高使用印度棉花生产率的新技术，这说明印度棉花的市场规模效应促进了英国纺织业的技术进步。有学者运用1970—2001年13个国家的面板数据，从理论和实证上分析

---

❶ 杨晔，朱晨，谈毅.技术创新与中小企业雇佣需求——基于员工技能结构的再审视[J].管理科学学报，2019，22（02）：92-111.

❷ 王林辉，袁礼.要素丰裕度、技术进步偏向性与中国农业部门要素收入分配结构[J].东北师大学报（哲学社会科学版），2015（01）：70-80.

了发达国家对发展中国家的进出口对偏向性技术进步的影响。研究发现，无论是进口还是出口，国际贸易都会促进发展中国家偏向性技术进步，且由于发展中国家缺乏完善的知识产权保护制度，出口主要通过价格效应促进技术进步偏向于技能劳动力。❶

有部分文献提出了国际贸易通过竞争效应影响偏向性技术进步，即偏向性技术进步与贸易引致的防御性创新有关。伍德（Wood）提出国际贸易对技术偏向性进步存在影响，作者首次运用“防御性技术创新”的理念，提出贸易开放程度越高的国家，企业间的竞争越残酷的观点。要想在竞争中存活下来并保持相对优势，企业不得不主动开展科技研发和自主创新活动，这就需要大量的技能人才作为支撑，所以技术进步偏向于技能劳动力。❷布卢姆（Bloom）提出，来自发展中国家落后的低技能密集型产业，会因其比较优势对发达国家的低技能密集型产业造成威胁，在“物竞天择，优胜劣汰”的生存竞争法则下，企业和政府的资源配置会越发地向高技能密集型产业倾斜，使高技能产业的生产水平得到进一步发展。❸

有文献也提出了国际贸易通过学习效应影响偏向性技术进步。韦莱塔尔（Weiletal）、艾斯莫格鲁（Acemoglu）首次提出了技术适宜理论，即一国的技术结构必须与生产要素的投入结构相适应，而厂商可以通过人为的加大或减少使得生产要素的投入结构偏离要素资源的禀赋结构。❹通过与技术结构相匹配的发达国家开展国际贸易往来，发展中国家能够以较为低廉的价格引进适合本国国情的精尖技术，同时通过实施以政府主导为主的“赶超战略”实现本国经济的复苏和腾飞，努力向世界强国靠近。大量实证结果证明，20世纪以来，世界发达国家的技术进步总体呈现出资本偏向性，因此发展中国家从发达国家引进的先进技术也具有资本偏向性特征。甘西亚（Gancia）在研究南北贸易时发现，

---

❶ 李晓峰.中国对外直接投资与出口贸易关系研究——基于29个省、市面板数据的实证分析[J].广东外语外贸大学学报，2011，22（05）：40-46.

❷ 邱晓军.技术创新风险及其防御[J].广东商学院学报，1999（02）：49-52.

❸ 王修志，谭艳斌.全球价值链重构的逻辑理路[J].南京政治学院学报，2017（05）：36-43+140.

❹ 余典范.适宜技术理论研究综述[J].财经问题研究，2008（02）：22-28.

在技术溢出效应的作用下，南方的技术进步方向和北方一致。[1]陈欢、王燕指出中国技术进步偏向使用资本的主要原因是外商直接投资以及研发投入的增多都会导致中国偏向性技术进步的增加。[2]尹今格、雷钦礼通过对1990—2010年我国的工业数据进行估计发现，相对价格对偏向性技术进步程度的影响不显著，而要素禀赋影响显著。进口与出口影响显著且创新产品贸易的作用占主导地位，但远不及要素禀赋的影响大。[3]

二、国际贸易对资本偏向性技术进步的影响

从克伦德特（Klundert）开始，有大量文献测算出发达国家技术进步偏向于资本的特征。那么如何解释技能偏向性技术进步和资本偏向性技术进步的关系呢？国际贸易如何影响资本偏向性技术进步？

郭晗、任保平认为，技能偏向性技术进步应该归结于资本偏向性技术进步。[4]首先，从宏观背景来说，近四十年来发展中国家与发达国家进行国际贸易，学习效应使得发展中国家的技术进步也偏向于技能劳动力，而这种技术进步以及带来的报酬必然体现在设备和资本中。张莉等发现，中国主要通过引进先进设备的渠道学习先进技术，中国引进设备的边际收益远高于世界有形资本的边际收益[5]，这意味着的确存在资本积累和技术进步的融合。其次，从微观企业的角度来说，无论是熟练劳动还是非熟练劳动，都为企业所有，发展中国家的企业大多是通过设备引进获得新的先进技术，技能劳动力边际产出的增加依赖于熟练使用先进设备，这种设备和技术的融合使得增加的报酬更容易被购买

---

[1] 赵春明，郭界秀.进口贸易的技术进步效应研究综述[J].国际经贸探索，2010，26（11）：10-14+20.

[2] 董直庆，王林辉.资本体现式技术进步与经济增长周期波动关联效应[J].求是学刊，2011，38（02）：63-68.

[3] 王静.价格扭曲、技术进步偏向与就业——来自第三产业分行业的经验研究[J].产业经济研究，2016（03）：91-101.

[4] 郭晗，任保平.中国经济增长质量：增长成果分享性视角的评价[J].海派经济学，2011（01）：157-172.

[5] 张莉，李捷瑜，徐现祥.国际贸易、偏向型技术进步与要素收入分配[J]. 经济学（季刊），2012，11（02）：409-428.

设备的企业所拥有。综上所述，通过国际贸易引发的技能偏向性技术进步会表现为资本偏向性技术进步，因此对国际贸易引致技能偏向性技术进步的解释对资本偏向性技术进步同样有效。

三、国际贸易、偏向性技术进步与其他经济问题

艾斯莫格鲁运用偏向性技术进步的概念，探索了国际贸易对偏向性技术进步和技能溢价的影响。结果表明，在进行国际贸易时，双方国家会突出具有比较优势的要素资源，进而导致双方的要素结构发生变化，这样会引发技术进步的偏向性和技能溢价。蔡伟毅、张俊远指出，国际贸易是加剧发达国家与发展中国家之间的知识溢出和偏向性技术进步的催化剂，而国际市场的发展趋势中，技能劳动的贸易比重越来越大，故而国际贸易往往带来技能偏向性技术进步。❶刘志恒、王林辉研究了离岸外包对偏向性技术进步的影响。离岸外包主要从以下两个方面产生影响：一方面，它使得技能密集型产品相对价格上涨，会推动技术进步偏向于技能劳动发展；另一方面，它使得低技能劳动力被大量雇用，同时低技能密集型产品的市场规模也会扩大，会推动技术进步偏向非技能劳动发展。我国在这一时期也涌现了大量有关偏向性技术进步与其他经济问题的研究。❷刘兰运用我国工业行业数据，从出口贸易出发，研究偏向性技术进步和工资不平等问题。❸研究显示，导致工资不平等的状况越发严重的原因是行业出口贸易密集度的上升导致的技能偏向性技术进步的发生。陶敏阳等通过构建要素收入分配的决定方程，在1980—2007年跨国经济发展数据的基础上，探索国际贸易、偏向性技术进步对要素收入分配影响的问题。结果表明，国际贸易使技术进步偏向于资本，导致要素收入向资本倾斜。

---

❶ 蔡伟毅，张俊远.全球化中的知识溢出与技术进步分析[J].江淮论坛，2009（06）：47-53.

❷ 刘志恒，王林辉.中间品进口贸易结构影响技术进步偏向性跨国传递吗[J].贵州财经大学学报，2016（03）：1-9.

❸ 刘兰.偏向性技术进步、技能溢价与工资不平等[J].理论月刊，2013（02）：140-143.

第三节

国际贸易对行业工资的积极影响分析

一、工资差距的概念

劳动者由于其自身能力和综合素质的不同，决定了其从事工作种类以及所获得酬劳的差别，工资差距即用来衡量劳动者工资性收入差别程度。通常，我们用的测算方式有两种，分别为绝对工资差距和相对工资差距。绝对工资差距是指个人或群体之间工资之差的绝对值，例如劳动者A的工资收入为2000元，劳动者B的工资收入为3000元，则A与B的绝对工资差距为1000元；与绝对工资差距不同，相对工资差距则是以参照物之间的对比来衡量工资差距程度。绝对工资差距和相对工资差距具有相同的发展趋势，当一者增大时另一者也会随之增大，反之则会随之减小。绝对工资差距是从数量上反映不同劳动者之间工资的差别，相对工资差距是从程度上反映工资差距。[1]

二、工资差距的表现形式

工资差距有多种表现形式，主要包括行业工资差距、区域工资差距和劳动者素质工资差距。

首先，不同行业之间由于其生产成本、利润空间、经营规模的不同，造成劳动者工资性收入存在较大差距，例如信息技术、金融、公共管理等行业工资普遍高于餐饮、家政、建筑等行业；同理，不同区域之间由于其区位优势、经济发展水平、政策导向等不同，导致不同地区之间劳动者工资性收入水平存在较大差距，例如我国东部、中部、西部三个地区之间工资水平存在三个等级。

[1] 李心怡.国际贸易对进出口行业工资的影响[J].现代经济信息，2011（17）：105+111.

东部地区由于其地理位置优越、产业相对集中、政策扶持力度大等优势，导致其工资水平远大于中西部地区；中部地区由于不断接收东部地区产业和技术的转移，经济发展水平快速提高，同时劳动者工资水平与西部地区逐渐拉开差距；劳动者之间由于其自身素质、技能水平、所处行业和地区等条件的不同，导致工资收入存在差距。学者根据劳动者自身条件的不同将其分为熟练技术工人和非熟练技术工人，不同国家之间由于经济发展水平、劳动者整体水平的不同，对熟练技术工人和非熟练技术工人的界定存在一定偏差。考虑到数据的准确性和可获得性，笔者将研发人员定义为熟练工人，普通人员定义为非熟练工人。

工资差距的影响因素是多方面的。从宏观上来看，主要包括经济社会发展水平、区位差异、政策调控、资源禀赋等因素；从中观层面来看，主要包括产业、技术、教育、劳动力市场等因素；从微观层面来看，主要包括企业发展状况（性质）、劳动力素质等各方面的因素。随着全球一体化进程的进一步加速，无论是发达国家还是发展中国家，国际贸易活动对经济社会层面的影响进一步加剧，其对工资差距的影响也进一步凸显。笔者主要从进出口贸易、外商直接投资、贸易自由化等活动对工资差距的影响因素进行分析。

三、进出口贸易对工资差距的影响

技术溢出效应主要包括进口贸易和外商直接投资等途径。进口贸易通过对产品的引进，吸收了大量来自外国的技术。一方面，这种进口贸易引起了外生技术进步，通过产品市场手段促进国内消费供给；另一方面，引进的外国先进技术通过模仿、创新等手段促进本国技术升级，引导产业结构升级。进口贸易从整体上说通过技术溢出效应加剧了进口国的工资差距，原因在于发展中国家在国际贸易中占据的角色是技术引进和劳动力输出，发展中国家的技术引进势必会引起国内各行业和各地区的技术模仿和学习，这种外生技术进步给自身技术创新带来了良好的机会。发展中国家的行业资本密集型和技术密集型部门相关企业最先开始接触这些先进技术，并极大地内化这些技术，而这种技术内化过程必然会增加对高技术劳动者的需求，从而进一步提高这类劳动者的工资水平。随后技术的进口伴随着产业链的延伸扩散到生产部门，这种技术的产业链扩散也提高了行业的生产部门和经济发展相对落后地区的技术水平，并进一步增加这类行业和地区的技术劳动力的需求，从而提高该行业和地区的技术劳动者的平均工资，最后扩大了行业内和地区内技术劳动者和非技术劳动者的工资差距。

出口贸易影响工资差距的机制在于与发达国家订立外包协议，在外包过程中促进自身的技术进步，提高对技术劳动者的需求和平均工资，从而扩大工资差距。其主要从以下两个方面影响工资差距：第一，国内相关出口企业与有加工贸易需求的发达国家相联系，在承接过程中由于国外的相对高技术要求，促使国内企业提升自己的生产技术，从而提高对技术劳动者的需求和平均工资；第二，承接大量发达国家的外包导致产业链中端中间产品的大量需求，发达国家对中间产品形成技术垄断，从而挤压国内相似中间产品的市场，本国生产这类产品的非技术劳动者需求和工资下降，整体来说是扩大了工资差距。

四、外商直接投资对工资差距的影响

外商直接投资对工资差距的影响主要有现代化假说、依附论、供求论三个方面的观点。

现代化假说观点认为，在吸收外资的初期，直接相关部门或从业者将从中获得较高的收益，进而引起收入差距的扩大。但到了经济得到不断发展和政策调控的后期，外资也将同时提升中低收入人群的就业率及其收入水平，并最终使居民收入分配趋于平衡。20世纪90年代，美国经济学家提出了著名的“倒U形曲线”，即工资差距将随经济的增长呈现一个先扩大后缩小的倒U形曲线过程。也就是说，当经济水平在外商直接投资等的驱动下迅速发展时，居民收入分配也会随着经济水平的发展呈现出非均衡的趋势。当经济发展到一定阶段时，工资水平差距不再进一步扩大，而是逐渐趋于稳定状态。而从长期来看，随着整个经济结构及社会制度的不断修正和完善，经济水平得到充分发展，外商直接投资等的经济效益会逐渐遍及整个社会，在这种环境下，很多低收入人群开始逐渐参与就业，并以此来提升自己的工资水平。这时人们的收入情况都将得到极大的改善，双方之间的收入差距不断变小。

依附论也称外围—中心论，该理论的主要观点是，世界被分为中心国家（发达国家）和边缘国家（发展中国家），前者在世界经济中起支配作用，后者受前者的搜刮和支配，在经济上依赖于中心国家。根据依附论的经济发展思想，一国的经济发展水平和收入分配情况主要由该国在世界分工体系中所处的地位决定，认为收入分配不平等是由中心国家给依附国带来的经济结构扭曲所造成的。在依附论的观点中，“现代化假说”所提出的乘数效应和扩散效应并不适合，主要是因为外商直接投资的逐渐增加和资本密集型产业的高速发展将会产生一个新的高收入群体，其收入水平远远高于中低收入人群，这就导致收入差距不断扩大，从而导致收入分配不平等程度增大。❶

供求论的观点认为，不同劳动者群体之间的收入差距将会受到外商直接投资的影响而逐渐缩小。这是因为，在封闭的经济条件下，发展中国家的资本往往由少数人持有，这些资本持有者的资本回报率大大高出劳动者通过劳动所获得的工资，但随着外商直接投资的引入，加大了东道国的资本供给，对本土资本所有者造成了冲击，降低了他们的回报率，但却增加了对劳动力的需求，使劳动者的工资收入得到提升，这样一来，收入差距状况便得到了改善。而芬斯特拉（Feenstra）和汉森（Hanson）提出了另一种观点，被称作外部采购理论。他们主张，随着越来越多的外商直接投资从发达国家进入发展中国家，发达国家的采购量也随之扩大，而各国对熟练技能型工人的劳动力需求更为旺盛，从而使这类劳动力的工资水平大幅提升，而普通工人的工资水平并未受到太大影响，因而不同类型工人之间的收入差距扩大。

五、贸易自由化对工资差距的影响

贸易自由化是促进国际贸易自由发展的过程，主要表现在政府减少对国际贸易活动的控制。政府控制国际贸易活动所采取的措施主要包括政策行为和关税行为。政府减少政策的贸易导向，从而减少进口偏向，弱化政府的干预行为。另外，政府转变控制的方式，积极向关税制度引导，促进国际贸易自由发展。

贸易自由化通过价格机制影响国家或地区的工资差距。当一个国家或者地区实施贸易自由化，必然会造成机会成本相对较低的产品价格上升和机会成本相对较高的产品价格下降，这种贸易壁垒的削减必然强烈影响以前受保护的产品。产品价格的上下波动会导致生产要素价格的变化，然后直接影响居民收入。

❶ 李若建.城乡居民收入差距的空间分析[J].逻辑学研究，1997（06）：90-101.

贸易自由化的过程也是市场竞争机制强势导入的过程，必然会导致国内经济结构的调整和升级，优势产业将壮大规模，而另外一些产业则不断缩小规模，直至行业消亡。非优势产业将减少对劳动力的需求，特别是非技术劳动力的需求，也普遍降低了相对工资，从而扩大了工资差距。自由贸易使得国内企业积极融入国际市场，更加开放地应对国内竞争和国外竞争，这就使得国内企业必须不断提高效率并减少成本。企业通常采用四种方式应对强大的竞争环境：第一，从降低成本出发减少员工工资；第二，加强资本注入和技术引进；第三，聘用熟练劳动力，提高生产效率；第四，转变经营方向，寻找企业发展新机遇。这四种手段直接或间接影响技术劳动力和非技术劳动力的需求和收入，整体来看是增加了技术劳动力的工资而减少了非技术劳动力的工资，从而扩大了工资差距。

第四章 国际贸易政策的多元探究

第一节 发达国家与发展中国家对外贸易政策的发展

一、发达国家对外贸易政策的发展

（一）发达国家对外贸易政策的变化

1.美国贸易政策的变化

美国摆脱英国的殖民统治独立后走上了工业化道路。工业化前中期阶段，其首任财政部部长汉密尔顿针对英国对其倾销产品、打压国内工业发展的问题，提出“保护幼稚产业”，大力推行贸易保护制度并加强国内改进，打破了英、荷等国通过殖民获取财富而主导的全球贸易体系。1816年，美国颁布的《关税法》规定主要的工业进口品关税高达40%，在此之后的100多年美国也基本上采用高关税的贸易保护战略。

经济大萧条时期，为了增加就业和复苏经济，美国国会于1930年签署了《斯姆特—霍利关税法》，总体税率高达进口应税品价值的60%，贸易保护主义达到了历史巅峰。世界其他主要国家纷纷效仿，大幅提高关税，导致贸易战频发、大萧条加剧，国际贸易体系被严重摧毁。国内提倡自由贸易的声音越来越多，1934年出台的《互惠贸易协定法》首次将贸易政策的原则定为非歧视和互惠原则。二战后美国获得了全球经济的霸权地位，其为了稳固该地位而开放市场、推进国际贸易自由化，一直到1960年美国全部实行了自由贸易政策。

1970年后，受到日本、德国等从自由贸易中获利国家崛起的冲击，美国的霸权地位逐步衰退，又开始盛行贸易保护政策。1974年出台的《贸易法》体现了单边主义和保护主义偏好，1988年出台的《综合贸易与竞争力法案》为美国在世界范围内推行“公平贸易”提供了法律依据。至此美国开始用非关税壁垒代替关税壁垒作为贸易保护的主要政策措施，如知识产权、技术壁垒、反补贴、反倾销等。

2008年金融危机发生以后，随着美国自身压力的加重，且多哈回合贸易谈判难以推进，美国的贸易政策开始从推动多边贸易逐步转向FTA（全面型号认证）。经济学家们将这一政策称为“少边”政策，这一政策也是美国贸易政策在二战之后的重要转变。“少边”政策的核心内容本质上是对于特惠的安排，给予不同的贸易伙伴区别性对待，而“多边”政策对于每个贸易伙伴都需要对等开放，当然对等开放的前提还是建立在战略贸易理论上的。究其本质，美国“少边”政策的根本性需求是将开放贸易享受的特惠待遇限定到少数贸易伙伴之中，也将不完全竞争和贸易转移限制在一定的可控范围内。

总体而言，近十年间美国等发达国家的FTA战略有了巨大的变化，变得更具排他性和歧视性。这表现在了对FTA成员的挑选上，它们会比以前更多地考虑成员对于建立生产网络的贡献程度，而在这样的条件筛选下，成员国的选择将被限定在一个较小的范围，这也正符合了“少边”政策。这种贸易战略转变的实质是理论上对自由贸易的新思考，同时也是对全球价值链理论以及战略性贸易理论的融合。

2.欧洲贸易政策的变化

二战后，作为主战场之一的欧洲百废待兴，欧洲各国为了复兴欧洲经济及促进本国经济发展成立的欧盟，成为目前全球规模最大的区域性经济组织。起初，欧盟的政治属性高于经济属性，但顺应世界多元化及经济全球化的发展趋势，逐步向经济领域过渡，重心转移到双边乃至区域自由贸易。

整体上，2000年以来欧盟的贸易政策较稳定，但也一直在贸易保护和自由贸易间艰难平衡。此阶段的欧盟虽表面上强调推进贸易自由化与公平公正化，但实际上其贸易政策倾向于商业利益，颁布的新政多带有保护主义色彩。

2006年，欧盟提出了“全球欧洲”贸易战略，把新兴市场国家（地区）筑造的贸易壁垒作为欧盟企业遭遇不公正待遇的原因，并明确其政策目标为提高企业的国际竞争力，提出推进双边和区域自贸协定谈判的发展，至此欧盟大力维护WTO崇高地位的战略得以改变。

2010年后，欧委会发布的《贸易、增长与世界事务》强调了进出口贸易对欧盟经济复苏的重要性，其贸易增长主要来源于新兴市场；强调与新兴市场国家间贸易的互惠互利性。针对新兴市场的竞争压力，欧盟为了实现自身利益最大化，一方面鼓动贸易伙伴实行自由贸易政策，一方面标准化、规范化自身在贸易、投资、政府采购等方面的内部规则。

2012年，欧委会发布的《贸易、增长与发展：调整贸易与投资政策、支持最需要帮助的国家》关注全球再分配问题，开始区别对待发展中国家，提出新的普惠制方案，大幅缩减受益国数量并降低了受惠产品种类、数量和关税优惠幅度。

2015年，欧盟经济逐渐复苏，欧委会发布的《贸易惠及所有：迈向更负责任的贸易和投资政策》阐明了其新的贸易战略，强调其经济增长和充分就业的重要工具仍是贸易与投资，坚持推动双边、多边贸易协议的签订，进而促进经济全球化。

但是到了2016年，英美变局打破了这一乐观格局。欧委会于2017年相继发布的《罗马宣言》《驾驭全球化反思报告》表明其坚持自由贸易、领导全球化发展的决心。但与此同时，贸易政策的不确定性也明显增加。

实际上，在民粹主义和欧债危机的双重压力下，欧盟贸易政策中“贸易自由化”“市场开放”等声音的背后多是在要求其贸易伙伴公平地开放市场。从某种程度上说，欧、美均是利用贸易实现强权的经济体，但相较于美国的直接性，欧盟在模式、利益和价值观的传达上巧妙地模糊了界限，意在通过欧盟模式的贸易自由化实现其在国际贸易体系中的主导权。

从整体来看，对发达国家而言，贸易政策的实施主要根据以下两点：对于发展中国家，发达国家为了获得自身的收益，常用经典贸易理论来劝说它们实行开放和自由化的贸易政策；而针对自身，失业率降低和经济增长率提高成为它们制定政策的目标，因此它们会选择战略性贸易政策。实际上，贸易理论的演变对世界各国贸易政策的影响也分为两点：一是持续地推进国与国之间的贸易自由化；二是通过研究提高本国凭借战略性贸易增加本国利益支撑的能力。

（二）当代发达国家对外贸易政策的发展趋势

进入20世纪90年代以后，西方发达国家逐渐走出经济低谷，其贸易政策呈现出一些新的特点和趋势。

1.管理贸易日益成为贸易政策的主导内容

美国先后于1974年、1978年和1988年制定了《综合贸易法案》，开始了其从自由贸易政策向管理贸易政策的转变。克林顿上台以后，随着其经济振兴计划的提出，对外贸易政策成为美国新经济政策的主要组成部分，这预示着美国进入了一个政府全面干预外贸活动的新时期。各国政府更加强调政府积极介入外贸的作用。由于西方贸易结构的不断升级，管理贸易所涉及的商品种类逐渐增多，20世纪90年代以后，管理的商品不仅涉及劳动密集型产品和农产品，而且涉及劳务产品、高科技产品和知识产品等。

2.对外贸易政策与对外关系相结合的趋势加强

各国把对外贸易看作处理国家关系越来越重要的手段。美国是这方面的典型代表。克林顿政府执政以后很快把对外贸易提到“国家安全的首要因素”的高度，并通过调整贸易政策的方式来调节对外关系。如美国利用人权、民主、反恐需要等问题干扰贸易的举措时有发生；对社会主义国家不授予普惠制待遇；在中国“入世”前的一段时间对华永久性正常贸易关系实行年度审核等；美国以国家安全等为由，从1995年至今一直维持着对伊朗的经济制裁，禁止任何美国公司或公民与伊朗进行石油或其他商业往来。这些做法都把贸易政策与其政治目标相结合。可以肯定的是，西方国家未来的贸易政策势必与其他经济政策和非经济领域的政策更大程度地融合，向着综合性方向发展。

3.“公平贸易”“互惠贸易主义”将代替发达国家的“自由贸易”和“多边主义”

第二次世界大战以来，以自由贸易为主旨的关税及贸易总协定一直主宰着世界贸易体制。尽管其间各国贸易摩擦不断，但还是以自由贸易为主要原则。近几年来，西方发达国家一方面反对贸易保护主义，另一方面又强调贸易的公平性。与高筑壁垒、抑制外国竞争的保护主义或放任自流的自由主义政策都有所不同，这种公平贸易在支持开放性的同时，以寻求“公平”的贸易机会为主旨，主张贸易互惠的“对等”与“公平”原则，在强调公平贸易时，国家利益被放在至高无上的位置。

4.以非关税壁垒为保护贸易的主要手段

经过关贸总协定和世贸组织的多轮谈判，发达国家的关税总体已降至较低水平，正常关税已起不到保护的作用。非关税壁垒在西方各国贸易政策中的作用日益明显。例如，西方国家为抵制发展中国家劳动密集型产品的进口所实行的“绿色壁垒”“技术壁垒”和“反倾销”等手段。

5.政府推动高科技产业发展和鼓励出口成为推动外贸活动的主导措施

二战后，随着国际分工的加深和自由贸易的发展，西方各国对市场的依赖性不断加深，从而许多国家把“奖出限入”的重点从限制进口转到鼓励出口。出于经济利益的驱使，西方各国纷纷制定了促进高科技产业发展的政策。各国政府都在竞相资助研究开发活动，大力鼓励发展高技术部门，即实行所谓的“战略性贸易政策”。

6.建立贸易集团组织，实行共同的对外贸易政策

20世纪90年代以来，区域经济集团化发展迅猛，发达国家通过各种集团化形式加强成员国之间的贸易自由化，并以联合的经济实力和共同的对外贸易政策来对付外界的贸易攻势。随着区域经济集团化的发展，这种区域内采取更加统一的贸易政策的趋势将有增无减。

综合以上分析，西方发达国家今后的贸易政策既不可能背离贸易自由化这股世界潮流，但同时基于各国经济、贸易发展的不平衡，以及追求自身利益的方式和策略的变化，它们又会时常出台一些保护色彩较浓的贸易措施，进一步

采取更为隐蔽和巧妙的手段。概言之，它们极可能推行的是一种有管理的、可调节的自由贸易政策，以保持国家利益的最大化。

二、发展中国家对外贸易政策分析

全世界众多发展中国家的经济发展水平相差悬殊，在不同时期内推行的政策措施更是各不相同，因而并无整齐划一的贸易政策可言。但纵观第二次世界大战以后多数发展中国家所实施的对外贸易政策，大致有五种最基本的形式，即初级产品出口政策、进口替代政策、出口替代政策、进口替代和出口替代相结合的政策以及横向联合政策。

（一）初级产品出口政策

初级产品出口政策是指出口粮食、农产品、矿物原料、燃料等初级产品，出口工业制成品。这是国家经济发展水平较低时常采取的一种对外贸易政策。发展中国家中有许多国家，其中绝大多数是非洲国家，至今仍采取这种政策。它们的初级产品出口占出口总额的比重达90%以上。通过初级产品赚取外汇，对引进先进技术、进口必需品、带动经济发展有重要作用。但是，由于发达国家控制国际市场，千方百计地压低初级产品价格，提高工业制成品价格，使初级产品出口的外汇收入日益受到损害，这种政策在经济发展中的作用越来越小。[1]

（二）进口替代政策

进口替代政策就是一国通过采取关税、进口数量限制和外汇管制等严格限制进口的措施，限制某些重要的工业品进口，扶持和保护本国有关工业制成品部门发展的政策。实施这项政策的目的在于用国内生产的工业品替代进口产品，以减少本国对外国市场的依赖，促进民族工业的发展。

这种政策的出台与二战后发展中国家的贸易条件恶化有关。在殖民时期，由于殖民政策的影响，殖民地国家严重地依赖宗主国的工业产品。二战后，初级产品对制成品的比价下降，这就迫使发展中国家必须以更多的出口商品（初

[1] 吴晓慧，李可爱.发展中国家对外贸易政策研究[J].内蒙古统计，2012（05）：30-32.

级产品）来换取进口产品（制成品），国际收支逆差与年俱增。于是广大发展中国家改变单一经济、发展民族工业的进口替代政策应运而生。

但是，随着进口替代工业化的发展，进口替代还面临着一些严重的问题。第一，进口替代工业主要面向国内市场，其发展难免受到国内市场相对狭小的限制，加上一些工业部门的生产率低下，生产成本高，在国际市场缺乏竞争力，难以扩大出口，从而阻碍了进口替代工业的进一步发展。第二，随着进口替代工业的发展，所需要的生产设备和某些原材料的进口也相应增加，使生产设备和原材料的进口代替了消费品进口，其结果不仅不能减少外汇支出、平衡外汇收支，反而导致国际收支的恶化。第三，由于政策着眼于进口替代工业，对基础设施重视不够，特别是忽视农业的发展，严重地削弱了国家的发展后劲，阻碍了整个工业化的进程。

（三）出口替代政策

出口替代政策是指一国采取各种措施手段来促进出口工业的发展，用工业制成品和半制成品的出口代替初级产品出口，促进出口产品的发展多样化，以增加外汇收入，并带动工业体系的建立和经济的持续增长。20世纪60年代中期前后，东亚和东南亚一些国家和地区最先转向出口替代政策。在它们的示范影响下，许多国家和地区也相继效仿。出口替代政策对一些发展中国家，特别是新兴工业化国家和地区的工业化和工业制成品的出口起到了一定的积极作用。但是，各国实施出口替代政策也产生了不少问题。

由于该政策的主要目标是促进出口，所以为此而建立的工业严重地依赖于世界市场。由于片面追求出口增长，忽视了国内消费，从而造成国内消费品短缺，加上为刺激出口而实行货币贬值，致使国内货物和进口货物的价格上涨，通货膨胀率上升。

（四）进口替代和出口替代相结合的政策

发展中国家和地区一般从实行进口替代政策开始，建立和发展民族工业，在民族工业壮大后，逐步实行出口导向政策。但有的发展中国家实行进口替代和出口替代相结合的政策，就是在积极扩大国内市场需求的基础上，不断扩大进口替代的广度和深度，与此同时，不断扩大对外开放，鼓励扩大出口，打入国际市场。各国可以根据国内各个工业部门发展的不同情况，采取不同的对外贸易政策措施，对发展水平较低的工业部门实行进口替代政策，对发展水平较高的工业部门实行出口替代政策。

（五）横向联合政策

发展中国家除了实施进口替代和出口替代政策之外，还采取了经济集团化和加强横向联合的政策。面对实力雄厚的发达国家，广大发展中国家深感仅凭自身力量难以维护其民族经济的发展，更难以在竞争中站稳脚跟。实行经济集团化政策，可以运用共同的力量来同发达国家抗衡，以维护和扩大本国的正当经济利益，甚至可以通过集体力量来提高整个发展中国家在世界经济中的地位。为此，二十世纪六七十年代后，发展中国家采取了一系列重大的联合行动，如成立“七十七国集团”“东盟”等，提出建立国际经济新秩序的战略目标，在国际经济机构里联合行动等。

第二节

中国的对外贸易政策

中国对外贸易政策的发展史大致可分成四个时期：第一个时期，1949—1977年，我国以《中国人民政治协商会议共同纲领》和1954年《宪法》为基础，先后颁布了30多部与外贸相关的法律法规，初步建成封闭式保护型对外贸易政策体系。第二个时期，1978—1991年，改革开放初期，我国对外贸易政策体现出重商主义“奖出限入”的贸易思想，实行有计划的动态贸易保护。第三个时期，1992—2000年，国家颁布了一系列与配额许可证、外商投资、涉外经济相关的法规，1994年《中华人民共和国对外贸易法》出台后，我国对外贸易政策体系更加健全。第四个时期，从我国2001年加入WTO至今，我国对以前的对外贸易法律制度进行了全面的清理，使之能与WTO的基本原则保持一致并在全国统一实施，是我国更加国际化的开放型对外贸易政策的实施阶段。[1]

[1] 王本强.中国对外贸易政策演变及其完善对策[J].价格月刊，2020（06）：52-56.

一、1949—1977年：改革开放之前的保护型贸易政策

从中华人民共和国成立之初到改革开放之前，由于我国面临的国际经济政治环境以及国内经济建设的需要，这一时期我国的贸易政策偏向于封闭，形成了国家统制经济下的保护性贸易政策。1949年前后，我国提出了“对内节制资本和对外统制贸易”的经济政策，奠定了中华人民共和国成立后30年的贸易政策基础。中华人民共和国成立后的形势较为严峻，侧重于重工业发展的战略获得认可，各项经济政策都要服务于重工业的发展，对外贸易仅仅是为了获取重工业所需要的生产设备，对外贸易在这一历史时期的贡献相当微弱，只能成为调剂的辅助性措施。

这一时期，贸易政策受到国家统制，相当封闭，政策制定并不看重对外贸易的利益与效率，外贸的主要目的是创汇，以满足机器设备进口的需求。对外贸易政策集中体现在采取“高度集中、独家经营、政企合一”的外贸经营方式上。国家利用行政计划来管控外贸，相关外贸交易只能通过国营外贸公司进行，其他组织和个人不得从事外贸活动；对外贸易指标实行高度集中的计划指令，中央政府制订全国外贸年度计划，支配着国内所有的对外贸易经营，贸易计划层层下达不能随意变动；对外贸易企业的经营活动受到多种限制和约束，特别是经营活动受到行政机构的包揽、干预，接受外贸部门的计划指令；国家实行高度集中的对外贸易财务体制，由对外贸易管理部门统一核算，并由财政部门对外贸经营实行统收统支、统负盈亏；通过外汇管制等手段，实现管控对外贸易活动的目的。这一时期的对外贸易政策还体现在中华人民共和国成立初期的关税政策上，我国采取进出口管制、海关监管、提高关税以及货物检验等措施，是为了对国内生产进行保护以及扩大财政收入，用较高的关税来保护国内刚刚建立的工业基础。这一时期的对外贸易战略可以看作是一定程度的内向型进口替代战略，目的在于促进国内重工业发展，通过限制某些工业品进口来保护相关工业部门的生产，减少对国外工业产品的依赖。

二、1978—1991年：逐渐开放的贸易政策

1978年党的十一届三中全会提出，要在自力更生的基础上积极发展同世界

各国平等互利的经济合作。为了服务于我国改革开放和经济发展的需要，这一阶段的对外贸易政策相较于之前做出了重大调整。改革开放之初的贸易政策首先解决了之前几十年以来政企不分、高度集中的对外贸易管理、经营机制。中央和地方政府通过简政放权、国企改革等方式逐步扩大外贸企业的生产、经营自主权，利用“承包制”来调动外贸企业的积极性，此后又进一步实行“自负盈亏”的对外贸易承包制度，对外贸易企业按照出口额、创汇额、上缴外汇额三项指标来承包对外贸易经营业务。这一时期对外贸易政策主要体现在国家统一领导、企业自主经营、法人自负盈亏、工业生产与外贸结合、外贸代理制等方面，这使得对外贸易企业努力提升企业的生产、经营效益，提高对外贸易收益，促进我国对外贸易的良性发展。

随着我国经济体制逐渐由计划经济向市场经济转轨，对外开放的步伐也不断加快，我国于1986年正式向GATT递交了复关申请。我国在《中国对外贸易制度备忘录》里明确地传达了我国这一时期的对外贸易政策倾向。在该备忘录中提出，我国的出口能力制约着进口规模水平，仅能基于促进我国技术创新、减少使用外汇、增强出口能力的方针原则，以此规划进口货物的产品结构，以高新技术、核心设备和生产建设所需的商品为主。因而这一阶段我国对外贸易政策体现了重商主义“奖出限入”的贸易思想，倾向于“奖出”以及“限入”两者同时进行，实行有计划的动态贸易保护。这一阶段的贸易政策具体体现在三个方面：一是采取出口导向型贸易战略，鼓励、扶持出口导向型产业的发展，建立适应当时国情的出口生产体系，帮助出口企业进口与自身发展水平相适应的高新技术设备，对出口企业实行物资分配，并给予税收和利率方面的优惠，逐步实施我国出口退税方面的制度；二是在进口限制方面推行严格的措施，限制进口容易挤压国内竞争产业的产品，通过多种措施对商品进口加以限制，比如进口许可证、进口关税、外汇管制等，同时在销售方面限制外资企业的商品在国内市场流通；三是鼓励外商直接投资，引进先进的管理与技术，充分发挥国际知识的“溢出效应”，在高新技术提升层面推动相关产业发展。

这一时期，我国逐步进行了对外开放，而其中的对外贸易也处于逐步摸索的阶段。基于当时的国情，我国也只能采用以保护国内产业为目标的对外贸易政策，也正是通过这样的方式，我国的对外贸易在国内产业快速发展的同时蹒跚前行。在关贸总协定的框架下，我国在该阶段的对外自由贸易的措施主要是减少政府的直接干预以及减少贸易壁垒，而这些措施主要是基于关贸减让和关贸保护原则、非歧视原则、限制出口补贴和禁止倾销的公平贸易原则以及一般取消数量限制原则等。我国在改革开放前使用的是在国家调控下的计划经济体制，在该体制的影响下我国采取的对外贸易政策也是一种强力保护贸易政策。随着改革开放的时代潮流，我国也逐渐放弃了这种强力保护贸易政策而选择自由贸易政策，但对这种自由贸易国家仍具有一定的影响。在这种情况下，我国继续深化改革，将原先的计划经济体制逐步转向市场经济体制，贸易自由化也随之逐步深入。在这样的大背景下，国内首先大力发展的是劳动密集型的低端产业，政府鼓励有出口能力的企业做出口贸易，逐步推动贸易自由化的进程，同时也不断提升国内企业及产品的竞争力，从而推动相关产业的更新升级。

在此阶段，我国主要是采用出口导向型战略来进行对外贸易，而通过该战略可以反向促进我国出口相关产业的发展。通过出口贸易的不断扩张，对应的企业能获得快速的发展，而众多相关企业的发展及竞争也能进一步促成产业的升级换代，这种正面的反馈又能推动多样化出口产品，进而扩大出口。如此一来，便能不断地促进我国对外贸易以及国内经济的发展。制定这种出口导向型战略，我国主要采用协调机制和出口退税政策、外汇留成和汇率政策等服务政策，同时采取的措施有扶持出口企业、保障相关产业设备及技术更新、给予出口企业贷款利率及税收优惠、为外资企业的商品在国内销售设限等。

三、1992—2000年：国家管制下趋向贸易自由化的保护贸易政策

伴随着经济制度的改变，我国在对外贸易制度上也进行了相应调整，使国内经济得到了更好的发展。

这个阶段是我国经历了改革开放初期摸索后进一步深入改革的阶段，政府对市场的调控逐渐放开，逐步趋向用市场来促进外贸的发展。在这样的政策体制下，贸易自由化有了全面的发展趋势。与此同时，我国在对外贸易的相关政策上也进行了更加完善的补充和调整，对外贸易的条件及要求也显得越发严苛并试着与国际接轨。在这个阶段我国依旧以出口导向型战略作为对外贸易的战略方针，加工贸易是此时的主要出口贸易，因而外资企业的出口比重逐渐增加，而我国的对外贸易也产生了巨大的贸易顺差，外汇的储备规模也迅速加大。为

了给对外贸易企业提供金融支持，我国成立了中国进出口银行并采用了有管理的浮动汇率制度。这一阶段下我国对外贸易的另一显著特点是，我国开始根据关贸总协定以及世贸组织的规则来调整修改涉外法律体系。我国于1994年颁布了《中华人民共和国对外贸易法》，这是我国对外贸易的根本之法，它确定了对外贸易的基本原则：实行统一的对外贸易制度，维护外贸秩序的原则；鼓励发展对外贸易，保障对外贸易经营者的合法权益的原则；平等互利的原则；互惠对等原则和最惠国、国民待遇原则。这些法律原则体现了我国对外贸易政策的改变，但这样的贸易政策依旧有着古典重商主义的影子，主要体现在外贸主管部门以贸易顺差为目的，而这种顺差的长期存在也给之后我国对外贸易的深入开展带来了不少难题，如巨额的外汇储备问题以及越发增多的贸易摩擦问题等。

四、2001年至今：WTO规则下公平与保护并存的对外贸易政策

2001年12月11日，中国成为WTO的一员，表明国际社会已经基本认同中国的社会主义市场经济体制属于市场经济。“入世”之后我国贸易政策需要与国际贸易规则接轨，这一时期的贸易政策调整的目的主要是与国际贸易规范相协调，更好地享受世贸成员的权利，履行世贸成员的义务与“入世”承诺。

中国及时修改或废除与《WTO协定》和议定书的有关承诺不一致的行政法规、部门规章及其他措施，以便中国的承诺在有关时限内得以全面实施。在加入世贸组织的背景之下，一方面对外贸易政策要适应市场经济发展的需要，另一方面又要与世贸规则兼容，我国贸易政策从“奖出限入”的具有重商主义性质的贸易政策向有管理的一般自由贸易政策转变，并以自由与保护并存的原则为指导。我国这一时期的贸易政策指导思想及其主要变化主要体现在我国“入世”承诺书的相关条款中，并在2004年发布的《中华人民共和国对外贸易法》中以法律形式加以明确，其剔除了1994年外贸法和“入世”承诺及世贸组织规则矛盾的部分，并根据对外贸易领域出现的新情况对原法做出了修改。

近年来，我国对外贸易政策出现了两个新的变化：一是在多边贸易基础之上积极探索区域贸易合作与双边贸易合作，加入了多个区域贸易组织，并先后

签订了16个自由贸易协定；二是开始在国内试行自由贸易区（FTA）战略。自签订《中国—东盟全面经济合作框架协议》之后，我国的自由贸易区建设方兴未艾。推进FTA战略是我国“入世”后贸易政策的一个亮点，它是我国对外经济水平提升的产物，签订自由贸易协议不仅能够使国内出口产品享受关税减免待遇，而且能够获得通关便利，有利于出口企业降低贸易成本，增强出口产品竞争力，提高出口利润。积极建设自由贸易园区（FTZ）则是我国“入世”后贸易政策的另一个亮点，在国家率先批准了上海自由贸易试验区后，又先后批准了广东自贸区、福建自贸区与天津自贸区，越来越多的地区正在申请建立本地区的自贸区。

第三节 国际贸易政策的利益分析

一、国家利益

（一）国家利益的定义

“国家利益”是国际政治经济问题中的一个基本概念，它过去和现在都是为了表述国家和政治家在国际环境下如何行事的基本原则。这一概念同权力、意识形态、民族、国家、和平等其他重要政治概念一样，具有多重含义，没有统一的标准，但一般都包括政治主权、经济利益、文化利益等多方面的内容。由于这个概念在国家安全和外交决策的过程中一直处于中心地位，不论使用这一概念能否正确地理解国际政治经济的现实，事实上，各国决策者都公开把国家利益作为提出和执行对外政策的前提。

冷战结束后，国际形势发生了重大的变化：和平与发展成为时代的主题，经济利益在国家利益中的地位越来越凸显，成为国家利益的核心，也成为国家政治活动中主权国家控制和协调与他国利益全局关系的最重要的现实基础之一。在各国经济竞争空前激烈、世界经济不平衡发展尤为明显的当今社会，经济实力比以往任何时候都更加成为构成国家权力的关键原因，各国更是把经济利益摆在了国家利益的首位。

（二）国际贸易政策

1.发达国家的国际贸易政策原则

发达国家凭借其在世界上所具有的领先的经济发展水平和较强的竞争优势，期望本国具有竞争优势的产品能够毫无阻碍地进入国际市场。实行自由贸易可以获得较大的贸易利益，进而实现贸易活动对本国经济增长的拉动。这就使得它们会去选择自由化程度较高的贸易政策。较之于发展中国家高达百分之十几的平均关税税率来说，发达国家的国际贸易政策的自由化程度要比发展中国家高得多。它们是国际贸易规则的制定者和自由贸易的推动者。

发达国家管理经济的侧重点主要是保持本国经济的持续稳定发展、降低失业率等，国家利益的重心也在于此。由此，我们便很容易解释发达国家加强对传统的低效益的劳动密集型工业保护的原因了。从二十世纪六七十年代以来，新兴工业化国家和地区实现了从依赖于传统的初级产品向主要依赖于制成品出口的结构转换，这些产品主要是技术含量低的制成品，如纺织品、服装、鞋类、玩具和基础机械等劳动密集型产品。这些成熟产业从发达国家转移到了新兴工业国家或地区。由于要素刚性的存在或要素比例不对称，发达国家的扩张产业（或新兴产业）难以从收缩的产业部门吸纳转移生产要素，无法及时吸收消化因产业结构调整所造成的结构性失业——劳动密集型企业集中在高失业率地区。于是，产生了国内利益集团之间的矛盾。政府为了降低失业率，实现经济目标，加强了对这些产业的保护。这就是所谓“管理贸易”“公平贸易”政策推行的基本原因。

2.发展中国家的国际贸易政策原则

经济实力在国家权力构成中常常可以直接转化为政治权力，并在一定程度上改变该国在国际政治上的地位。为了增强国力，提高国际地位，发展中国家的人民都有一种强烈的加速经济增长的愿望。发达国家的成功经验表明，工业化的发展有利于加强一国的综合实力。实现工业化成为实现经济增长愿望的发展中国家的共同选择。

能否实现工业化目标，成为发展中国家的国家利益的最直接体现，因而贸易政策的选择就必须围绕工业化目标的实现展开。它既要支持本国具有比较优势的初级产品出口以获得外汇和技术等，又要抵制发达国家的工业制成品对本国市场的冲击，以便为本国的工业化发展提供所需的生产要素和足够的市场空间。

由于发展中国家在传统的国际分工关系中，始终是以初级产品的生产者身份出现在国际市场中，而相比于工业制成品，初级产品贸易往往会处于不利地位。通过加速本国工业化，扭转本国的产品结构和贸易结构，成为发展的最有希望的途径。面对加速工业化和国外产品竞争的现实，发展中国家选择贸易政策来保护本国市场也成了自然的选择。

（三）国家利益原则在国际贸易政策中的体现

在经济全球化和贸易自由化不断加深的今天，国家利益仍然高于一切，任何国家的国际贸易政策仍是以本国利益为出发点，WTO规则的运行也是基于正视国家利益客观性差别的基础之上的。国家利益是考虑国家间战略关系的最高准则，也是指导自由贸易国际化的基本原则。纵观自由贸易与保护贸易博弈与兼容的过程，一般而言，国际贸易政策的选择取决于两种因素：贸易参与国的国内利益博弈及其在国际经济体系中的相互地位。

在国内集团利益和国家利益不发生冲突的时候，国际贸易政策更多地体现了有影响力的政府部门代表的某一利益集团的利益表达和利益选择，也可能是不同政府部门代表的不同利益集团的利益表达和利益选择的综合或平衡的结果。国内各种利益集团和政府部门都是追求自身利益最大化的“经济人”，它们都是某种国际贸易政策的需求者，希望某种国际贸易政策能够满足和实现它们的利益。但国际贸易政策不可能公平地满足和实现它们的利益，必然或多或少地损害一部分利益集团和政府部门的利益，至于最后选择能满足和实现哪一个利益集团和政府部门的国际贸易政策，这要看哪个利益集团和政府部门拥有更多的权力资源。国际贸易政策的形成过程，就是不同利益集团和政府部门在权力资源基础上博弈的结果。

在当今国际经济体系中，发达国家和发展中国家的贸易收益存在严重的不平衡：发达国家占有贸易收益的绝大部分，发展中国家仅占有贸易收益的一小部分。而且，由于发展中国家对发达国家的依赖，它们无法确保自身的贸易利益不受亏损。从各自的国家利益出发，居于优势地位的国家大多提倡自由贸易政策，处于劣势地位的国家常常偏向于保护贸易政策。当然，自由贸易政策与保护贸易政策也可能在同一国家身上交替出现。

二、中国对外贸易政策与国家利益

政府目标和国家利益在中国对外贸易政策决策过程中的地位是至高无上的。从政治传统上讲，政府对完全由市场发挥作用而可能导致的无秩序和失衡表示担忧，始终将“引导”国家的经济和社会发展作为己任，历史经验也证明了这一点。与其他发展中国家一样，中国赋予对外贸易政策以多重目标，如通过贸易实现经济快速增长和工业化，吸引外国资本，提高商品质量和技术水平，配合产业政策促进结构调整，等等。

社会多元化利益结构是政府决策需要考虑的另一重要因素。由于各国政治和经济制度及体制的不同，对贸易政策产生影响的利益团体的构成、特征和行为方式也不尽相同。对于中国来说，这些“有中国特色的”国内利益影响主要来自中央行政部门、地方政府、国内各类企业，公众（消费者）的影响是分散而间接的，但他们的意志和态度往往能够改变政府的目标函数。❶

（一）政府

1. 中央行政部门

受计划经济传统的影响，中国长期以来对经济实行条条管理和框框管理相结合的方式，即中央政府各部委垂直管理和地方政府水平管理相结合。中央政府的行业经济管理部门是在中国计划经济和国有经济占较高比例的时期设置的机构。由于过去企业都是由政府进行经营的，这些行业经济管理部门与企业之间在商业利益方面存在着密切的联系。前者对后者按照国家的产业政策实施直接管理或行业指导，并任命企业的领导人；后者通过前者向中央政府寻求各种优惠政策、市场保护和财政金融上的支持，从而形成了政治上固有的“委托—代理”关系。在贸易政策上，行业经济主管部门经国务院授权掌握部分配额和

❶ 高伟凯.论自由贸易对国家利益的影响[J].现代经济探讨，2009（12）：18-21.

许可证的分配权，能够组建自己的贸易公司并获得稀缺的贸易进出口权，它们还能通过为所管辖的企业表达受到进口冲击的抱怨或者游说获得优惠的鼓励措施。随着改革进程的推进，国有企业不再成为利润的主要来源，私营企业和外资企业得到迅速的扩张，这使得政府的行业经济管理部门对企业的直接控制有所削弱。1998年中央政府进行了机构改革，只保留或重组了农业、电信等最重要的专业经济部门，而将其他的部级机构缩编精简为局。这一举措的目的在于割断政府与企业之间的商业化关系，真正实现政企分开，特别是削弱一些部级直属的国有企业和贸易公司通过使用手中的特权来获取垄断商业利益的能力。

2.地方政府

地方政府试图干预和影响中央经济政策的动机主要包括以下几个方面：一是地方官员本身存在着“兴地富民”的责任及压力和追逐地方利益的“理性”选择；二是各省级行政区域都有一套针对本地的国民经济和社会发展规划以及产业发展计划；三是相同的经济政策可能会对不同的地区产生不同的效果，受到政策显著影响的地方将会力图对有利的政策进行寻租或对不利的政策进行抵制；四是地方政府非常关注出台的经济政策对本地财政收支以及各级政府间转移支付的影响；五是不公平的、有差别的地区倾斜政策和恶化的省际收入分配状况也是地方政府要求改革现行政策的动机。

在贸易政策的内容上，地方政府主要在两个层面上施加影响和进行利益表达：一是出口政策，特别是鼓励出口的政策；二是进口政策，包括进口优惠和进口限制政策。

由于各地方的资源禀赋和经济比较优势不同，从而造成它们对国家不同商品进出口优惠政策进行的“寻租”或“设租”影响。总的来说，东部地区省份在资本品和消费品的生产上具有比较优势，而中部和西部地区则在采掘业和中间品制造业上体现出优势。这种分工形式决定了各地对贸易政策的不同态度。

（二）国内企业

在非政府机构的利益集团中企业界或商界是最具有特权和影响力的，这一点与西方国家类似。中国市场化改革造成的经济权力真空将越来越多地被追求利润最大化的企业所攫取。与大众相比，企业对政府的影响具有许多特别的优势，这表现在：第一，企业有足够的资金用来开展活动，而并不直接花费个人的收入进行营利活动。例如，企业可以通过新闻宣传等合法的途径开展游说。第二，企业界有健全而齐备的组织体系，每一个企业都是一个利益活动的主体，能够投入一定的时间、精力和金钱进行非生产寻利活动。第三，企业能够更自由地接近政府，这是一般公民所做不到的。由于受所在行业的工业部或局的归口管理，企业有固定的渠道向上级主管机构传递信息和提出要求，当然不同类型的企业在政府通盘考虑中的地位是不一样的，因此也就会产生利益活动的不同结果。

最典型的代表商业利益的组织就是行业协会和贸易商会，但中国的这些利益团体与西方国家的院外活动集团有本质的区别，几乎所有的团体都是在政府的促进和容许下建立起来的，并接受后者的管理。全国或地方性的行业协会数量很多，例如电子协会、家用电器协会等。它们首先是贯彻行政主管机构政策意图和协调行业内企业关系的半官方半民间组织。行业协会也会为企业向政府进行利益表达提供了更有力和更合法化的载体，特别是行业内的少数大企业可以整个行业的名义向上级机关反映问题。贸易商会对贸易政策的影响要比行业协会更明显和直接一些。按照规定，贸易商会由商务部领导，由有进出口经营权的同行业企业组成，在出口价格、配额和许可证等方面依照商务部的计划协调落实，并在不公正的进出口贸易中“维护会员的正当权益”。由于规定商会一般不设常设机构和专职人员，这些可能被行业内的一些大公司或企业集团所“把持”。

除了上述以“集团”形式出现的商业利益外，在当前，更多的企业可能还是通过分散的方式来接近政府。在中国，企业可以通过说服、交换等方式来反映问题。各级政府的意见听取会、政策咨询会、企业向主管机构的报告乃至亲密的私人接触都是非正式和无组织的游说渠道。当然，不同类型的企业对决策者的影响是不同的，比如国有企业和非国有企业、大中型企业与小企业、战略性行业企业和非战略性行业企业，等等。

（三）消费者

消费者是自由贸易最大的受益者，因为他们可以从中获得外国商品廉价和多样性的好处，特别是在国产的制成品价格大大高于国际价格且质量低劣的情况下更是如此。进口贸易自由化不但能够使消费者的福利获得提高，而且还能减少收入分配的不平等。但在现实社会中消费者对贸易政策决策的影响却是微乎其微的，在政府的目标函数中消费者影响所占的权重很低。首先，尽管中国存在消费者协会这样的社会团体，但它的功能与西方消费者组织在政治疏通职能上有本质的区别，因此并没有真正的团体代表消费者的利益对贸易政策进行影响，相反，倒是政府可能根据社会公众的观念变化来改变目标函数或社会福利函数。其次，对于单个消费者来说，支持自由贸易的收益可能不能补偿进行利益活动的成本，此外，他还会指望其他人做出努力而使自己成为一个“搭便车”者。最后，消费者在贸易自由化问题上的态度可能还是矛盾的，这包括情感和心理上的——买进口品的“崇洋媚外”和买国产品的民族自豪感以及他们所具有的双重身份——既是消费品的购买者，还是进口竞争品的生产雇员。知识的有限性也阻碍了广大消费者理解贸易自由化所带来的长期性福利收益。

三、对我国对外贸易政策制定的建议

通过上面的分析，我们了解到无论是在国际贸易政策理论上还是在国际贸易政策的实践中，国家利益和集团利益都发挥着决定性的作用。在这里，我们分别从国家利益和集团利益的角度对我国的贸易政策制定提出建议。

（一）使对外贸易政策能够更多地增进国家利益

理性的自由贸易政策和保护贸易政策都是合理的贸易政策，不存在孰优孰劣的问题。脱离一国的经济发展阶段及其在世界经济中的相对地位去讨论自由与保护是没有实际意义的。国际贸易政策和贸易利益间存在着手段与目的的关系。目的是唯一的，实现目的的手段是多种多样的。一国贸易政策的制定应该以实现本国的利益最大化为最终目的。针对我国的贸易政策制定，就如何更多地实现本国的利益，提出如下建议。

1.在总体上要坚持贸易自由化战略

林毅夫等用理论说明了为什么中国用贸易自由化战略代替计划经济时期

的进口替代战略会使中国经济取得举世瞩目的成就。[1]中国作为一个发展中国家，资金相对缺乏，劳动力相对丰富而便宜，由此决定了具有比较优势的是劳动力相对密集的产业。但中华人民共和国成立初期中国政府所要优先发展的产业区段不符合这个经济的比较优势，在一个开放和竞争的市场中，这个产业区段中企业的产品不会有竞争力，企业不具备自生能力，只有靠国家的保护才能生存。如果企业数量少，可以用税收的方式进行补贴，但在进口替代的赶超战略下，要优先发展的往往不只是几个企业，而是和重工业有关的好几个产业部门。所以只靠财政税收来补贴力不从心，只好以政策控制各种价格信号，由行政力量直接配置各种有限的资源到需要优先发展的企业，并抑制非优先发展产业部门的发展。在这种进口替代的赶超战略下，市场机制被抑制，资源配置缺乏效率，企业改进生产的积极性不高，从而导致整个经济效率很低。

改革开放后，中国采取贸易自由化战略即比较优势战略，用市场机制来配置资源，经济的产业结构大部分是内生的，由经济的要素禀赋结构决定。市场机制能够诱导企业较好地按要素禀赋结构所决定的比较优势来选择产业，每个企业都会有自生能力。也就是说，只要有正常的管理，不需要任何外部的补贴，就预期可以获得市场上可以接受的利润率。这样的经济在竞争市场中会有竞争力，会创造更多的剩余和积累，要素禀赋结构就会更快升级，即快速增加经济中每个劳动力的资本拥有量。当要素禀赋结构升级时，产业也随之升级。按比较优势的原则来引进技术，其引进成本和学习成本都最低，能够真正发挥后发优势，带动经济快速增长。

2.政府应合理利用产业政策

（1）保护那些对国民经济发展极为重要的幼稚产业

我国应该在一些产业坚持实施适度的保护幼稚产业政策。我国是一个发展中的大国，1949年以来通过保护幼稚工业政策，初步建立起比较完整的工业体系，但与发达国家相比，现在我国的工业不论从技术水平还是规模经营的角度仍然存在很大的差距。如果我国在市场开放的过程中求急求快，一些重要而又

---

[1] 林毅夫.当前形势下国内外宏观经济走势判断［N］.中华工商时报，2020-04-01（003）.

相对弱小的民族工业将难以应对国外产品的强大竞争。虽然当今世界，经济全球化、贸易自由化已经成为不可逆转的潮流与方向，但这一过程也必须体现各国经济发展的差异性与国家利益的矛盾性。我国贸易自由化也应是一个循序渐进的过程，根据WTO的有关规定与法律原则，可以继续对国内某些重要的幼稚产业如钢铁、汽车、农业等进行有期限的、适度的关税保护与产业扶持。为了避免重蹈过去过度保护，因而造成经济效率低下、产业不能成长的覆辙，保护幼稚产业必须做到以下几点：一是要确定产业保护的范围，只对一些对国民经济发展极为重要的产业进行保护，笼统地全盘地保护是为世界规则所不容许的，也是没有意义的；二是制定保护的时间表，保护的水平要不断调整，适应经济的不同发展阶段；让受保护的企业能够感受到竞争的压力，不要演变为保护落后；三是转变主要依靠关税保护的传统思想，充分利用WTO“例外”容许的保护措施，并进行保护措施创新。

（2）对个别特殊产业要实行特殊政策

一是对我国的一些垄断性的产品出口征收关税。对一些我国独有的资源性产品和民族工艺品的出口，可以通过征收出口税来提高出口价格，增加我国出口所获得的利益。如钨砂的出口，国家采取有力措施统一价格，一致对外，这和征收出口税是相似的。

二是对国外垄断的出口厂商的产品征收进口关税，以抽取垄断租金。比如对于一些国外生产的奢侈性消费品进口，征收关税一方面可以减少进口，另一方面可以压低这些产品的国外出口价格，从而抽取其垄断租金。在国际规则允许的前提下，我们应根据进口产品的特点来制定政策，以确保我国的利益。在过去计划经济以及国营经济占高比重的时期，对企业进口的技术设备往往给予关税优惠，这使得发达国家的出口商享有了充足的垄断利益，即垄断租金。在当前市场经济的新形势下，虽然说对于一些重要的技术设备的引进应继续给予优惠，但对于一些技术设备的进口可以征收关税，以降低我国的引进成本。

（3）扶持具有外部经济的产业

扶持具有外部经济的产业，高新技术产业是其典型代表。高新技术产业的明显特征是以生产知识为其活动的核心内容，它们投入大量资源用以改进技术，通过研究开发活动直接投入资金或开发新产品来获得技术上的突破。

高新技术产业的投资者虽然可以获得自己对知识投资的部分收益，但却不能获得其投资产生的全面收益，因为其他企业可以通过模仿先驱者的思想或技术而部分地获得这些收益。也就是说，高新技术产业存在明显的技术外溢或外部经济效应。所以应当对那些颇具潜在竞争优势且有深远外部影响的高新技术产业进行适当的扶持和保护，以便从国家利益出发，在宏观范围内追寻和谋求外部经济利益。

近年来，中国的高新技术产业不断发展，但与发达国家和其他一些亚洲国家相比还处于不利的地位。很多国家都非常注重高新技术产业的作用，并仍以相当的速度发展着。但我国的高新技术产业也有自己的优势，由于我国人口众多，所以从事高新技术产业的人员不仅数量众多、素质较高，而且工资成本低廉，我国高新技术产品在价格上有竞争力。但如果没有特殊战略和采取有效措施，在一些重要领域很难跟上国际技术进步的步伐。

高新技术产业具有不完全竞争、技术溢出等特性，这为政府对本国高新技术产业进行战略性干预提供了条件。虽然自由贸易是国际贸易的主流，但若放弃对高新技术产业的扶持，必定丧失其带动经济良性增长的贡献，所以各个国家都对发展高新技术产业给予了不同程度的扶持。我国重点支持通信、生物技术和计算机等高新技术产业。这样，现代科学技术才能为我国出口的持续增长提供可能，并通过技术变革促使出口产业结构升级，也只有这样才能长期保持我国出口对经济增长的促进作用。

政府应根据高新技术产业的技术外溢效应的重要程度来确定扶持的范围和数量，应对那些技术进步快、效益明显、产业关联度大和技术外溢面广的产业加以扶持。另外，政府在对高新技术产业进行扶持时，除直接的补贴外，还要注重发挥像欧洲各国政府联合研发飞机那样的组织功能，从高新技术研发的制度创新上给高新技术企业以引导和支持。

（4）在存在高启动成本的规模经济产业建立大型国有企业，发挥国有经济的优越性

在今天的世界中，相当一部分国际贸易绝对不是由那些可以轻易以小规模进入的产品组成的，汽车、电脑都是此类例子。而且除了必备的生产规模外，一个产业中的新进入者也需要长期经营，才能获得与现有的主要竞争对手一样有效的生产技能和经验。新进入者也许需要掌握新的技术，基于经验的技术往

往不易学习，或者成功生产前述产品可能需要有相似的相关产业。这些产业本身难以建立而且潜在的进入国可能缺乏这样的产业。在存在高启动成本的规模经济的条件下，市场机制会有利于在位的生产者，而不利于新进入者。

针对这种情况，我国作为社会主义国家，国有经济有着雄厚的实力，可以利用国有资本进入这一类型的产业，这不但可以为我国的贸易创造优势，而且还能够带动经济发展。国有经济在很多方面都有优势，它的能量是私有经济所不能比的。一是国有经济有雄厚的资本实力；二是国有经济可以追求长期经济效益；三是国有经济可以较容易地建立相关产业。过去国有经济存在一些这样那样的问题，但我们不能因此就看不到国有经济的优势，在存在高启动成本的规模经济产业中，正是国有经济发挥优势的地方。如在航空航天、卫星发射等领域，我国的国有经济力量已经在世界上占有一席之地。世界经济发展形势的新变化和我国的中国特色社会主义经济制度为我国的经济发展提供了广阔的舞台。今后要进一步探讨国有经济发挥作用的方式和途径，在一些领域国有经济可以充当孵化器。当企业建立起来并具有竞争力后，可以转让给民营机构进行经营，将国有经济转移到新的领域发挥作用。

（5）促进技术引进以及技术开发，鼓励技术进步

当今世界经济的特点之一就是重大而迅速的技术变化和产业变迁。今天，产业的成功更有可能是后天获得而非自然形成的。它更有可能源自制造技能、诀窍、低工资、技术知识，或者是所有这些因素的有效组合，而不是源自任何自然的赐予。更确切地说，是后天能力的水平加上其工资水平能够使一个国家在某一特定产业上成为一个竞争者。

只有劳动力成本低的优势或其他的天然优势是不够的，先天的优势只有和合格的技能、诀窍结合起来才能够发挥出来。只有不断地取得技术进步才能够更好地发挥我国的比较优势，使我国能够在更多的产业上有竞争力。为了促进技术进步，我国政府可以做的有以下几点：一是鼓励适用技术的引进。在引进技术的工作中，不要盲目地追求高、精、尖技术，而是要重点鼓励引进能够发挥现有比较优势的技术，能够与国内技术水平相配套的技术。一旦引进了与我国现有比较优势不相符合的技术，生产的产品无论在国内市场上还是在国际市场上都不会有竞争力。二是对国内自主开发的技术进行支持。政府可以直接投资科研项目。许多基础科研项目对国家长远发展十分重要，这就要求政府出面

协调、组织，并给予财力上的支持。财政支持的科研活动的成果对于全社会将产生良好的技术外溢效果，有利于提高国民经济的整体技术水平和发展后劲。政府应鼓励对研究与开发的投资，从而加强企业在国际市场上的竞争力。如允许企业将用于研究与开发的费用计入成本，减免税收，对企业用于技术中心及试验设施建设的投资给予贴息贷款等。

3.政府要全面考虑贸易政策的成本与收益

在开放经济的条件下，一国经济的贸易部门和非贸易部门存在着密切的联系。虽然贸易政策是针对贸易部门制定的，但对非贸易部门也会有重要影响，在制定贸易政策的时候，就要全面考虑贸易政策的成本与收益。我国虽已初步建立了社会主义市场经济体制，但经济体制改革的任务还远远没有完成，还面临着许多困难。在制定贸易政策的时候，不能够只考虑贸易部门和贸易利益，要使贸易政策的制定为我国的经济改革和经济健康稳定发展服务。在我国加入WTO时，虽然一些承诺对贸易部门形成了较大的压力，但引入的国际竞争有利于我国经济体制改革的顺利完成，有利于我国经济的持续健康发展。

正如市场失灵论所说的那样，政府干预贸易造成的某一市场激励机制的扭曲可以通过抵消其他市场失灵的结果而增加社会福利。在我国现阶段，有许多市场发育不完善，因此在制定贸易政策的时候，就要考虑到这方面的因素。尤其是在当前，由于国有企业改革而存在大量失业人员，贸易政策的制定就要考虑到这种情况，继续促进劳动密集型产品的出口，以带动就业的增加，而不是不分情况地去扶持高附加值的产业，却忽视了劳动密集型产业的发展。

4.政府应根据宏观经济运行状况对对外贸易进行调节

在1998年亚洲金融危机期间，由于出口受阻，出口增速下滑，我国经济出现了总供给大于总需求的局面，当时政府采取了启动内需的政策来带动经济增长。同样，如果出现了内需不旺的情况，政府当然也可以采取促进出口的办法来扩大外需，从而弥补总需求的不足。相反，在总需求大于总供给，经济过热的情况下，政府一方面要采取政策来减少内需，另一方面也要对外需进行政策调节，而不是不分情况地一味促进出口，这样我国的宏观经济就能够更加健康平稳地运行。也就是说，贸易政策要服从国家宏观经济整体健康运行的大局。

5.政府要高度关注国家的经济安全

2003年我国贸易依存度已达60%，这意味着国际因素将更大程度地影响我国的经济稳定。目前，我国政府已经将“努力提高对外开放水平”和“维护国家经济安全”作为同等重要的战略思路提出来。为了维护国家经济安全，需要做好以下几方面的工作。

（1）建立维护国家经济安全的机构组织体系

如设置经济安全计划委员会，对国家经济安全进行宏观管理。成立外国投资委员会，负责分析、考察外资注入是否符合国家利益，并负责调查外资在各部门各地区的分布。

（2）做好金融安全工作

金融是现代经济的核心，金融安全又是国家经济安全的核心。国家金融市场的稳定，直接关系到经济发展、社会稳定和国家安危，是国家经济安全最主要的内容之一。20世纪80年代以来世界范围内的金融活动空前活跃，品种多样的金融工具和金融产品层出不穷，国际游资和虚拟资本急剧扩张，加剧了金融风险，使金融风险具有更强的扩散性、隐蔽性和突发性。我国金融市场安全的主要威胁来自国内金融机构长期积累的问题，比如金融机构的不良资产比例较高，将使引发局部金融风险的可能性增大，对我国经济安全的潜在影响是不可低估的。目前我国面临着保持人民币稳定的强大压力，2019年以来我国经济强劲增长，总体物价水平趋于上升，造成通货膨胀的压力。这就要求我国要提高自身经济的适应力和竞争力，密切注视国际金融市场的运行状况，对潜在的问题和可能出现的危机做出及时的分析和预测，以便采取果断措施，维护金融安全。

（3）做好能源安全工作

近年来，随着世界经济复苏，对能源需求的增加，加上能源主产区形势动荡，国际原油价格大幅波动。能源安全问题引起各国关注，世界上围绕能源产地、能源价格、海上通道、管道走向的争夺空前激烈。随着我国经济的快速增长，对能源的需求增加，以及国际能源格局的变化，我国面临的能源安全形势趋于严峻。一是石油进口量增大。我国已成为仅次于美国的第二大石油消费国。

二是能源进口渠道单一。目前，我国石油进口的一半以上来自中东地区，近80%的石油进口经过马六甲海峡，进口渠道单一，容易受到热点地区局势变化的影响。三是石油战略储备量有限抗风险能力弱。美、欧、日等建立了比较完备的石油战略储备制度。我国要站在经济发展和国家安全的战略高度，积极推进能源多样化和进口多元化，加快建立国家石油战略储备，积极发展石油替代产品，采取各种有效措施，确保国家能源安全。

（二）对外贸易政策要考虑到国内利益全局

贸易政策对一国内部的收入分配会产生显著的影响，因此我们在制定贸易政策时要考虑到这种影响，并防止贸易政策被少数利益集团所左右，为其牟取暴利。

1.规范贸易政策的制定和实施，使其具有更大的独立性

（1）提高中央政府的利益整合能力

在我国，贸易政策的主要制定机构是中央政府。贸易政策的成功在于整个经济，而非讨好部门利益。确实，要使整个经济更好要比迎合部门利益困难得多。这就要求中央政府在制定贸易政策的时候进行广泛的政策决策咨询，使已经多元化的社会各方利益都能够得到表达的机会，从而使贸易政策制定的基础更加科学合理，而不是被少数掌握着话语权的利益主体所左右。这也符合政府对自己“执政为公，立党为民”的要求。

政府对多元利益的整合、对利益关系的调控、对利益矛盾的协调，主要依靠制度。要实现利益表达、博弈、调控的制度化，必须构建健全的利益表达机制，提供开放的利益表达渠道。只有建立起相对完善的制度和相关机制，才能形成顺畅的利益表达渠道。当前，构建制度及相关机制的重点是：在现行法律的基础上，完善人民代表大会制度和政治协商制度，充分发挥人大和政协的利益表达功能，使之成为各利益主体进行利益表达的合法的主渠道；完善和扩展决策听证制度和政务公开制度，使相关利益主体能够获得对称性信息，并平等地参与政府决策；规范代表新的社会阶层、合法利益主体的利益表达渠道，开拓弱势群体在利益表达上的合法渠道；建立健全公众传媒的组织机构和体制，使新闻传播形成多维度、多层次、多渠道的网络体系，使其成为不同利益主体

表达利益和要求的窗口。

（2）提高地方政府和中央行政部门的自主性

这里所说的地方政府和中央行政部门的自主性，是相对于各利益主体，特别是强势利益主体而言的，是指地方政府和中央行政部门独立于社会各利益主体的自主性程度，其决定性因素是地方政府和中央行政部门所代表的利益与社会上各种单个或集体形式的特殊利益相脱离。政府自主性的高低表现在公共政策的制定过程中，就是公共权力免受个别势力干预的程度，以及制定出的公共政策与政府所代表的公共利益相一致的程度。

地方政府和中央行政部门是一部分贸易政策的制定者，更是贸易政策的具体实施者。地方政府和中央行政部门如果没有较高的自主性，就有可能被某些利益主体所左右，就不能在各利益主体的博弈中处于公平、超然的地位，就不能代表好、实现好和维护好社会公共利益。首先，要防止地方政府和中央行政部门自身成为特殊利益主体。如果地方政府和中央行政部门自身有特殊利益，它当然不可能以超然的姿态去保护公共利益。如果政府机关公开或半公开地追求自身的部门利益，以及在政策制定上明显倾向于强势利益主体，它就有可能在公众心目中丧失其作为社会公平代表的象征意义。其次，要防止利益主体的结盟，尤其是社会利益主体与政府内部特殊利益主体的结盟。政府自主性的高低与所受势力影响的力量大小有关，如果利益主体之间在利益的驱动下，进行某种形式的结盟，将对地方政府和中央行政部门的自主性提出挑战。

2. 削弱利益主体影响政府的能力

（1）深化改革，政企分开

深化政府改革，切断政府和企业直接的行政隶属联系，明确政府的服务职能。中央行政部门和地方政府同国有企业有直接的密切联系使得这些企业的利益很容易得到表达和照顾，使得贸易政策成为这些企业谋利的工具。只有切断政府同企业的直接联系，贸易政策的制定才有公平合理的可能。

（2）要限制和规范特殊利益主体

目前在我国影响较大的特殊利益主体，主要是以地区、部门为依托，以行业利益为纽带，常常借助公共权力、行政性垄断手段等，来获取特殊利益的经济性利益主体，如具有垄断地位的企业。对于这些已经形成的、客观存在的特殊利益主体，应进行限制和规范：一是限制垄断利益主体的特权，将其由“贵族”降为“平民”，从“经济人”与“政治人”双重身份变为纯粹的“经济人”；二是规范垄断利益主体的行为，重新建立商业“游戏规则”，迫使垄断行业从经济寻租、政治寻租，转变为依靠技术创新、高质量服务、良好信誉等，谋求利润最大化；三是通过市场准入政策和产业组织政策，尽可能地引入有效的竞争机制，打破既得利益主体的垄断地位。

（3）理顺行业协会与政府组织的关系

如上文所分析的那样，在我国，行业协会为企业向政府进行利益表达提供了更有力和更合法化的载体。这是由于行业协会与政府组织之间关系不顺。最明显的表现，就是行业协会和政府组织各自角色的错位和职能的紊乱。许多行业协会，是变相的政府性机构或准组织。解决这一问题应该从两方面入手。首先，行业协会的职能角色必须准确定位，克服行业协会行政化倾向。行业协会的基本功能，就是代表和维护所属成员的利益。行业协会的功能定位，是依法维护所属成员的利益，而不是政府管理的某种工具。在新的历史时期，行业协会的职能角色必须准确定位，克服这些协会行政化、机关化倾向。要防止这些组织中的工作人员，成为某些既得利益集团的代言人。其次，要转变政府职能。这里所说的政府职能，主要是相对于行业协会而言的。根据现行的行业协会登记管理条例规定，每一个协会必须挂靠一个行政单位。于是，行政权力便不同程度地渗透到各行业协会中来，使得这些协会变成了代表行政机构管理或协调内部利益矛盾和纠纷的“组织”，而不能很好地履行独立表达本集团利益诉求的职责。就政府对利益集团的管理职能而言，政府应该改变大包大揽、管得太多太宽的现状，应该居于各利益集团之上，真正成为社会公共利益和整体利益的代表者和维护者，代表社会对利益集团进行管理，扮演利益集团之间“游戏规则”的制定者，以及利益集团之间矛盾的调解者、仲裁者角色。

3.提高公众对贸易政策的理解

我们一直指出，有组织的利益集团更容易左右政府的政策，而普通消费者虽然在人数上占多数，但是更弱小和分散，通常不能对抗利益集团的势力。承认特殊利益集团的能力，并不意味着我们认为公众和公众的意识并不重要。政府忽略公众的利益而不会遭到处罚，原因之一在于它们认为公众通常都不了解自己的利益所在，也不愿意劳神费力地去弄明白。但是，如果有更多的人认识到贸易政策的影响，明白这个体系的政治基础的脆弱，那么利益集团将更难以实现自己的图谋。而真心为公众服务的政府在推动有利的改革进程时就会更加容易，世界也将变得更公平、更美好。

国际贸易理论与实务

第五章 新时期国际贸易的运营模式与发展路径

第一节 互联网背景下国际贸易的运营模式

一、互联网背景下我国的国际贸易运营模式

（一）我国“互联网+外贸”的背景

2015年3月，“互联网+”行动计划出现在政府工作报告中之后，同年7月份，国务院出台了《关于积极推进“互联网+”行动的指导意见》，使其迅速上升为国家战略，推动以“互联网+”为代表的新经济形态发展。其中，行动指导意见的总思路中提出：“顺应世界‘互联网+’发展趋势，充分发挥中国互

联网的规模优势和应用优势，推动互联网由消费领域向生产领域拓展。”[1]面对“互联网+”的机遇和我国互联网发展的优势，2015年6月10日，国务院常务会议提出用“互联网+外贸”实现优进优出，借助互联网优势提升消费，培育新的贸易增长点。

国务院在其发布的《国务院关于加快培育外贸竞争新优势的若干意见》（国发〔2015〕9号）第四部分中，对于如何加快提升对外贸易国际竞争力提出以下两条建议：一是加快培养新型贸易方式，新型的贸易方式主要是指互联网与贸易直接结合下的跨境电子商务的贸易方式，通过支持企业直接运用跨境电子商务或者跨境互联网贸易平台的结合，培养一批外贸综合服务企业；二是加快建设对外贸易平台，培育一批进口促进平台，发挥其对进口的促进作用。目前我国传统产业依靠“互联网+”实现转型升级，新兴产业依靠“互联网+”蓬勃发展，创新创业依靠“互联网+”不断涌现，数字经济、平台经济以及共享经济依靠“互联网+”实现网络效应。国家高度重视“互联网+”的发展以及互联网在贸易领域的融合，“互联网+外贸”体现出外贸模式的转变和新的外贸优势的培育。

（二）我国“互联网+外贸”的特点

笔者从以下两个角度对互联网与外贸结合的特点进行分析：一是互联网与外贸产品的结合，这既包括互联网与制造业的融合实现贸易产品的发展，也包括互联网影响下的服务贸易的发展和变化；二是互联网与贸易方式的结合，即互联网的思维和技术与对外贸易模式结合，可以称之为跨境电子商务。

（1）互联网与外贸产品的结合

互联网已经渗透到各个行业中，智能工厂和大数据为产品赋予新价值成为制造业领域的新现象。一方面，信息通信技术的发展为信息的瞬时高效流动提供了技术条件，而移动互联网的高速发展又保证了经济主体接收各类市场信息的及时性。另一方面，在物联网等新一代信息技术的影响下，制造业和服务业之间的界限被打破，两者的技术边界、市场边界和业务边界在产品中融为一体，

---

[1] “互联网+外贸”打造新增长点__评论__政策法规解读__政策__中国政府网 http://www.gov.cn/zhengce/2015 — 06/11/content__2877899.Htm，2018年10月18日引用.

由信息服务、知识技术服务、数据服务等构成的科技服务内化为制造业的价值构成部分。从新一轮科技革命的角度观察，大数据、云计算、物联网、机器人、4D打印、无人驾驶、无人工厂、生物革命、新能源开发，凡此种种，都意味着在制造业领域将出现一种我们已经很难预测的革命性、颠覆性变化。借助互联网，企业内部创造价值和外部创造价值实现联通，借助“互联网+”、物联网以及大数据产业，消费者需求的产品和服务能够进一步被挖掘并可以顺利转化为成果。

（2）互联网与贸易方式的结合

互联网的发展和跨境电商平台的出现，推动了国际贸易门槛不断降低，国际贸易的贸易主体、贸易过程都发生了重大变化。中小微企业和个人通过跨境电子商务平台获得了平等参与国际贸易的机会，市场主体更加活跃，中小微企业和个人网商不断壮大。中国中小微企业数量近4000万户，其中中小外贸企业数量将近500万户，这些中小外贸企业完成了中国约60%的对外贸易总额。互联网的发展改变了企业间进行信息交流的方式，企业间信息交换效率的提升和交换成本的降低，有助于企业更加倾向于小批量和多批次的订购模式，以应对消费者需求的变化并降低库存成本。此外，“互联网+外贸”对贸易形态的改变体现在跨境电子商务的应用上，可以削弱贸易中间商的作用，减少贸易交易的环节。跨境电子商务不仅为国际贸易提供了交易平台，还提供了支付结算、运输、售后等相关服务。因而通过跨境电子商务完成的国际贸易活动实现了信息流、商品流、资金流的高度统一，突破了传统贸易中时间和空间对双方交易的限制。

（三）我国互联网贸易的发展趋势

2017年我国跨境电商业务在B2B、B2C等多个方面均呈现出活跃发展的态势，不断培育出贸易新业态、新模式，释放外贸增长的新动力。中国海关统计数据显示，2017年经中国海关办理的跨境电子商务进出口清单达6.6亿票，是进出口货物报关单的8.4倍。与传统贸易相比，跨境电商具有小批量、高频次的特点。2017年中国海关验放的跨境电商零售进出口额为902.4亿元，同比增长了80.6%，其中出口为336.5亿元，进口为565.9亿元，近三年中国海关跨境电商零售进出口额年均增长率在50%以上。这与传统对外贸易数据表现疲软的态势形成了鲜明的对比。

我国跨境电子商务贸易业务覆盖全球220个国家和地区，在欧洲、美洲、大洋洲等地区，跨境电子商务的规模和增速不可小觑，其中我国与美国的跨境电子商务交易规模增速在50%以上。互联网普及和使用基础上的商务活动的规模增长，成为对外贸易的新动力。为了给跨境电子商务的发展提供相应的制度安排和法律保障，我国制定了跨境电子商务发展战略，推动其进一步发展。

2015年3月，国务院在杭州设立首个跨境电商综合试验区（国函〔2015〕44号）。2016年1月，在杭州跨境电商综合试验区的基础上，我国又在天津市、上海市、重庆市、合肥市、郑州市、广州市、成都市、大连市、宁波市、青岛市、深圳市、苏州市共12个城市设立了跨境电子商务综合试验区（国函〔2016〕17号）。根据中华人民共和国商务部发布的《2017年中国电子商务报告》显示，2017年中国跨境电商零售进口来源地排名前十的分别是日本、美国、韩国、澳大利亚、德国、新西兰、荷兰、法国、英国和中国香港。中国跨境电商零售出口目的地排名前十的分别是中国香港、美国、俄罗斯、韩国、英国、法国、澳大利亚、日本、加拿大、爱沙尼亚。近年来，中国跨境电商出口B2B在欧美地区取得了长足发展。其中，以北美洲的增长最为显著，面向美国、加拿大的跨境电商交易额增长率均在50%以上。在欧洲，电子商务对我国出口贸易的促进作用也日益增强，西班牙、德国、法国、荷兰等国的跨境电商交易额年均增速均超过30%。在大洋洲、澳大利亚、新西兰是跨境电商的主要出口国。

二、互联网背景下国际贸易的运营模式及完善策略

虽然我国跨境电子商务发展势头良好，但是与西方发达国家发展速度和规模相比仍有很大的差距，甚至不如泰国、菲律宾等发展中国家，不仅如此，跨境电商企业本身也存在一些问题。为了让我国在日益激烈的跨境电子商务竞争中处于不败之地，必须扫清一切障碍，加快发展跨境贸易。面对这种情况，笔者将从国家和企业两个层面对促进跨境电子商务的发展提出一些对策建议。

（一）从国家层面改善

1.加强海关、检验检疫机构的监督通关效率

互联网背景下，跨境电商的发展前景很美好，但是也面临着诸多问题，检验检疫监管和海关通关方面面临新的挑战。国家及相关部门应从以下几点着手：首先，质检部门要对跨境电商参与主体实施有效监督，进而对进口产品做到“源头可追溯，过程可控制，流向可追踪”。其次，创新检验和通关流程，利用互联网和物联网技术，线上线下全面监控，针对不同的企业进行分类管理和监督，提高产品查验和通关效率。再次，向上级部门请示，逐渐下放一些审批和评审事项，提高同类产品的注册、备案手续的办理效率，缩短相关审批时限。最后，建立和完善商品质量监督管理体系和国家贸易风险预警防控体系，为跨境电子商务的发展提供规范化、专业化和定向化的检验检测服务。

2.建立和完善电子商务税务登记制度

互联网背景下开展跨境贸易的中小企业以及个人越来越多，税务机关对于征税对象的管理远远滞后于跨境电商增长的速度，产生了很大的管理缺陷，很多企业出现了偷税、漏税的不法行为，造成了国家税收的大量流失。建立和完善电子商务税务登记制度对于国家来说迫在眉睫。第一，加强税务机关信息化建设，加快与互联网、银行、第三方支付平台、电子商务企业、物流公司的联网速度，与相关部门共同监督管理电子商务活动。第二，加强与互联网平台的合作。对于网上注册登记过的企业，必须去税务机关进行备案登记，拿到税务机关特定的税务登记号后才能在网上进行后续的经营管理。事后税务机关要对这些电商企业的相关信息进行严格审核，并进行备案存档，便于日后税务征收工作的进行。通过这种方式，税务部门能够在第一时间了解企业的经营状况，避免偷税、漏税现象的发生。

3.加强政府对跨境电商及相关企业的政策倾斜

政府部门应加大对跨境电商及相关企业的政策扶持力度，助力其发展。首先，政府应出台一系列在互联网背景下有利于外贸企业发展的政策。例如，可以在检验检疫、海关、退税、融资、物流等环节设立“绿色通道”。其次，通过出台一些建议类的政策法规，来引导跨境电子商务企业制订科学合理的发展规

划；也要出台一些惩罚类的政策法规，对严重影响和阻碍跨境电子商务健康发展的行为要加大处罚力度，如诈骗、假冒等违法行为，严重影响了外贸市场环境，必须进行制裁，维护消费者权益，保持良好的竞争环境。最后，加大对跨境电商、第三方支付平台、国际物流等相关企业的税收优惠力度和资金支持力度，帮助第三方支付平台构建安全的支付环境，助力物流公司建立全球性的物流配送体系。

（二）从企业自身层面改善

1.加强管理和优化供应链体系

企业是众多参与国际贸易主体中最核心的部分，在跨境电子商务活动中发挥着重要的作用。要保证企业在跨境电子商务活动中适应互联网的快速发展，必须时刻加强企业的管理经营和不断优化供应链体系。[1]同时企业管理信息系统的定期维护也是非常重要的，还要不断提高人员服务质量和生产技术水平。首先，企业要重视和加强管理信息系统、供应链管理信息系统、支付安全管理信息系统和人力资源信息管理系统的建设，在建设和完善的过程中，企业可以同时建立相应的数据库，不仅可以提高企业的工作效率，还可以方便日后企业信息的查找。整个过程不仅会提高员工的综合素质，还可以提高企业的管理和营利水平，进而为跨境B2B电子商务的发展提供良好的条件。其次，在优化供应链体系的同时充分发挥供应链效应。大多数跨境电商企业在采购环节都存在过程不透明、管理不完善的现象。苏宁在这方面的举措就值得其他企业学习，它通过直接建立自己的海外采购团，加强与海外品牌商的合作，争取海外品牌在中国的代理权，解决跨境电商供货不畅通的难题。此外，企业要积极与外部合作商共同制订统一的供应链管理方案，努力发挥供应链效应的积极作用。

2.树立品牌知名度与信赖度

在日益激烈的市场竞争环境中，品牌效应显得尤为突出，一个品牌知名度的大小直接决定了这个企业的市场影响力和市场销售额。互联网平台的开放性

---

[1] 王琇媚.跨境电子商务在我国国际贸易中的现状及发展[J].中国商论，2018（14）：77-78.

和共享性，让各大中小企业以及个人都涌入电子商务市场中，海外消费者面对纷繁复杂的商品品牌，只能凭借网络品牌来进行筛选。同时客户对企业或者第三方商务平台的信赖度越高，就越趋向购买该企业或者与该平台合作企业的产品，因此塑造有知名度的网络品牌，加强企业和第三方商务平台的诚信度，对于跨境电商企业的发展壮大尤为重要。

对此，我们可从以下三个方面加以改进。

第一，加强企业信息化建设，完善企业网站信息，便于客户全面了解企业和产品信息。同时也要加强与网络服务商的合作，提高国外客户访问企业网站的速度，降低客户流失率。

第二，企业和第三方电商平台要加强网站维护，提高网站多语种化的程度，增强海外客户的归属感和亲切感，提高客户黏性。据IDC（互联网数据中心）数据研究指出，网购人群通过母语网站进行购物的概率是通过其他语种网站购物的4倍，有95%的人习惯输入母语进行产品搜索，所以加强多语种化建设是推动跨境电商企业走向国际化的重要举措。

第三，第三方电商平台要加强对申请入驻平台企业的信息、资质审查，确保入驻企业的高质量，防止网络诈骗现象的发生。同时定期对网站入驻企业运行状况展开客观评比，并公布考评结果，加强企业用户和消费者对网站的信任度，给客户提供一个放心购物的环境，树立企业和第三方电商平台的可信赖度，促使更多的企业和消费者加入该电商平台中。

3.制订符合企业发展的电子商务战略规划

在任何经济形态下，企业战略规划的制订都是必不可少的，在瞬息万变的国际市场中，制定一个合理的长远的战略就更为重要，一个正确、合理的战略规划对于成就一个企业非常重要。跨境电商企业要明确制订战略规划的意义和作用，及时了解国际市场的供求变化和竞争对手的发展状况，掌握国际市场最新的动态，适时调整进出口战略规划，不要盲目跟风。随着免费Wi-Fi和移动5G网的普及，移动手机用户规模日益增大，为移动电子商务的迅速发展奠定了坚实的用户基础。电商企业应该据此做出合理的决策，积极研发移动App，在新一轮的电商大战中抢占先机，赢得胜利。全球在线支付平台PayPal发布的报告指出，中国内地在跨境网购目的国之中排名第三。PayPal中国区中小企业部总经理冯铮表示，移动跨境网购将是未来发展的主流，中小企业应该抓住时机，努力研发移动App，让更多的国外用户通过移动App购买自己中意的产品，同时感受最为便捷的网购服务。

因此，制订合理的电子商务战略规划对于促进跨境电商企业赢得用户，抢占国际市场，走向国际起着非常重要的作用。

4.建立和完善人性化的国际客户关系管理系统

传统的国际贸易是以卖家为中心的贸易模式，互联网背景下，开展国际贸易更多地开始关注买家的感受和体验，在这种新的经济业态下，企业开始意识到客户关系管理（CRM）的重要性。[1]

CRM的核心思想是想客户所想，根据客户的需求，为他们量身打造属于自己的个性化服务。好的客户关系不仅有利于交易的顺利进行，还可以帮助外贸企业更好地把握市场机会，做出正确的战略决策。面对日益激烈的外贸市场环境，企业要从各个角度进行突破，力求获得生机，人性化的CRM无疑是最好的突破口。随着跨境电子商务的逐渐成熟，越来越多的国家和消费者参与其中，企业要想占据市场、赢得客户，就要针对不同国家的客户定制不同的服务，从语言、文化、习俗、法律、技术水平等方面入手，分类管理，深入了解客户喜好，制订不同的市场营销方案。通过建立和完善这种人性化的客户关系管理系统，增强客户忠诚度，提高企业在国际市场中的竞争力。

5.加快完善售后服务体系

目前，跨境购物已经成为一种流行趋势，但是售后服务缺乏保障是阻碍跨境电子商务迅速发展的重要原因。如何解决和完善售后服务成为目前跨境电商的首要任务，海外购物平台提出在国内建立退货仓的提议，国内买家如果发生退货，只需要承担到国内退货仓的运费，然后一次性将退货发回国外商家手中，既减少了退货周期，提高了效率和客户满意度，也降低了买卖双方的退货运费。跨境电商企业要重视售后服务在企业经营管理中的重要作用，建立专业化的售后团队，想客户所想，提高客服的服务质量。如果有消费者进行售后维权，售后客服一定要积极配合消费者进行相关信息的记录和查询，解决顾客的退换货

---

[1] 白宇航.贸易便利化对我国跨境电商出口贸易影响研究[J].知识经济，2015（16）：62.

需求，平息顾客购物过程中的不满，维护好消费者的合法权益，减少客户购物的后顾之忧，加强客户对企业的忠诚度。建立和完善售后服务体系对于企业的长久发展至关重要，完善的售后服务体系能够帮助企业塑造良好的企业形象，为企业下一轮的销售和新市场的开拓奠定一个良好的口碑基础。

第二节 品牌贸易促进国际贸易发展的路径

一、品牌贸易的定义

品牌贸易是品牌国际化的一部分，且是品牌国际化的一种较为高级的表现形式。品牌贸易指的是在市场经济条件下，企业将其自主品牌扩张延伸到其他国家或区域，挖掘并使用其市场中有利于生产的要素，占据其市场份额，通过这种方式来取得品牌溢价的贸易形式。企业通过品牌贸易可以更好地提高企业的销售额、获取更高的利润以及更快地实现品牌的可持续性发展。企业应当将品牌形象、产品质量、销售服务以及技术竞争水平等各种资源进行整合分析，设计并使用属于品牌自身的商标，培育并发展品牌贸易。换言之，品牌贸易的主要目的是提升品牌竞争力，便于建立强势品牌，将产品贸易提升到企业贸易经营战略这一新的层次上。

品牌贸易是建立在品牌优势的基础上的，所谓品牌优势，即企业生产出的产品为目标顾客提供排他性的选择理由，避免顾客在选择目标时不知所措、十分纠结，有利于减少顾客选择目标的成本费用，专一地使用一种品牌。这种专一的排他性选择优势促使了品牌贸易的形成，还开辟了新的品牌利益，即品牌所蕴含的情感利益，吸引了目标顾客的注意力，便于目标顾客做出更加坚定的目标品牌选择，并且不再把品牌实体产品本身作为重点关注对象。

二、品牌贸易在国际贸易中的地位

我国企业产品的生产制造数量伴随着改革开放的步伐大大增加，我国制造业增加值名列世界前茅。纵观全局，当今国际市场竞争的环境及手段和过去对比已大不相同。很多世界知名企业为了开拓国际市场，在其他国家实施品牌战略计划，例如我国就正面临着美国、法国、日本等国的知名企业所带来的巨大市场竞争压力和严酷挑战。现如今，市场的竞争不再单一地表现为产品的竞争，而是很大程度上表现为品牌营销战略的较量。然而目前来看，我国企业品牌的营销策略还有很多漏洞需要弥补改进，对此必须提高关注度和监管力度，便于更好地改善我国品牌贸易的对外营销状况。

对外贸易是我国经济发展的重要组成部分。改革开放以来，我国出口贸易迅速发展，但是由于出口产品附加值较低，导致贸易顺差在中国而贸易利润却被发达国家赚走的结果。所以提高我国出口商品的品牌竞争力，大力推进品牌贸易，在国际市场上输出更多的民族品牌，获取品牌溢价，是我国外贸出口中亟待解决的问题。

当今的国际市场上充斥着各种各样的品牌商品，无牌货很少，除了少量的初级产品没有品牌外，绝大多数商品都是品牌商品。品牌化已经成为国际市场的发展趋势，即便是一些传统行业，如农产品、食品等，也都走上了品牌化的道路。一个国家拥有名牌商品的数量体现了该国出口商品的国际竞争力，知名品牌不仅是进军国际市场、扩大市场份额的利器，也是获取超额利润的利器。在国际市场上，名牌产品不仅畅销，其售价通常还要高于同类非名牌产品几倍，甚至几十倍。正是依靠这种名牌效应，发达国家的出口贸易获得了销售额与销售利润的双丰收。可以说，品牌是促进出口、拉动国家经济增长的无形资产，代表着一国的经济发展水平和经济可持续发展的能力。实施品牌战略，在国际市场上打响“中国品牌”，提高我国商品的出口竞争力，是摆在我国出口企业面前的一个重大课题。

三、品牌贸易促进国际贸易发展的策略

（一）企业层面

1.塑造个性化的品牌形象

个性鲜明的品牌形象更有利于一个品牌的构成，综合体现了一个品牌的优

缺点，它不仅仅局限于商品本身的价值，还赋予了商品的主观体现价值，使其潜在竞争力有所提高。只有具有特色的事物才更容易让人记住。品牌的设立需要参考消费人群的喜好以及鲜明的形象，从而达到辨识度高、受欢迎的目的，以吸引更多消费者，促进销售。

在塑造有个性的品牌形象的过程中，首先，品牌的命名是至关重要的，一个品牌要想被消费者认可、熟知，既要投其所好，又要独具一格，才能制造影响力。品牌的命名还要保证其寓意深刻、高雅大方、发音简洁、便于记忆，体现出产品的特色性能及其创作背景等，甚至使消费者对其产生情绪联想。其次，塑造良好的公司形象。公司形象的好坏决定了消费者购买其商品的数量多少和时间长短。塑造和提高公司的良好形象更利于让中国消费者对购买的商品产生安全感和信任感。针对如何提高品牌辨识度，要从以下几个方面展开。

第一，要为品牌创设一个人格化形象，拉近品牌和消费者之间的距离。人格化的形象不仅生动鲜明，还能借此与消费者建立感情联系，使品牌个性与消费者个性一致并使消费者对这一人格化个性形成信任感，从而形成长期的贸易关系。要想做到这一点，首先，需要认准消费人群；其次，需要掌握消费者的偏好；再次，应当迎合消费市场；最后，需要构建符合消费者特点的个性。

第二，品牌的个性设计需要针对市场。只有紧跟时代发展，才会一直屹立不倒。我们需要通过整合数据，分析资料，研究品牌消费人群的各项数据，然后通过数据对比统计，整理消费人群的性格特点和偏好设置。

第三，需要在包装上下功夫。包装是人们对于物品的最直接感触，包装的好坏往往能决定销售额的变动。作为最直接的“商品推销员”，包装在货架上、在消费终端出现，无声却有力地推销着商品。为了加强品牌个性的塑造，可以使用绿色、安全、环保的包装外壳，通过符合大众审美的造型设计，抓住消费者的眼球。

第四，品牌个性要从长计议。品牌个性不能急于一时、贸然行动或者变化不定，要从长计议。消费者自然希望自己所肯定、喜爱的品牌形象可以从一而终，不会超出自己的接受范围，这样人们才能更好地信任这个品牌的物品，并对其产生信赖和喜爱。

第五，品牌针对的对象是大众，因此其个性特点应当简洁。个性特点只有简洁大方，才能很快地被人们熟记。一个品牌应该有多少个性特点，人们并没有给出统一的回答，但是最合适的方案是设立几个重点内容，从而抓住消费者的心理。但是凡事不能过于极端，如果个性特点数目过多，过于烦琐，就无法做到个性鲜明。

2.提升品牌的国际接受度

为了产品在国外的畅销，企业一定要提升品牌的国际接受度，而提升品牌的国际接受度的重中之重就是消除国与国之间理解的差异和文化的差异。这就要求企业应当注重品牌的翻译，尽量减少翻译误差、避免文化差异引起的误会，并努力消除不必要的翻译障碍。我国的一些大企业必须十分重视有关品牌的外语翻译。我国人口基数大，使用汉语的人数最多，再加上汉语是几千年传承的文化，学习汉语对外国人而言难度很大，这导致了我国品牌知名度在国际上的发展、提升难度大大增加。要想让中国企业品牌在世界上引起共鸣，得到更多的国外消费者的肯定和喜爱，就必须更加重视品牌的翻译。

翻译中尤为重要的一点是注意将意义与音译相互结合，当企业品牌走出国门走向世界之时，对企业产品的翻译还要结合企业自身所具有的文化和背景，不再拘泥于数字、平仄押韵等方面，而应该包含企业的发展历程和经济文化背景。培养专业的优秀翻译不仅可以消除国与国之间的文化的代沟问题，还能更好更快地使国外消费者理解其所具有的含义并熟记，加快提升国内品牌在国外市场的知名度。

3.加强品牌经营管理

在当前的社会环境下，企业想要做好品牌经营，就应当树立围绕品牌核心和价值进行运作的理念，结合品牌的定位和推广识别进行宣传。企业可以从以下五个方面做好品牌经营规划：第一，企业在推广产品之前，应当做好全方位的调查统计，例如在该类产品的市场走向、针对的消费人群等基础信息方面，可以为企业将来的发展和宣传提供参考；第二，以收集到的基本资料为前提，整合数据和问卷调查的结果，最终创造出独一无二的品牌核心价值，并以此触动消费者的内心；第三，通过建设品牌识别系统，让品牌识别与商家的宣传结合；第四，通过鲜明的品牌特色，使得品牌深入人心，并在宣传营销中加入品牌理念的关键点，展现出产品的特色、市场、追求。为了提高企业的收益，应当保证在企业宣传上投入的资金有利于品牌的定位。第五，做好企业的预期规划，建立品牌提升的目标体系。

在企业发展过程中，重要的是确定好企业的发展理念，即核心、价值，此后的规划发展和经营宣传都可以以此为基础。无论企业经营的是哪类产品，都必须踏踏实实地坚持下来。至于品牌定位和识别方面，则需要长期的努力，通过设立具有前瞻性的识别系统，给消费者归属感和满足感，从而构成长期的贸易合作关系。基于调查统计的数据可以发现，品牌的识别度是长久地沉淀形成的，只有一直坚守着品牌的信念，长期稳定地发展，才能使品牌越做越好，品牌理念才能深入人心。

4.提升产品品质

企业能够生产出品质优良的产品是创立品牌并输出品牌、发展品牌贸易的物质基础。提升产品品质又有两个关键的因素：第一是保证产品质量，第二是注重技术创新。

企业产品质量的好坏决定了企业品牌的地位。以国际标准对企业产品实施严格的质量管理，有利于企业产品以高质量、高应用价值满足广大消费者的需求。创新是企业的生命力，通过创造出拥有鲜明特色的产品，给企业带来源源不断的市场。通过调查统计可以明显看出，产品的质量绝大多数取决于研发之时，产品质量问题在国内的很多企业都存在。尽管国内的某些品牌其数量和质量还算可以，但在国际市场上，却无法与国外的一些大品牌相抗衡，更别提并驾齐驱了。导致这一现象的关键原因是国外的企业在品牌的发展上已经有了几百年的历史，并且从一开始，就对于创新这一块投入了极大的精力。

目前我国许多企业在研发设计方面尚处于低级阶段，水平也较低。基本上只是关注一些外表的功能，即便如此，一些设计比如外表的颜色、外观仍有缺点；在人格化、感情化方面也无法令消费者满意，区域化思考的空间没有扩大。一个企业要想开拓国外市场，在最初研发设计时就要提高目标，将眼光放得长远些，努力地创新设计拥有自身个性的产品，为产品的未来发展打下良好的基础。

技术的持续创新，尤其是企业核心技术的持续创新能够给企业带来源源不断的效益。就我国现状而言，国内企业品牌最根本的问题是缺乏自己的核心技术，很多企业的核心技术都是靠国外引进，自然竞争不过那些世界知名品牌。只有培养持续的创新能力，才能彻底解决这一问题，创造出属于中国品牌的核心技术，这样更利于增强国内企业的核心竞争力，因此我国企业更应注重自主核心技术水平的不断提高，招贤纳士，大胆采用创新思维。在核心技术的创新发展阶段，为了保证技术创新的水平，使创新的营销手段不再纸上谈兵，需要借助政府扶持和资本市场的完善来加大对其投资力度。

5.提高人力资源管理效率

21世纪是数字信息的时代，当前社会各行各业为了紧跟时代的发展，都在扩大规模、招揽人才。事实上，专业人才具备很强的创新能力，确实给企业带来了新的生命。在企业内部，人力资源管理起到了关键性的作用。一个企业的核心，就是人力资源的开发与管理，这关系到整个品牌的运作。人力资源部门负责整个企业的员工招聘管理。员工与企业之间相互依存，共同发展与进步。随着多年的进步与发展，各个企业在科技、资金、外部环境等方面的差距逐渐缩短，在这种背景下，人才显得尤为重要，脑力竞争同时也意味着市场的竞争。加上人力资源管理部门的独特性是不可复制的，这也使其成为企业的核心部门。

（二）政府层面

1.建立国家品牌发展战略

政府对市场经济的发展起着举足轻重的作用，政府通过在政策上的优惠和支持并建立国家品牌发展战略，能够促使企业品牌更好地发扬光大。

第一，为了给我国企业创造更好的品牌建设环境，政府应该进一步强化实施宏观规划，塑造市场主体。冰冻三尺，非一日之寒，一个品牌竞争力的强大非一日可达，政府必须将其规划到国家宏观经济和社会经济长期发展的计划之中，除此之外，政府还要在计划具体实施时提供指导建议和帮助。从品牌系统来看，为了提高中国品牌竞争力，需要努力制定、健全并完善品牌发展机制，创造安全、公平、公正的市场环境，建立现代企业制度等。在宏观规划中，要不断地深化、加强中国企业尤其是国有企业的改革创新，塑造并赋予其完全意义上的市场主体功能，只有这样才能形成真正意义上的市场主体，使得企业能够做到自主经营、发展、创新，自主承担销售营利与亏损。

第二，政府应该着力培育促进品牌成长的市场环境。市场是品牌赖以生存的土壤。品牌企业本应在市场中壮大规模、提高知名度。但如今的市场并不完整，市场机制更不健全，这些不利因素如同巨大的石头阻挡了品牌企业的发展道路，甚至导致企业不当竞争。品牌孕育、生存和成长需要健康、良好的市场环境，即市场要统一、开放、公正、有序，这些都离不开政府的监督、监察和监管。

2.完善保护品牌的法律制度

首先，政府需要创造一个保护品牌的法制环境。健康良好的法制环境有利于品牌的茁壮成长，是品牌的“保护伞”。为了创造一个保护品牌的市场法制环境，国务院以《产品质量法》《反不正当竞争法》《消费者权益保护法》等法律法规为基础编写了具体的实施细则和条例，并为此发布了相关的行政法规及规范性文件，比如《质量振兴纲要》等。即使我国政府已经创建并施行了保护品牌的有效规章制度，但仍要随着技术发展和改革开放的步伐不断地健全、完善。这些法律法规、法制体系有效、有力地保护了品牌的创建发展，促进了品牌企业间的良性循环竞争，保障了市场经济的有序环境。

其次，还应更快速高效地发现假冒伪劣品牌并对其严惩不贷，消除社会不良风气，保护真正的品牌利益和信誉等不被侵害。但是仅仅依靠政府或企业单方面打击假冒品牌的力量太过薄弱，这是一项工程浩大的艰巨任务，所以必须依靠群众的力量，全民打假，还要借助舆论等媒介来更好地推动。我国是一个法治国家，品牌和商标都是受到法律保护的，但除了在国内建立起一个完善的品牌保护法律体系，我们还应该在此基础上探索如何在国外保障我国企业品牌的权益。为此，我们应深入研究WTO的贸易规则，借鉴其他国家的经验，打造帮助企业品牌实现全球化的有效法制体系并使其可以自由运转，运用世贸组织的相关法律来保护我们的自主品牌，做到有理有据。

（三）企业跨国并购国外品牌

在我国当前的品牌贸易发展阶段，企业通过跨国并购外国品牌并在国际市场上赚取其带来的品牌溢价是我国品牌贸易继续发展的一个有效途径。在具体运作过程中，国家应该对这种收购行为予以政策支持，从企业角度来讲，应该尽量避开贸易壁垒，降低市场运作的风险。同时，由于许多国家对于直接收购该国企业先进的技术和人才有一定的限制，因此收购方应该优先收购对方的品牌资产，从而率先取得定价权。

21世纪初，美国次贷危机如潮水般席卷全世界，紧随其后的就是恐怖的全球性金融危机。这场金融灾难，直到现在也没有完全结束，各方仍在金融危机的阴霾下努力挣扎求存。此次灾难范围之广、波及之大，是之前完全无法想象的。在这次金融危机的侵袭下，很多企业因为资产贬值、融资困难、资金短缺等被迫关门。

我国状况明显较国外好了许多，很大一部分原因是改革开放以来稳定的经济发展，这为我国的资金积累带来了优势。而尚未完全打开的国门，也大大减轻了金融危机带来的影响。在这种情况下，我国企业被外企并购的现象大幅减少，但同时，我国却展现出并购外企的欲望。在这场金融危机的影响下，我国企业在海外并购的贸易活动无论在数量上还是在资金上都已经赶超了外资并购，一跃成为跨国并购的主流。企业进行跨国并购应该吸取之前成功的经验，同时做到不断创新。以下几个因素可以被视为企业跨国并购国外品牌并成功获得品牌溢价、取得品牌优势的关键因素。

1. 避开贸易壁垒，降低市场运作风险

企业在进驻非本国地区时，融合变成了一个重大问题。当地跟企业有利益牵扯的集团通常会联合起来抵抗外企。当地政府也会采取相应的措施来应对这种状况。金融危机的爆发给世界各地都带来了影响，为了保障本国经济的稳定，各国会利用条例限制外企的进一步发展。那么外企想要在非本国地区发展，就需要通过某些途径打破贸易壁垒。诸如在法人资格、销售渠道等方面入手，实现产业转型，从而进一步走入国际市场，实现海外贸易。

2. 优先获取被并购方品牌资产

目前世界上许多国家对于外国企业收购其核心技术设置了一定的壁垒，在这种情况下，我国企业应该优先获取被并购方的品牌资产。国外在品牌方面的深入研究远远多于国内，相较而言，其管理经验与能力也要比国内好。中国在金融危机下大力收购海外企业，有利于研究国外品牌的先进策略和宣传模式。我国在改革开放后才逐渐意识到了品牌的重要性，并大力发展经济文化。与此同时，国外企业早就开始了对于品牌方面的深入研究。它们经过不断的实践和探索，一步一步地摸索出了最适合的发展方向。我国企业并购海外企业的意义并不仅仅局限于向外发展经济，更重要的是可从中学习到经营方案和宣传经验，并据此进一步改善国内企业的管理。这对我国企业提高市场竞争力，打入国际市场起着关键性的作用。

第三节 金融发展促进国际贸易发展的路径

一、金融发展与国际贸易之间的相互影响

（一）国际贸易的发展模式受金融快速发展的影响

分析当前的国际贸易情况，产业内贸易是直接影响国际分工和各类产业形成的主要因素，此外，也是国家对外贸易的竞争核心。产品的输出活动与输入活动都发生在一个产业内，就是产业内贸易。

国内的金融市场与金融中介机构在发展的过程中，通常会采取降低融资成本这一措施，为企业的融资提供更多选择，这样的情况有利于国内各行业的发展，特别对于那些已经具有经济规模的行业而言，利益会更多，它们更加需要外源性融资的支持。由此可以看出，国际贸易的模式受金融发展的直接影响，只有加快金融发展的步伐，具有规模经济企业的金融贸易才能获得更大的发展空间，国际贸易也会因此得到更快的发展。

（二）金融服务制约着国际贸易的高效发展

与国内贸易相比较，国际贸易存在着更多不确定因素，它有一定的风险，成本也相对较高，在不同的国际贸易活动中，每个环节都存在着金融服务。

最近几年，伴随着国际贸易的飞速发展，其金额与规模等都受到了许多影响，交易方式与贸易产品的种类也在不断更新，向着多样化的方向发展。国际贸易的活动也越发复杂，竞争环境、买卖双方的信誉度都会受到许多不确定因素的影响，这一系列情况都会给国际贸易带来新的风险与挑战。即便是发达国家，在出口的过程中也会遇到许多外汇出口损失。伴随着金融的发展，金融服务业能够更好地满足国际贸易活动中的不同需求，例如为贸易活动提供良好的制度环境，降低一些不必要的风险，保证贸易活动的顺利进行。[1]

二、国际贸易对金融的作用机制

经济发展影响的需求因素和社会政治文化影响的供给因素决定了金融发展的均衡状态。作为社会经济的重要组成部分，国际贸易的变化对金融需求因素和供给因素都会产生重要影响。

（一）需求机制

国际贸易的发展，增加了整个社会的交易流量，加速了货币全球化的流动，带来了频繁的支付结算需求，增加了货币兑换和跨国清算在总体市场中的比重，加强了金融创新的总动力。贸易开放增加了商品交易过程中存在的不确定性因素，交易的双方主体面临着规避和分散风险的需求，为金融市场的避险功能提供了合适的发挥场地，进而加速了信用担保和再保险等业务的完善；同时，贸易开放带来居民个人收入的增加，经济个体实现多样化资产组合分散风险的需求上升，推动了金融中介机构的服务业发展，从而提升了金融发展水平。国际贸易的发展还进一步加大了社会的设备投资、技术变革创新和产业升级改造力度，从而显现了金融资本对企业支持的重要性，拓宽了资金投向的选择面，有助于提高市场运转效率。国际贸易中的资金支持需求越大，对金融的作用力度就越强。大量学者采用不同的研究方法和研究对象建立经济模型，探讨贸易比较优势对金融发展流量、结构和效率的影响，实证结果都验证了国际贸易发展水平的提高能够增加整个社会的融资需求，从而引起金融市场的需求尾随效应，

[1] 连有.关于我国金融服务贸易自由化的问题研究[J].商场现代化，2012（21）：6.

扩大了整个市场的需求量，国际贸易的发展阶段和水平在很大程度上影响了本国的市场水平。

（二）供给机制

国际贸易的自由化方式和程度作为政治博弈和利益角逐的冲击性因素，通过影响政治势力和经济联盟优势的对比，从供给方面对金融发展产生作用。国际贸易政策是政府管理社会经济的重要内容，每个利益团体和企业联盟充分利用自身的影响力展开竞争和辩论，以推动贸易政策能够往自己利益最大化的方向倾斜。国际贸易政策的改变或细微变动都会相应引起配套金融政策发生改变，从而在根本上改变金融体系运转的大环境。19世纪80年代，美国出现了多次企业家联合干预国家外贸政策、实施国际贸易保护政策的做法，禁止了外国棉花和钢铁等商品的低税率优惠，导致了美国金融市场的资本流通和外贸金融服务的巨大变化，严重干扰了金融系统整体的良性发展。不少学者对历史上的贸易政策事件进行研究，均得出如下结论：作为政府干预金融市场的冲击变量，国际贸易规模和结构的改变将对金融系统秩序产生决定性影响。

三、金融创新促进国际贸易发展的策略

近20年来，金融发展表现出从未有过的繁荣景象，金融发展成为促进国家经济增长的主要因素。大部分学者把金融发展作为研究起点，去探究它对于对外贸易等实体经济的影响和作用机制。高效健全的金融制度和政策可以充分地调动一个经济体系的资金并实现合理的配置，进而促进经济发展和增长。为了透彻理解和深入研究金融发展对国际贸易的一般作用机制，我们主要从比较优势、政策建议两方面来讨论金融发展对国际贸易的影响。

（一）金融发展促进国际贸易发展比较优势

传统的贸易理论认为，技术或资源禀赋的静态差异，或者学习效应的动态差异是国家之间比较优势产生的源泉。从20世纪80年代开始，学者们开始意识到，各国借入资金的成本或规模的差异也会影响国家之间的比较优势，进而对国际贸易模式和结构产生影响。

1. 企业的外部融资需求

在企业的生产和产品研发过程中，需要大量的固定成本和流动成本。资本密集型或技术密集型企业对固定成本和流动成本的需求更大。如果这些企业不能及时获得融资支持，就会影响企业的正常营运。企业的融资成本是企业产品成本的重要组成部分，如果融资成本较高，则该企业的产品成本和价格也会较高，从而将削弱产品的比较优势。

通常，企业的融资方式包括两种，一种是内部融资，另一种是外部融资。内部融资是企业生存与发展的基本融资方式，由企业内部积累的储蓄所提供，具有原始性、自主性和低成本性等特征。由于企业的内部资金有限，在面临高昂的研发经费、生产周期被迫延长，以及产品出现积压等问题，致使企业现金流出时，这些企业就要通过外部融资来获取资金，以解决企业资金短缺的问题。外部融资主要来源于金融机构与金融市场。在金融发展水平日益提高的今天，外部融资已经成为企业的主要融资方式。外部融资具有量大、高效、灵活、集中的特点，由于不同行业的产品在规模经济和中间产品密集度等方面有差异，各行业的外部融资需求也不尽相同。与其他行业相比，资本和技术密集型行业更加依赖于外部融资。例如，电子通信、医药等行业比烟草、皮革和鞋类等行业更加依赖外部融资。再有，处于发展初期的技术创新型企业，由于内部现金流与利润额都很短缺，而市场开拓费用以及市场营销费用却很高，因此，与其他企业相比，外部融资需求更大。

2. 金融发展—外部融资支持—比较优势

企业通常可以直接向居民和社会上闲散资金的持有者筹资，来获得外部融资。但是，由于在民间融资市场上资金的需求者和资金的供给者，存在着严重的信息不对称、道德风险和逆向选择等问题，所以资金的供给者一般不会轻易把资金投资于自己不熟悉的项目上，但又没有时间和精力调查研究哪些项目是可以投资的，从而导致资金供给者“借贷”的现象广泛存在。这就造成了融资成本在民间融资市场上居高不下，融资水平偏低。但是，在金融市场上，由于金融机构可以利用它们自身的优势，比如分布广泛的营业网点、高科技的信息设备、优质的客户网络、高素质的从业人员以及与企业长期建立的信贷关系等，花费较低的成本就能收集到比较完整的市场信息，进而把社会闲散资金和居民储蓄等有效地转移到私人生产者部门等回报率高的部门，从而提高社会融资水平。金融机构能够有效解决民间融资市场上信息不对称、逆向选择和道德风险等问题，从而提高融资效率与融资水平。

企业通过金融中介机构或金融市场，能够以较低的成本获得外部融资，解决资金的流动性约束问题。随着金融发展水平的提高，金融功能得到充分发挥，通过进一步促进资本积累，给实体经济提供更多资金，加大对企业的外部融资支持，从而放松企业的外部融资约束，对融资依赖性高的企业产生更多的促进作用。资本和技术密集型行业是对外部融资依赖较强的行业，这些行业的融资成本和产品成本下降，将会提高这些行业的比较优势。金融发展水平越高的国家，对企业的外部融资支持越大，外部融资依赖性越强的企业就越发达，资本和技术密集型行业也越具有比较优势。

（二）协调我国金融发展与国际贸易发展的政策建议

改革开放以来，中国政府的对外开放政策促成了对外贸易的飞速发展，使对外贸易成为我国经济增长的主要引擎之一。但这种开放模式是以破坏环境、浪费资源为代价的，导致了国民现实利益和长远利益的巨大损失。我们需要认真地、实实在在地转变贸易增长方式，在改善贸易结构和提高贸易竞争力方面狠下功夫。从前文的理论研究和实证分析中可以看出，我国改革开放以来的金融发展取得了突出的成就，金融结构不断优化，金融体系不断完善，对推动我国出口贸易整体水平和贸易结构优化起到了相当重要的作用。但是，从整体上来说，金融体系仍然滞后于出口贸易的发展，无法给我国快速增长的出口贸易提供足够的金融支持。

当前，在全球性金融危机的影响下，随着国内资源环境的变化以及对外贸易摩擦日益加剧，贸易条件趋于恶化，因此，逐步提升“高附加值产品”的竞争力，优化出口商品结构，获取最大限度的贸易利益，成为我国实现由“贸易大国”向“贸易强国”转变的关键所在。而通过金融发展改善比较优势，则为中国实现出口贸易结构升级开辟了新思路和新途径。外贸行业若能得到金融业提供的更为周到而全面的服务，将更有利于提高我国对外贸易的竞争力。我国作为发展中国家，应该坚持“金融优先”的发展战略，多角度、多层次推进金融发展，为出口贸易的良性发展提供更为及时、有效的金融支持。

针对以上研究结论，笔者从宏观和微观两个方面提出下列相关政策建议。

1.宏观层面的政策建议

（1）进一步改革并完善金融体系，为外贸发展提供全方位的金融支持

外贸金融支持体系是由金融机构、金融市场、金融法规和金融政策有机组合而成的。金融机构执行国家的对外贸易信贷优惠政策，代行政府的金融职能，主要负责外贸企业信贷资金的筹措和贷放。金融市场负责外汇和资金的调剂流动，在微观上把企业搞好搞活，推动外贸企业之间的竞争，高效的金融市场应该是能够满足不同主体投融资需求的多层次市场体系。金融法规要规范外贸企业中的融资行为，防止筹资过程中的非法寻租等腐败行为。金融政策包括利率政策、信贷政策和外汇政策等，要贯彻落实国家重大外贸信贷和资金扶持政策，充分发挥信贷杠杆作用。继续保持人民币汇率的基本稳定，逐渐完善人民币汇率形成机制，避免汇率剧烈调整对我国贸易造成重大损失，这些措施都有利于促进对外贸易更好更快地发展。

（2）努力提高商业银行运营效率，及时满足外贸企业的融资需求

商业银行是我国金融中介机构的重要组成部分，要提高我国的金融效率，当务之急是要进一步提高我国商业银行的运营效率。我们要重点采取以下措施。

第一，加快国有商业银行改革，提高其经营效率。目前，我国四大国有商业银行已经完成股份制改造，可是还需进一步优化公司治理结构、改善经营机制以及强化风险防范机制。国有商业银行要做到产权主体清晰，确保银行独立的法人地位，实现所有权和经营权的分离。国有商业银行的股东大会、董事会和监事会要进一步明确其职责分工，建立有效的公司治理结构。只有这样才能完善银行的约束机制和激励机制，消除代理问题和逆向选择行为，降低道德风险。国有商业银行还要进一步转换经营机制，加强内控机制，严防不良资产反弹和经营效益下滑。此外，国有商业银行还要加强风险防范，严查违规失职行为，全面落实责任追究制度，确保银行稳健经营。同时，国家要加快建立存款保险制度，改善商业银行税收等制度，积极落实相关改革配套措施。

第二，鼓励外资与民营资本进入我国银行业。将外资与民营资本引入银行业，能够打破由国有银行垄断的局面，提高银行体系的整体运行效率与竞争水

平。外资银行的引入，可以让国内商业银行学习外资银行的先进管理经验，学习它们开办的金融新业务，并对它们的经验和技术进行研究，从而研发出更适应市场需求的产品，创造出更符合国情的经营管理办法，使国际标准“本土化”，增强金融发展动力。

民营银行可以作为民营企业融资的主渠道，成为国有金融体系的重要补充。民营银行的发展能够填补国有商业银行在服务对象和业务范围上的空白，可以满足更多民营企业的融资需求。另外，民营银行具有明确的责任主体和产权安排，以及多方面经营管理的优势，不断发展的民营银行可以提高储蓄转化为投资的效率，改善金融资源配置。

第三，强化商业银行资本管理，提高其资本运营效率。充分发挥银行资本约束机制，使资本的扩张和风险资产的增长相匹配，提高银行自身的抗风险能力。目前，我国商业银行快速发展，其以利差收入为主的营利方式，增强了其扩大资产规模的动力，尤其是信贷资产快速增长。这些信贷资产风险权重较高，会消耗大量资本，造成资本充足率下降。不少大型商业银行在一定程度上仍然对政府和国有股东存在依赖性，资本规模对资产扩张的约束机制没有充分发挥，信贷扩张对资本补充的“倒逼”现象时有发生，这种局面不利于银行的长期可持续发展。强化资本约束，提高商业银行资本运营效率，有利于确保银行体系效率的提高。

为此，首先，商业银行要认真把握信贷投放总量与节奏，确保信贷增长和我国国民经济发展需要相适应。与此同时，要建立和完善宏观审慎管理的制度架构，发挥跨期逆风向调节功能，引导信贷资产适度平稳增长，增强银行应对经济周期性波动的能力。其次，要加强银行自主管理资产负债的能力。大力发展中间业务和资本占用少的业务与项目，合理调整资产结构，转变利润增长方式，通过集约化经营提高资本运营效率和竞争力。最后，要健全商业银行内部资本的充足评估程序，继续完善内部资本管理，综合考虑风险、收益和资本占用的关系，实现资本对资产的有效制约。

（3）多元化融资渠道，提高直接融资比重，进一步完善金融市场结构

长期以来，我国直接融资比重仅占10%左右，而来自银行的间接融资却占90%，这使得我国银行承担的金融风险压力过大。这种局面，必然会带来许多弊病，既制约企业的发展，又影响金融体系自身的安全和发展。优秀中小企业

不能以较低的成本获得资金支持，迅速做大做强。企业发展的社会监督机制和激励机制，也不能借助于资本市场之力，尽快建立健全起来。而一些大企业、优质企业为了自身发展需要，纷纷到海外上市，致使“肥水外流”，利润大量流失境外。但是，超过万亿的国内居民储蓄，却缺乏有效的直接融资渠道，不能从资本市场中分享改革开放的成果，制约了国民收入水平的提高。[1]

我国应该采取以下措施，提高直接融资比重，多元化融资渠道。

第一，鼓励各类企业上市融资，大力发展股票“二板市场”。

第二，灵活选择其他有效融资方式。如在有条件的省、市、区，可试办区域性股票“三板市场”或“场外交易市场”。

第三，开放企业债券市场，废除“所有制形式”歧视，取消对发债主体的各种不必要的限制。不应该区分所有制形式，只要是符合条件的企业，就应当允许它们通过发行债券筹资。

第四，采取市场化方式管理，放松对发债的限制。发债主体、发债方式和发债规模由市场决定。

第五，尽量为风险资本的投入和退出提供良好的外部环境，积极培育风险投资市场，多方引入不同地区的风险资本。总之，要在不断提高直接融资比重的同时，进一步规范金融市场，推动金融创新，充分发挥证券市场在资源配置过程中的效率与作用，努力缓解出口企业融资难的问题，从而有效降低资金使用成本，在产品价格上形成国际竞争力。

高效完善的金融市场是一个多层次市场体系，能满足不同主体的投融资需求。通过对目前初具规模的金融市场的规范与发展，建立一个包括货币市场、资本市场、外汇市场、黄金市场、保险市场以及金融资产经纪服务市场的完整意义上的金融大市场，形成统一开放、结构合理的金融市场体系，并逐渐消除各子市场严重分割的现象，拓展市场的深度和广度。加强金融市场的基础性制度建设，完善市场功能，促进不同层次的市场协调发展。发挥金融市场体系的整体功能，提高金融市场体系的运行效率。

（4）加强金融监管，防范金融风险，为外贸发展提供强有力的金融支持

---

[1] 丁胜，廖浪涛.多元化融资渠道的构建及经济鼓励政策的研究[J].林业财务与会计，2003（02）：27-29.

2008年爆发的全球金融危机，主要是由于金融监管缺失造成的。目前，各国政府和国际组织正不遗余力地展开金融监管工作。按照科学发展观的要求，我国金融部门正认真落实应对国际金融危机的“一揽子”计划，继续贯彻执行适度宽松的货币政策，积极加强金融监管，努力提高金融服务能力。我们既要充分认识到金融业对实现对外贸易全面、协调和可持续发展的重要作用，也要充分认识到金融监管对于维护金融稳定和防范、化解潜在金融风险的重要性。在努力促进金融业自身健康发展的同时，金融监管必须进一步为外贸行业的金融支持提供良好的制度环境。尤其在当前极其严峻复杂的国内外环境中，如何加强金融监管，以防范和化解潜在金融风险的问题已经变得十分突出和紧迫。我国现已形成由中国人民银行、中国银行业监督管理委员会、中国证券监督管理委员会和中国保险监督管理委员会“一行三会”分工协作、分业经营、分业监管的金融监管体制。我们要从以下几方面加强对金融业的监管。

第一，要采取有效措施，加强对风险突出领域的严格管理。大规模信贷资金的集中投放，虽然有利于经济企稳回升，但也对信贷管理提出了更高的要求。必须做到：① 加强对大型银行的监管，在保持资本充足的同时，强化对资本的约束，加强对杠杆率的监测，进一步提高资本质量。② 必须建立严格的贷前审查、贷后管理和风险评估制度。商业银行既要关注项目本身存在的风险，也要关注经济波动的影响、行业发展、贷款集中度以及期限结构等问题。③ 要严格限制对那些出资不实，内部控制、风险管理以及资金运用制度不健全的企业或个人发放贷款，注意防范各类融资平台风险。④ 切实加强对房地产贷款的管理，严格执行住房按揭贷款首付款比例和贷款利率，认真防控“房地产泡沫”风险。⑤ 严格防止充足流动性资金流入股市和房市投机炒作，推高资产价格，助长金融风险。要积极采取有效措施，切实保障信贷资金流入实体经济。

第二，加速完善银行、证券、保险等部门的监管规则，有序、有效提高防范金融风险的能力。及时发现金融市场发展中的风险，对于监管者来说非常重要，也非常困难，因为监管者的应对举措往往滞后于市场的变化。要增强调控的前瞻性、科学性和有效性，在经济运行中及时发现新情况、解决新问题，有针对性地采取有效措施。既要支持经济发展，也要防范金融风险，以促进经济与金融的健康发展。

第三，坚持严格的跨行业、跨境监管，进一步拓展金融监管范围。我国要根据实际情况，进一步完善有效的监管制度，加强薄弱环节的金融监管。建立“防火墙”制度对于防范国际金融风险至关重要。要防止风险在不同市场的传递和蔓延，切实加强跨行业监管政策协调，并加强银行、证券、保险各行业的信息共享。要关注国际金融市场的走势，加强跨境监管的信息合作与交流，有效防范国内与国际金融风险。

总而言之，加强金融监管、防范金融风险是金融发展的主题。要不断强化金融监管，完善金融监管机制，促进金融业的健康发展，从而为外贸发展提供强有力的金融支持。

（5）加强金融生态环境建设，促进金融与贸易和谐发展

对外贸易要实现全面、协调、可持续发展，必须有一个良好的金融生态环境。金融生态环境是指金融运行的外部环境，也就是金融运行的一些基础条件，包括经济环境、法律制度环境和信用环境等内容。和谐发展的金融生态环境对于外贸行业来说十分重要，关系到外贸行业可能得到的融资支持的程度。当前，中国的金融生态环境面临的主要问题包括：信用环境恶化，骗贷、赖账情况不断发生；法律环境差，银行合法权益难以得到有效维护；企业制度不健全，信用等级低；政府行政干预多，关联成本过高；市场体系不完善等。很多地方不同程度地存在着银行“难贷款”和企业“贷款难”等问题。

建设良好的金融生态环境，我们应该抓好以下几个方面的工作。

第一，加快法治建设，建立完善的法律和执法体系。营造良好的金融生态环境，建设社会信用体系必须立法先行。从发达国家的经验看，信用立法工作是一个长期过程。从我国的实际情况看，信用立法难以在短期内完成，但建立完善的社会信用体系客观上又需要较为完备的法律体系作为保障。我们要加快信用立法，抓紧修改和完善《公司法》《破产法》《合同法》《担保法》《商业银行法》《商标法》《知识产权保护条例》中涉及信用的内容，特别是其中的惩罚条款，也要加以健全和补充。

第二，打造诚信社会，建立完善的社会信用体系。严厉打击企业逃废金融债务行为，大力加强信贷征信建设。诚信环境是金融生态环境的主要方面，在一定程度上是影响资金流向的决定性因素。司法等部门应进一步加大执法力度，

保护债权人的合法利益，特别是在处理企业改革、破产或履行信贷合约方面，维护好金融机构的合法权益。同时，有关部门应积极配合，认真推进全国统一的企业和个人信用体系建设，培育企业资信评级市场，努力提高社会信用水平。

第三，加快国有企业改革，促进非公有制经济发展。有关部门应进一步加快国有企业改革，明晰产权结构、完善治理机制，以利于提高企业在银行信用评级中的等级，获取更多信贷投入。研究制定鼓励和引导非公有制经济发展的政策措施，鼓励民营资本投资于国家没有明令禁止的行业和领域，引导非公有制经济参与国有企业重组，实现公平竞争，增强经济发展的内在活力，扩大国内外资金投入空间。同时督促企业严格执行有关的会计制度，依法加大信息披露。

第四，以市场化为导向，加快中介服务体系的发展。加大对依附于司法、工商、税务、国土、房产等部门的中介机构的改革力度，严格行业准入，并按市场化原则运作。在培育发展当地律师事务所、会计师事务所、评估机构等的同时，引进外部先进的中介服务机构，打破评估行业的行政垄断性，增强行业竞争性和行业自律性。加强对中介服务市场的监管，坚决打击虚假评估行为，提高中介服务水平。

第五，提升银行营利能力，推动金融业持续发展。发展金融业是推动地区经济发展的长远战略，尤其是在当前经济发展一定程度上依赖间接融资的形势下，银行的营利水平和融资能力将影响到经济的发展速度和质量。有关部门应积极创造政策条件，规范行政服务收费，取消重复设置的收费项目，适度降低抵押、评估收费比例，协助银行化解不良资产包袱，促进银行营利水平的提高，从而提升金融业的贡献度和服务能力。

2.微观层面的政策建议

（1）针对性解决中小出口企业融资难的问题

要破解创新型高科技中小出口企业融资难的问题，我们应该采取以下措施。

第一，建立便利中小出口企业信贷的体制。要建立小企业信贷中心、小企业事业部等小企业服务专营机构，建立和完善面向小企业的信用评价体系、业绩考核机制等；还要充分发挥城市商业银行的作用，引导和鼓励这些小银行增加针对小企业的服务网点和产品；继续完善企业数据库和信息服务功能，建立适合中小企业特点的信用评价体系，推进企业诚信体系建设。

第二，加快创新适合中小出口企业的金融产品。现在，很多银行认识到，向创新型高科技中小企业发放贷款，可以带来稳定的业务，还能改善营利结构。目前，商业银行加快战略转型的重要措施，就是扩大对创新型高科技中小企业的贷款投放，通过提高风险溢价来提高其营利水平。许多银行开始在中小企业业务上的着力创新，在产品研发、评级与审批、管理机制等方面开始“精耕细作”。我们认为，它们可以采取以下做法：① 要加速创新中小出口企业融资产品。支持金融机构对信贷产品进行创新，完善财产抵押制度与贷款抵押物认定办法，解决小企业贷款抵押不足的困难。鼓励发展适合小企业特点的信托、租赁和债券融资，以及以信托和租赁为基础的理财产品。② 要继续推进银行金融产品创新。目前，各家银行以客户为中心，以市场为导向，开发了一批针对小企业融资的特色产品与“拳头”产品，如华夏银行设计推出了金融产品“增值贷”。对优质小企业客户，在其已经取得贷款期间内，可以为解决其临时资金短缺而提供贷款增值服务。这样做不需重复提供资料，大大简化了审批程序，得到了中小企业客户的欢迎。③ 要加强银行和其他金融机构的沟通合作，为创新型高科技中小出口企业提供创新金融服务。银行在加大产品创新力度的同时，也要积极开展与保险公司等其他金融机构的合作，并进行产品创新和整合，共同为中小出口企业提供融资和保险相结合的全面金融服务。

第三，拓宽中小出口企业的直接融资渠道。要继续推进多层次直接融资市场体系建设，以解决中小出口企业的资金需求问题。首先，要拓宽股权融资渠道。一方面要建设好中小板、创业板市场，同时要探索发展针对中小出口企业的产业投资基金和场外市场。进一步开展区域性产权交易市场试点，规范各类产权交易市场，为中小出口企业的产权、债券和股权等的交易提供服务平台。允许并鼓励外资通过并购、参股等方式，参与国内企业的兼并重组。其次，要加快发展中小出口企业债券市场。适当降低中小出口企业短期融资券和集合债券的发行门槛，稳步扩大中小出口企业短期融资券的发行规模。鼓励中小出口企业灵活运用各种集合票据融资，积极推进创新型高科技中小出口企业贷款资产证券化试点建设。

第四，积极发展金融中介组织。积极发展担保、融资租赁、信托、信用评级等中介组织，并充分发挥其挖掘信息与分担风险等优势，帮助创新型高科技中小企业解决融资信息不对称、风险分担能力弱等方面的困难。首先，参照西方国家的做法，设立全国的、区域的和社区的多层次小企业担保机构。发展壮大商业性担保机构，加强信用担保等模式的创新。其次，要充分发挥融资租赁公司、信托公司、信用评级机构等在中小出口企业融资中的作用。

第五，加强对境内中小出口企业“走出去”战略的金融支持。首先，要继续推动进出口收付汇核销制度改革。为那些有竞争力的创新型高科技中小外贸企业提供进出口收付汇服务便利，简化贸易信贷的登记管理程序，便于这些企业产品的出口。还要鼓励金融机构灵活运用票据贴现、押汇贷款、对外担保等方式，缓解创新型高科技中小出口企业资金周转困难的问题。其次，必须完善相关配套措施，加快建立跨境贸易人民币结算试点。要扩大跨境贸易人民币结算试点范围，并增加试点企业数量。提高海外金融服务能力，分散“走出去”企业的汇率风险。只有采取以上措施，才可能加强金融对中小出口企业的资金支持，有利于中小出口企业扩大资本和技术密集型的产品的生产，促进出口贸易结构的优化。

（2）注重对具有规模经济特征产业的金融支持

前面的理论分析已经指出，规模经济是一国比较优势的重要来源之一。金融发展水平较高的国家之所以在制成品上有比较优势，就在于其发达的金融体系优势可以满足企业的外源融资需求，促进规模经济的实现，从而转化为制成品生产中的比较优势。

加大金融部门对具有规模经济特征产业的扶持力度，将提升我国制造业的比较优势，进一步改善我国的对外贸易结构。在我国，工业企业的“规模经济”并不是随处可见。我国主要产业的企业规模普遍偏小，生产要素配置过于分散，产业集中度过低，使“规模不经济”变成了中国工业企业的典型特征。发达国家的实践经验表明，钢铁产业是一个具有显著规模经济特征的产业，而我国的情况却恰恰相反。

中国的钢铁产业和汽车产业缺少的就是规模经济效应。这类具有规模经济特征的产业只有大规模生产才能降低成本，保证产品在价格上的竞争力。只有依靠金融部门的大力支持，大规模投入以形成自主开发能力，保持产品在技术上的竞争力，有效实现规模经济，才能提升我国制造业的竞争力，实现我国对外贸易结构的升级。总而言之，我国具有规模经济特征的产业整体上还处于成长阶段，急需通过金融发展提供融资支持。我国政府应该鼓励和引导金融部门对这些产业给予扶持，使这些产业做大做强，进一步提升我国制造业的国际竞争力，从而优化我国的出口贸易结构。

第四节 电子商务促进国际贸易发展的路径

一、电子商务的概念

1996年，电子商务就开始出现了。电子商务应用的出现，不仅使传统的商务模式彻底改变了，也引起了各国广泛的关注。对于电子商务的定义，各国学者从多个层次、多个角度进行了分析。但从目前的研究现状来看，各国的学者都有他们自己的理解，没有形成一个统一的定义。目前学术界对电子商务的概念主要是从广义和狭义两个层面进行定义的，从狭义上来讲，电子商务主要是指企业运用网络信息工具进行产品贸易的一种交易方式。但从广义的层面来讲，电子商务是指那些经过电子信息化处理，并且运用信息工具在市场上从事相关的市场交易，电子商务的活动范围包括产品的生产、分配、交易以及物流等所有过程。物流、信息流和资金流在电子商务整个过程中的作用非常重要。随着信息社会的不断发展，现金流的快速运转同时也为企业的生产、消费创造了更加便捷的条件，也让电子商务触及人类的各个方面。我们应该从广泛的角度理解电子商务，从本质基础上促进电子商务健康发展。

二、电子商务对国际贸易实务产生的影响

（一）促使贸易主体和贸易方式的创新

在大多数传统的国际贸易环境中，中小型企业的发展遇到的瓶颈更多，制约中小型外贸企业平稳较快发展的因素有很多，如规模小、资金不充裕、人才

缺乏，再加上市场准入等规则的限制，使得中小型外贸企业不能像那些大型企业一样去开发国际市场业务。但是现在电子商务的兴起把各种各样的企业都置于共同的平等竞争环境中，这不仅有利于各类企业提高自己的竞争力并增加更多的贸易机会，并且在很多层面上都大大降低了企业交易的费用。❶

电子商务在应用过程中采用了先进的网络技术，相比以往的国际贸易过程，当今电子商务模式下的国际贸易程序得到了很大的简化，中小型企业也可以很轻松地进入国际贸易市场主体的大军中。在国际贸易中应用电子商务后，大量的产品和服务在世界市场上如雨后春笋般出现，这是国际市场发生的最大变化，因为在很短的时间内就有数以万计的虚拟企业加入提供商品和服务的行列。一个个单一的企业使用电子商务进行贸易的同时，就在无形中形成了一个以网络为基础并能够为全世界市场提供更多更好产品服务的统一体系。

利用电子商务来完成国际贸易离不开基础网络的有效参与，网络平台的运用使资源在生产资料和生产要素的跨国流动下达到了更为合理的分配。在整个经济领域实现了商品流、信息流、物质流及资金流的四合一统一流程。商品和服务的买卖双方通过网络平台进行着信息的实时沟通交流，使货物与服务没有阻碍地自由流动，这在一定程度上使得零库存变为可能。

（二）国际化大市场逐步形成，加快了经济贸易一体化

这个虚拟的贸易大市场是通过电子商务建立起来的，无形的网络信息的传递，打破了过去以地域存在为依托的市场观念，并逐步形成了一个全方位开放的立体大市场。市场信息得以传播的一个重要条件是网络环境的创建，世界市场逐渐被连接到一个个单一的网络环境中。电子商务在国际贸易中的扩大化运用改变了全世界市场。经济之间的关系、国与国之间的经济交流合作也在这样的背景下越来越密切。国际贸易在更高的层次上超越了地理界限的制约缘于虚拟市场的形成及进一步扩大。

信息虚拟市场的形成使商品和服务也可以完全自由地流动在全球市场范围内，并显示出贸易的公开完整性和直接流动性特点，这就避免或者减少了由于市场信息的不对称、不完全而引起的市场扭曲现象。相同或相似质量的产品或

---

❶ 王婷.电子商务对中国国际贸易的影响[J].湖北农机化，2019（24）：67.

服务在整个市场上面临着更加公平而日益激烈的竞争，且在一定程度上促进了价值规律作用的完全发挥。但另一方面，我们必须看到，通过电子商务进行交易，交易者本身的直觉很大部分或者一部分被虚拟的网络所埋没，这就增加了交易的不确定性。再加上网络“黑客”以及“病毒”等的入侵，更加大了网上交易的风险。

（三）国际贸易中的市场营销模式发生变化

任何有组织有规模的企业在运营过程中都会有自己的营销策略。当今社会经济市场的竞争变得越来越激烈，企业要想在诸多竞争对手中独树一帜，获得更多的竞争优势，就会想尽一切办法去使用各种招数来赢得客户的青睐。互联网中的网络营销作为一种促销手段，成为企业销售活动的新途径和新方法，该方法可以提高个人和组织成功实现快速交易发生的可能性。[1]

企业的这种营销方式的产生给企业的经营者带来了很多未曾预料到的好处，真可谓一举多得。网络营销在电子商务条件下显示出了以下几个特点：第一，做产品宣传可以在网络上直接进行，这就造就了网络营销的一个特别重要的特点，即低成本；第二，在网络营销模式下，顾客可以主动选择自己所需要的信息，这样可以缓解甚至消灭传统模式下顾客对推销人员和传统广告的抵制情绪；第三，通过网络模式的建立，顾客可以直接登录企业的网页与企业进行及时的信息沟通，例如对商品或服务信息的咨询、购买货物后对商品服务的评价及建议等，客户和企业之间很容易建立长期稳定的业务关系。

（四）给国际贸易政策提出了新命题

电子商务的迅猛发展逐渐获得了各国政府、企业和消费者的广泛关注。世界贸易组织也顺势建立了特殊的专门研究电子商务政策措施的电子商务工作组。作为一种全新的贸易交易模式，电子商务在其理论的发展及现实的实践操作中都给现行的国际贸易政策提出了一些前所未有的命题。这些命题包括了电子商务根本性质的界定问题、国际贸易的安全性问题、关税问题以及发展中国家面临的挑战问题等。这些现实性的问题对国际贸易的良好有序发展产生了极为不

---

[1] 王燕.电子商务下的市场营销分析[J].现代商业，2018（19）：29-30.

利的影响。当前，国际贸易体系已经就货物和服务贸易达成了两项重要的协议，即关税贸易总协定和服务贸易总协定。而电子商务因其自身的多种特征和一些之前从未出现过的新特性，对人们提出了更多的要求，要求人们在以后的贸易政策制定过程中，加强对其规则约束的核心点和其难以界定的电子商务行为处理程序的研究。

将电子商务运用到国际贸易中必然会面临非常重大的安全性问题。目前来看，世界上并没有形成系统而统一的国际法来对网上犯罪进行打击，各国的立法也没能够及时地跟上电子商务的发展步伐，有关立法也相对不完善。如同地下经济一样，网上犯罪无孔不入，如对其他企业知识产权的窃取、利用非法手段对竞争者的打击、恶意冒充竞争者进行不法贸易活动等。许多电子商务企业在不知不觉中就面临着各种潜在的威胁、不明理由的起诉、消费者信息的泄露等。电子商务进行过程中会要求购货方公开一些私人信息如姓名及银行卡卡号和详细住址等，这样一来就增大了消费者信息泄露的可能性，消费者的安全问题就可能得不到很好的保障。一些商业公司也在通过各种各样的途径搜寻客户的数据资料来建立信息数据库，而这些数据库显然没有足够的安全机制做后盾。

电子商务的交易地点具有全球化的特点，交易的双方也来自全球，这两个特点就决定了国际税收必将受到很大程度的影响。例如怎样确定在网上进行无形交易的管辖权，如何解决网上交易引起的不确定性所导致的征税结果的不确定性，以及虽是通过互联网方式订购但仍然使用普通交易方式进行现实贸易的税收征收问题等。这些问题的出现使得传统的征税科目等概念需要重新予以界定。此外，还需针对不同国家之间的贸易，如何避免重复征税、双重征税等问题做更加深入的研究。电子商务在国际贸易中的应用增加了全世界的整体经济福利，整体经济福利的提高给各类生产商和贸易商带来了巨大的商业利益，国际分工进一步扩大，这样就提高了全世界的经济福利效益。但是它带来的严重的发展不平衡问题也是不能忽视的，大部分发展中国家在对经济全球化过程参与全球利润的分配上与发达国家相比其差距定会越来越大，如果发展中国家不能够跟上经济全球迅速电子化、网络化发展的步伐，电子商务在国际贸易中带来的优势和福利在发展中国家都将分配得相对较少。对大多数的发展中国家来说仍然面临着巨大的考验。

三、电子商务促进国际贸易发展的策略

在当前的信息电子化社会中，电子商务活动几乎已经成为所有业务活动发展的必然走向，它是在现代经济社会的共同作用下产生的新时代的宠儿。电子商务在国际贸易中的应用在一定程度上提升了中国企业的国际竞争力，也给我国的经济发展带来了前所未有的机遇，但同时我们也应该看到，它所带来的一些问题，这都对我国电子商务贸易的发展提出了很大的挑战。我国企业如果想要更好地走向世界，电子商务的有效利用是必不可少的，电子商务有利于我国积极地加入国际贸易中，甚至可以说，电子商务的发展对促进我国国际贸易的长久发展具有重大意义。然而与发达国家相比，目前我国的电子商务水平还处在低水平阶段，国际贸易竞争的日趋激烈对我国经济发展提出了严峻挑战。为了使我国能在如此激烈的国际经济一体化大背景下占据优势地位，就必须积极开展电子商务活动。

（一）加强基础设施建设

一个国家要想成功地发展电子商务就必须建立起良好的电子商务基础设施，并且这些基础设施必须能够支持不断发展并日渐复杂化的贸易活动过程。网络基础设施的不健全限制了我国电子商务运用发展的水平和高度。发达国家的信息高速公路发展水平已经遥遥领先，与发达国家相比，我国的信息基础建设还存在很多不容忽视的问题，例如，我国在信息基础设施建设方面的投入还是很不到位，网络设施基础还不能满足电子商务的需要。而我国在信息基础设施建设方面的滞后严重影响着我国对电子商务的运用，一方面将导致中国不能够很好地抓住这样的重大机遇，另一方面在与发达国家的竞争中也很难占据有利地位。

1.加快我国的网络基础设施建设进程

由于受到经济发展水平和科学技术应用程度等多方面因素的限制，中国的网络基础设施建设起步晚并且发展速度相对迟缓。不管是在数据的传送速度上还是在成本费用上及交易网络安全网络信息监管等方面，我国目前的网络通信设施与国外发达国家相比还有一定的差距，这些差距的存在使得我国很难适应当今电子商务的发展趋势。为了使我国电子商务的发展能够赶上时代的前进步

伐，我国必须加强网络基础设施建设的投入，必须投入更多的精力尽快建立起一个高速、多功能的安全信息网络平台，尽可能地为我国电子商务的发展提供一个优良的网络平台。可采取的方法有：加紧对我国的支柱网络建设，加快我国城乡宽带网络的建设，加强智能业务网络和多媒体等通信网络的建设，加快我国计算机网、电视网及电话网的三网集成的一体化进程。

2.加快我国企业信息化进程

在国际贸易的众多参加主体中，企业占据最核心地位，也是开展电子商务活动的最重要的支柱力量。而保证企业能够快速高效地进行电子商务的条件就必须依靠企业具备高端的信息化水平。我国的企业信息化水平和其他发达国家企业比起来，还存在较大差距。这种状况使得中国企业很难全方位地展开电子商务活动。为了加快我国电子商务的发展进程，推动我国企业的信息化建设进程势在必行。具体策略包括：企业应建立起高效运作的电子信息化工作系统，研究创制企业信息化具体适用规划及技术策划方案。企业应尽早建立企业全方位信息管理系统和内部网络信息系统，并及时对企业内部的资源进行整合，以实现企业内部信息的电子化管理。同时，企业要注重外部网络的建设活动，这样就可以对企业外部资源进行最大化的有效利用。通过加强对供应链管理、用户资源管理等，密切企业与供应商以及与销售商的联系，来确保企业对市场变化能够做到及时了解并及时做出反应。

3.运用切实可行的电子商务运营方式

基于电子商务环境下的电子数据交换技术能够将贸易中所需要的订单、发货凭据、许可证等日常往来必需的贸易信息用国际标准化文件在网络平台上进行传递。[1]这就消除了传统的纸质文件频发的高重复率、多错漏、低效率且高成本的弊端。利用网络广告来代替传统的广告媒介，既提高了工作效率，也在很大程度上节省了广告成本；买卖双方可以通过视频会议在互联网上直接进行沟通交流以及商品促销等活动；电子邮件和互联网电话的使用相较以前的一些传统工具如国际长途电话而言，既节省了时间，又降低了成本及交易费用。但是在贸易过程中并没有形成可供模仿的电子商务运营模式，一些成功的电子商

[1] 余祺.信息化条件下国际贸易实务研究[J].商，2016（26）：141.

务案例都是企业根据自身的特点建立起来的，并不具有普遍通用性。每一个企业在发展电子商务的时候都要根据本企业具体所处的市场环境、客户关系等不断地调整自己的方案。企业资源、产品的创新等要素也可以灵活地选择能够适应市场需求的电子商务方式开展。只有这样才能对企业的管理创新及对传统企业战略转型有重要的理论要义和实践意义。

4.建立推行电子商务的配套设施

在信息化社会发展的今天，我们可以将所有产品划分为“软”产品和“硬”产品两大类。对于那些“软”产品而言，卖方可以通过互联网的在线传输形式传送到买方的手中，比如一些电子出版物、软件等信息商品的销售。但是对于“硬”产品而言，却不可能通过此种方法去实现货物的销售活动。由此可以看出，电子商务并不能在物流环节完全取代传统的商业活动模式。为了更好地促进电子商务的发展，必须建立起快速有效的物流配送中心，将有形产品送到消费者手中。配送中心从卖方那里接收各种各样的商品并进行包装分类、管理流通加工和消息处理等种种活动，之后再遵循客户的订购要求准备好货物并发货。在配送中心的整个建设过程中，政府应当发挥其积极的带头作用，统一规划并集中建设，先在信息技术和网络建设较发达的城市建立大规模的物流配送中心，然后再逐步向外扩展并逐渐形成全球性的网络配送中心。

（二）改善我国网上支付状况的对策

在电子支付市场中，企业与企业间越来越多地采用互联网来进行商品服务及信息的交互传输，能否快速有效地取得和传递信息成为关键因素。企业作为贸易中最重要的角色，往往在选择贸易平台的时候会特别注重资金是否有安全保障、付款是不是方便快捷、交易成果是否客观有效。如何加强安全建设来消除客户对电子支付安全所持的怀疑，将是中国电子商务支付产业能否快速发展的一个重要因素。

1.加强计算机安全技术研发

鉴于进行网上交易会出现的种种风险，还有支付安全方面的需要，目前不管是国内还是国外的相关领域以及很多与此相关的企业都提供了很多应对办法，这些办法基本上可以满足人们在网上开展交易活动的低级安全需要。在不计其数的解决方法中，涉及的主要安全技术有加密技术、认证技术、安全认证系统、安全电子交易协议和其他相关的网络安全技术，等等。

2.建立科学的电子商务安全控制体系

网络服务层、技术加密层、安全认证层及交易协议层一起构筑了现行电子商务的整个安全控制体系。其中的网络服务层是电子商务安全的最低保障层，它能够确保网络运行最基本的安全问题。技术加密层、安全认证层以及交易协议层是从更高层次来保障电子商务交易数据的安全而专门研究开发出来的。随着我国电子商务水平的不断发展，安全认证在电子商务过程中的重要性越来越明显。目前，我国已经构建了较为完整的电子商务安全认证体系。电子商务安全认证体系以电子认证证书（又称数字证书）为核心的加密技术，它以PKI技术为基础，对网络上传输的信息进行加密和解密、数字签名和签名验证。电子商务安全认证是电子政务、电子商务中的核心环节，可以确保网上传递信息的保密性、完整性和不可否认性，保证网络应用的安全性。

3.建立全球电子商务安全系统和网上支付系统

首先，我们应该通过网络建立一个能够对商家的诚信进行准确评价的信用评级体制，以约束或者减少网络上的欺骗、诈骗等行为。其次，我们也应建立起相对安全的在线交易体系并加强网上交易的安全性控制，将该系统交由固定的人员来进行规范管理，将电子银行卡上的可交易余额限定在一定的范围之内，不能轻易就把信用卡上的个人信息传送给卖方，对知识产权的保护力度也需要进一步加强，打击盗版软件的使用并采取有效的措施防止“黑客”入侵。

（三）加快企业诚信制度的建立

电子商务的顺利进行对企业的信息化水平及信息技术专业人才提出了更高的要求。当前，尽管我国大部分企业已经开始重视信息技术在企业经营管理方面的运用，并且信息技术方面的人才也受到了很大重视，但不得不承认，我国企业的平均信息化水平还处于低层次，大多还局限在办公自动化的初步运用阶段，并没有形成普遍化地使用互联网进行网络销售活动的可喜局面。除此之外，诚信问题在电子商务交易过程中也成为一个极为重要的方面，电子商务活动如果离开了参与者的诚信将变得不可想象、不可预测，根本不可能积极向上发展。

要想在国际贸易中站得住脚，企业必须树立起诚信形象，建立可靠的诚信制度。从目前我国的经济发展状况的现实特点来看，要想建立企业的诚信体系，就必须着重从以下几个方面入手。

首先，要在全社会积极贯彻做人诚信、做事诚信、做企业诚信的三大诚信社会风气，引导各类企业和消费者树立起最基本的诚信意识，早日建成诚信社会。诚信是一个国家和民族的精髓所在，它是一个国家长久屹立在激烈的国际竞争中的根本保证。但是在今天的市场经济条件下，一些人见利忘义，背弃了诚信的基本素养，因此要想更好地将电子商务运用于国际贸易中以求获得更多的利益，就必须全方位加快全社会信用体系的建设进程。其次，要建立一套完整统一的企业和消费者信用信息电子档案，将社会活动中的各个参与者的诚信问题都予以摸底记录。对失去诚信的企业，将其信息向社会进行公开，使其难以从事正常的商业贸易活动。消费者对此类企业了解以后便对其提供的产品和服务不再问津，以此来给企业造成经营压力，达到防止企业不诚信行为发生的目的。

再次，建立一个可行有效的信用评价机制，形成一套有约束力的信用评估体系，并依靠媒体和消费者等多方监督，对电子商务活动中的各类主体做出客观可信的评价。

最后，制定对失去诚信的企业或个人的惩罚措施，在建立了信用评价体系并将企业或个人的信用记录后，必须配备一套强有力的失信惩罚机制，对于失去信用的企业或个人，可以利用将他们驱逐出市场或者给予罚款等手段加以制裁，以保持一个良好的市场商业环境。

（四）加强法律法规的研究和制定

电子商务作为一种新兴的商务模式，已经成为世界经济发展的新动力，确立和完善促进电子商务发展的体制已经成为各国在经济发展中抢占先机的不二之选。在建设促进电子商务发展的支柱体系进程中，电子商务发展相关的法律及体制保障建设是需要首先开展的，这也是促进电子商务发展的核心内容。由于交易平台、交易形式等与传统的商务模式表现出了很大的不同，电子商务模式和商业关系的许多新的法律问题就自然而然地出现了，如电子合同要约和承诺问题、合同的成立时间和电子签名认证问题、电子证据问题等。这些问题的存在对传统的法律框架提出了新的挑战，甚至使一些新的法律问题需要重新立法予以界定。

1999年，我国《合同法》的出台首次确定了以数据电文形式订立合同的法律效力，可以说，这是我国对于电子商务这一新兴事物的首次立法尝试。2004年，我国颁布了《电子签名法》，这是我国第一部从当代信息化社会出发制定的明文法，具有很大的现实意义。但是纵观我国电子商务的立法进程，我国现有的相关法律法规在电子商务领域表现出了很大的滞后性。

在我国目前电子商务立法尚有滞后与不足的情况下，立法机构只有深入研究电子商务整个线上和线下交易环节，将电子商务的活动过程通过法律法规加以规划引导，才能更好地建设电子商务法律环境。所有电子商务活动的参与主体都需要对我国当前有关的电子商务的法律法规有所掌握，这样才能减少或者避免对法律风险和政策摇摆不定的担忧，在激烈的电子商务竞争中保持长久的优势地位。

为了确保我国的电子商务能够在一个良好的法律环境下健康快速地向前发展，政府应该加紧对电子商务环境的创设研究，并尽早构建和完善我国的电子商务法律法规体系。对我国的电子商务法律法规制度的建设应将以下两个方面作为重点方向：一是要对现存法律法规进行适当的调整和改善；二是根据电子商务在国际贸易中的具体运用情况制定出新的法律法规。对一些亟待解决的关系重大的问题，最高人民法院或者最高人民检察院可以先出台相应的司法解释，等运用条件成熟以后再由相关部门制定系列的法律法规。

1.建设适合电子商务发展的法制环境

针对电子商务发展过程中的问题，目前我国最应该做的就是尽早建立起一系列适合电子商务发展的法律法规，其中必须对计算机网络违法犯罪、知识产权违法犯罪以及电子商务纠纷的仲裁制度、金融监管法规等做出具体的规定。只有发布了具有国家强制力保障实施的法律法规，并对电子商务交易活动中的电子签名及电子文件予以法律效力上的确认，电子商务才能最大限度地在国际贸易中发挥其全部优势。

2.健全网络贸易的法律体系

面对电子商务领域的问题，我们要善于抓住我国实际情况，向电子商务发达的国家学习，争取尽早制定出具体有效的相关电子商务领域的法律法规，早日形成有利于保证我国电子商务稳健有序发展的法律法规体系。[1]

我国电子商务法律法规体系的建立，既要符合当前我国特殊的社会主义背景，同时又要不与国际轨道相偏离。以我国电子商务活动的发展现实情况为落脚点，新的电子商务法律法规要能够对交易的程序和行为、公平及安全、责任界定做出具体明确的规定。目前情况下，我国可以借鉴联合国国际委员会制定的国际通用规则，来制定一系列相对较完善的适合我国特色社会主义经济发展的电子商务法律法规。需要强调的是，我国在做到能够维护国家利益的前提下也要积极向国际法靠拢，并竭尽所能地参与电子商务的国际立法，这样才能够站在更高的层次上对我国的合法权益进行保护。

3.确保电子商务税收制度的独立性

经济基础决定上层建筑，法律是由特定的物质生活条件所决定的。由于各国的经济发展水平并不是同步均等的，各国在电子商务税收制度上也做出了不同的规定。但就目前而言，在国际经济电子商务化条件下，最需要做的就是按照统一的标准，早日创制出具体、可操作、能够单独适用于电子商务领域的税收制度和具体实施办法。在电子商务税收制度的制定问题上，发达国家与发展中国家持有完全不同的态度，在发达国家比较积极的情况下，发展中国家却显得相对保守。我国应建立健全有关电子商务税收征收征管模式，以促进电子商务在我国的稳步有序发展。首先，从建立系统有效的纳税人识别号入手，对纳税人识别号采用国家统一的标准并给予每一个纳税人唯一的类似于居民身份证的纳税识别号码。为了能够更好地完成在线业务管理，税务机关等有关部门可以建立专门的电子商务活动登记制度。为了更好地完善日常的管理工作，要抓紧开发研究并完善电子征管监控应用系统，并把从税务登记至税务稽查的各项监管业务活动全部纳入计算机管理程序当中，实现利用计算机对贸易进行全程有效的监控。其次，要规范电子发票。电子发票是一种电子文档，和纸质发票具有同等的法律效力，电子发票的有效性和标准化有利于提高税务征收管理部门的工作效率，并给网上税务管理带来极大的便利性，同时也可以成为网上交

---

[1] 向婕.中国跨境电子商务发展现状及对策[J].科技经济导刊，2019，27（35）：225.

易合法的依据。最后，要加强与电子银行之间的合作。电子银行是在电子商务时代背景下出现的一种全新的金融服务模式，它的出现带来了“电子支票”“电子货币”“电子钱包”等电子商务付款方式的广泛应用。电子商务税收征管部门要从多角度全方位加强与电子银行之间的合作交流，并通过跟踪“电子货币”“电子钱包”等的实际变化情况来确定应税行为是否存在，这样才能够做到对避税、偷税、逃税行为的有效监督。

第五节

物流产业分工促进国际贸易发展的路径

一、国际物流的概念

国际物流就是货物、船舶运输以及国际速递在不同国家之间的物品转换。通俗来讲，就是国内物流水平达到一定程度后，需要继续拓展市场，而国内市场又趋于饱和，因此只能着眼于海外，从国内沿海物流城市出发，到达邻国的海港城市，既保证了运输损耗成本，又能够保证跨国运输距离以及时间上的成本。总体而言，需要将国际物流的运输路线安排在一个企业可控的范围内，整合国与国之间的客户信息，保质保量地将货物运送到客户手中，且邻国之间开展国际物流业务，也有先天的政治优势。邻国之间的政治友好互访会给国际贸易、物流创造良好的商业环境。相关企业可以结合各国物流政策以及对应的基础物流设施，开发满足自身以及客户需求的物流路线。畅通的物流体系能够确保国内外进出口贸易的发展，产业全球化需要一体化的全球供应链，这些都是国际贸易发展的无形支持。通过国际物流来缩小不同国家生产以及消费上的差距，利用国际物流的便利条件平衡国与国之间信息不对称的情况。全球资源也通过国际物流实现了二次利用与分配。要利用好国际化的物流网络，并加强政治经济互信，完善基础物流设施，以实现各国物流的国际经济贸易友好往来。

二、国际物流与国际贸易的关系

伴随着国际物流的发展，国际物流贸易也随之兴起，国际物流所承载的主体正是国际贸易中运输的各类货物。国际贸易与物流存在着相互依存、不可分割的关系，在理论层面不少学者将二者进行合并研究讨论。但在经济金融学发展的早期，国际贸易与国际物流的理论在实践过程中存在着一定程度的不合理性。如一国的物流成本高于国际贸易所得利润，实则这样的国际贸易往来是不成立的。早期国际贸易往来的核算方式不够精确，很多国家经贸往来过程中看似欣欣向荣，实则早已陷入亏损的境地，过于形式化。在分析国际贸易效益的过程中应该充分考虑到国际物流的时间、效率等内在成本，经过综合讨论，可以得出国际贸易与国际物流之间的发展关系如下。

（一）国际贸易是国际物流产生的前提

社会生产力的快速提高，使很多国家、地区发展出了符合区域经济发展的生产模式，且在全球范围内建立了一体化的生产分工模式。各国根据自身经济的发展情况确立了不同的优势产业，而优势产业的产品往往会大量出口。通过出口换取外汇或资源，大量的经济往来也就形成了国际贸易。可以说，国际贸易是国际物流的基础与前提。在早期的经济学理论下，完美的国际贸易应该是全球经济一体化的必然趋势，但随着经济的进一步发展，很多学者已经意识到国际贸易往来过程中物流成本的重要性，且贸易量越大，其重要性就越发凸显。在国际贸易核算中，如果直接剔除20%～40%的物流成本去分析国际贸易，既违反了国际贸易形成的初衷，也会导致国与国之间的会计成本核算界定不清晰。毕竟收益大于成本的经济往来才能产生利益，忽视占比较高的国际物流成本是不现实的。在这一认识的基础上，国际物流理论应运而生，在参与国际贸易的过程中，对其物流成本进行财务预算，从中得出利润高于成本的结果，进而考虑将企业外贸产品输往卖价相对较高的国家，以实现利润最大化，由此产生了强烈的国际物流需求，社会分工日趋复杂化。

社会物流总值是在一定时期内通过物流服务送达最终用户的全部商品的价值总量，它反映了物流服务的总需求与总供给；物流增加值则是一定时期内以货币表现的物流服务成果，反映了物流的需求水平。由统计数据可以看出，社会物流增加值的增长构成了强大的物流需求市场。国际贸易是国际物流产生的前提条件。

（二）国际物流是国际贸易完成的保障

如果国与国之间的经济往来失去了国际物流，就如同国际互联网失去了光纤一样。没有国际物流，国际贸易就无从谈起。国家之间开展商业往来，签订了合同，却无法实现真正的贸易实体转换，而国际物流的出现正好极大地改善了这一状况。通过高质量的运输服务，将大量的货物从产地运输到销售国，国际贸易的商业往来也得以实现。通过国际贸易的作用，实现了国与国之间商业主体“一手交钱一手交货”的美好愿望，能够利用国际物流网络控制产品的整体生产成本，原材料全球采购，设计、运输、生产，有效地控制了生产成本，使生产主体的利益实现最大化。而商人通常都是逐利的，全球采购生产原料，最大限度压低生产成本，必然能够激发商人经营的积极性，长此以往就会促进国际贸易的繁荣。

（三）国际物流与国际贸易发展相互促进

在经济活动中占有优势的国家不断扩展国际贸易版图，所在国家的经营机构获利颇丰。但在一定时期内，传统的物流模式已经不能够适应经济的快速发展以及产业的快速迭代。经济学者以及物流从业人员都积极地寻求解决之道，结果发现，国际物流除了传统的运输属性之外，还能够产生大量的附加价值。例如，改进运输方式，改进运输集装箱的结构，都能够提高货物的运输量，从而变相提高运输效率。运输效率的提高带来成本的不断下降，甚至在运输过程中的人力成本可以利用机械化、自动化的方式加以替代，由此进一步提高了运输效率，促进了国际贸易的发展。

三、物流产业分工促进国际贸易的策略

物流产业是一个综合的系统工程，涉及面广，需要方方面面的协调与管理。面对全球化战略的趋势，物流企业和生产企业更紧密地联系在一起，国际物流

业加速向全球化方向发展，物流企业之间合作并建立战略联盟，形成了社会大分工。在这种大环境下，政府应加强对物流发展的组织引导，为各类企业参与市场公平竞争创造良好的外部环境，鼓励企业加大对物流基础设施、关键技术和设备的投资力度，加快现有物流资源的整合和开发步伐。抓紧制订物流规划，打破地区、部门和行业的局限，按大物流的思路进行整体设计，发挥物流对国际贸易的促进作用，并尽快组织实施。总体来看，中国物流产业的规模目前还比较小，发展水平也比较低，这一方面是由我国经济发展的水平和阶段所决定的，另一方面，也是更为重要的方面，我国经济中还存在着许多影响和制约物流产业健康发展的因素。下面基于前面的理论及实证，对物流产业分工促进国际贸易的模式及策略进行分析。

（一）物流产业分工促进国际贸易的宏观模式及策略

物流产业分工通过间接作用机制对贸易的促进不像直接机制那么明显，物流健康有序的发展离不开每一个参与的部门和企业的共同努力，这种努力一方面需要政府相关部门提供良好的大环境特别是在物流规划和相关部门的协调配套政策上予以扶持，但同时也不得不承认，有了政策、规定以后还有一个如何执行的问题，是积极地推进物流的完善，还是从本部门短期利益出发，而不考虑间接的长期作用。由什么样的人去执行，执行的结果又如何，也对国际物流的健康有序发展有着举足轻重的影响。现在国际物流在运行操作方面存在的问题有些并不是没有规定，可能更多的是人为因素在起着本不该起的作用。[1]要加快生产国际化和规模经济的进程，以下就是相关的模式及策略。

1.转变传统物流观念，发展第三方物流

我国相当多的企业仍然保留着传统的经营组织方式，从原材料采购到产品销售过程中的一系列物流活动，主要依靠企业内部组织的自我服务完成。多数企业内部各种物流设施成为企业经营资产中的一个重要组成部分。[2]

这种以自我服务为主的物流活动模式在很大程度上限制和延迟了对高效率

---

❶ 陈金海.关于国际物流健康有序发展的几个问题[J].集装箱化，2004（05）：33-35.

❷ 杨继美，李俊韬.我国电商物流发展现状与趋势分析[J].物流工程与管理，2014，36（04）：1-2.

的专业化、社会化物流服务的需求，这也是当前制约中国物流产业快速发展的一个重要瓶颈。在工商企业优化内部物流管理、提高物流效率的过程中，也存在着企业内部物流活动逐步社会化的发展趋势及其对社会化物流的潜在需求。但由于市场发育和现代企业制度改革的不完善，企业无法将其内部低效率的物流设施、人员和组织实施有效地剥离。这就使得企业不得不继续沿用以往的物流方式，社会化、专业化物流需求仍难以实现。

在传统的条块分割的体制安排下，物流的许多活动被割裂到各个不同的部门，如交通运输、邮电通信、对外贸易等，仅运输业就牵涉到铁道部门、交通运输部门等若干部门，部门间缺乏高效协作。此外，海关管理程序、物资采购等方面的一些规定也影响了物流企业综合服务的提高和业务领域的拓展，进而制约了物流业的快速发展。

发展物流，首先必须认识到物流建设是一个系统工程，仅仅局限于储运根本满足不了现代企业对物流社会化的需要。❶其次，发展物流也必须有自己的核心能力，从知识技能的积累、技术体系的完善、组织管理体系的建设、信息体系的培育和企业文化的建设等方面入手构建核心能力。❷

边际生产成本会随分工程度的加深而降低，因为分工促进了专业化，专业化又降低了边际生产成本；与此同时，边际交易成本会随着交易效率的增加而下降，如果交易效率上升，边际交易成本就会下降。新经济条件下，企业采取外包方式把物流委托给TPL（Third Party Logistics，即第三方物流）管理后，提高了交易效率，从而降低了边际交易成本，使分工程度上升。

TPL以其第三方的专业优势，向物流需求企业提供个性化的服务，实现了商流与物流、仓储运输业与加工制造业的彻底分离。作为专业性的物流公司，TPL不仅具有较高的工作效率，同时由于它可以为多个客户提供物流服务，具有一定的规模经济优势，从而能以较低的成本为客户提供采购、仓储、库存、包装、运输、配送等综合物流服务。因此，作为减少成本的一种途径，许多企业都趋向于把物流活动委托给TPL管理，通过签订合约把这些物流服务功能交

---

❶ 于甜甜.我国物流业发展问题及对策研究[J].农家参谋，2019（01）：235.

❷ 沈王仙子.电子商务环境下第三方物流企业发展策略[J].改革与战略，2017，33（08）：169-171+181.

由TPL来提供。可见，TPL的实质就是分工和专业化。

物流的专业化分工，使一定的人力资源能按其专业优势配置使用。在TPL公司聚集着一群拥有管理才能的企业家，他们利用专业知识进行全方位的物流设计、物流管理、物流控制与操作。这些工作对企业的生存和发展具有决定性的作用，能取得比传统物流更大的效益，实现专业企业家管理才能的放大效应。这显示了TPL对传统物流的绝对优势。一般来说，城市是商品集散和加工的中心，物流设备和基础设施齐全，流通人力资本高，交通与信息发达，消费集中且需求量大，扮演着物流“中心地”和“经济增长极”的作用。在此意义上说，物流中心所辐射的经济区域就属于法国经济学家布德维尔提出的“极化区域”。专业物流中心的发展能够带动周边地区、中小城市和农村现代物流业的发展，进而形成一个有机联系的物流网络系统。

第三方物流提高交易效率、降低费用成本的根本原因在于其分工和专业化运作，分工、专业化的发展与企业效益之间存在一种函数关系。TPL的分工和专业化运作对于企业集中主业、减少资金投入、优化资源配置、提升企业形象以及将来拓展国际业务都具有十分重要的意义。

2.提高专业化物流服务质量和物流企业的经营管理水平

随着竞争的日益激烈、社会分工日趋细化，物流服务也在向专业化方向发展。由于商品的经济圈越来越大，物流管理的复杂性和大量高科技的融入，物流管理越来越以其专门的技术和运作能力成为一个专门的领域。

一方面，工商企业越来越趋向于把自己不十分内行的物流业务交给专业企业去经营，而专注于自己的主业；另一方面，一些条件较好的运输企业、仓储企业、货运企业等将会抓住机会，争取用户的物流服务，从提供单一的服务项目，发展成为能够提供部分或全部物流服务的物流公司。目前的现代物流服务以第三方物流服务为主。第三方物流实际上是为生产或供应商提供专业的物流活动，在现代经济中，物流被视为降低物质消耗和劳动消耗之后的“第三利润源泉”，已成为影响社会经济发展的一个重要因素，越来越受到世界各国的重视和关注。[1]

---

❶ 吴云.黑龙江煤炭产业分销物流解决策略[J].物流科技，2008（04）：13-14.

尽管我国已出现了一些专业化物流企业，但物流服务水平和效率还比较低，主要表现在以下几个方面。

首先，服务方式和手段比较原始和单一。目前多数从事物流服务的企业只能简单地提供运输和仓储服务，而在流通加工、物流信息服务、库存管理、物流成本控制等物流增值服务方面，尤其在物流方案设计以及全程物流服务等更高层次的物流服务方面还没有全面展开。

其次，物流企业组织规模较小，缺乏必要的竞争实力。目前从事物流服务的企业，包括传统的运输和储运等流通企业和新型的专业化物流企业，规模和实力都还比较小，网络化的经营组织尚未形成。

最后，物流企业经营管理水平较低，物流服务质量有待进一步提高。多数从事物流服务的企业缺乏必要的服务规范和内部管理规程，经营管理粗放，服务质量较低，很难提供规范化的物流服务。

现代科学技术为物流的发展提供了良好的条件，例如电子数据交换、自动化仓储系统、计算机辅助运输线路设计和车辆配载等现代科技手段的应用极大地提升了物流的运作效率，科学技术成为物流迅猛发展的有力支持，可以说，没有现代科技就没有现代物流。物流作为第三产业，服务创新显得格外重要。为此，需要从两方面着手：首先，能为货主企业提供一种长期、专业、综合的高效率物流服务，即物流服务要具有综合化、一体化的特点；其次，物流服务要具有个性化，以适应个性化消费和个性化服务的需要。

3.加强物流基础设施、物流技术装备及标准化建设

虽然我国的物流基础设施和装备条件已有较大的发展和改善，但设施结构不尽合理，不能充分发挥现有物流设施的效率。如在运输设施方面，东部地区交通比较发达，而中西部地区，特别是西部地区交通设施比较落后；各种运输方式之间尚未形成合理分工，市场范围交叉严重，在同类货源上进行盲目竞争，使得各种运输方式不能合理地发挥各自的优势。[1]

物流基础设施和装备条件与发达国家相比仍然有较大的差距，在相当程度上影响着我国物流效率的提高，不利于物流产业的快速健康发展。现代化物流

[1] 沈绍基.中国物流市场供求状况分析报告[J].物流科技，2001（02）：67-73.

集散和储运设施较少，发展水平较低，这严重影响着物流集散乃至运输效率的提高；各种物流设施及装备的技术水平较低，物流作业效率不高；设施结构不尽合理，不能充分发挥现有物流设施的效率；信息技术应用水平较低；物流设施和装备的标准化程度较低，物流设施和装备的标准化是物流产业发展中的一个关键问题，标准化程度的高低不仅关系到各种物流功能、要素之间的有效衔接和协调发展，也在很大程度上影响着全社会物流效率的提高。

针对当前物流标准化中存在的问题和国际物流标准化的发展方向，我国应该加快标准化建设步伐。在做好物流用语、计量标准、技术标准、数据传输标准、物流作业和服务标准等基础工作的同时，还要加强标准化的组织协调工作。在对各种与物流活动相关的国家标准、行业标准进行深入研究的基础上，全面梳理现行标准。对已经落后于物流发展需要的标准应予以淘汰，并代之以新型标准；对部分不符合实际需要的标准进行修订完善；对尚未制订的标准，要抓紧制订，以使各种相关的技术标准协调一致，与国际标准接轨，提高货物和相关信息的流转效率。❶

4.改善物流业管理体制和机制

物流产业的发展不仅仅要有充分的市场需求基础，更为重要的是要有适应物流产业发展的制度环境，以保证市场机制能够充分发挥作用并使各种物流活动规范有序地进行，促进物流产业健康有序地发展。例如，在运输管理体制上，我国实行的是按照不同运输方式划分的分部门管理体制；同时，从中央到地方也有相应的管理部门和层次。这种条块分割式的管理体制使得部门之间、地区之间的权力和责任存在交叉和重复，难以有效合作和协调；另一方面，各部门、各地区各管一块，将全社会的物流过程分割开来，实行一种分段式的管理模式。这种条块分割的体制在相当程度上影响和制约了物流产业的发展。

不同程度的政企不分现象，影响了政府公正地行使政府职能，同时也影响了企业市场竞争能力的提高。在多头管理、分段管理的体制下，受部门、地方利益的牵制，政策法规相互之间有矛盾且难以协调一致，也直接影响了各种物流服务业的发展。

---

❶ 张文杰等.试论物流信息网络化[J].物流科技，1999（05）：24-28.

专门性物流产业的出现，本身就是高度市场化的结果，高度的市场竞争出现了各种专业化分工，大量物流业务外包，才促进了这个行业的发展。[1]如果企业经营机制落后，还停留在“小而全、大而全”的思想阶段，不仅造成了资源的浪费，企业竞争力得不到提高，也大大影响了物流业的发展。同时，有些国有部门还存有“肥水不流外人田”的心理，如铁路部门将货架、仓车等附件设备合同交给从铁道部门分离出去的企业，影响了正常的市场竞争，不利于行业发展。据统计，我国生产企业的物流70%以上没有进入市场。

当今的市场经济，充满了竞争，又不可避免地要进行合作。许多企业都在建立联盟以获得竞争的优势，物流产业的发展亦是如此。一方面，要进行纵向联盟，即与货主企业联盟，同其建立优势互补、利益共享的共生关系；另一方面，要进行横向联盟，即与其他物流企业联盟，将各自独特的企业资源整合为一体，不仅可以实现服务的综合化、一体化，还可以使企业形成规模化经营，降低运作成本。现代物流的发展离不开强有力的政策支持，现行税收政策的某些规定对于物流行业的发展有着制约作用。应该利用先进的管理技术和信息系统对传统的物流资源进行整合。在规范市场准入标准的基础上，鼓励多元化投资主体进入物流服务市场，要对工商登记、税收征管制度等进行必要的调整，鼓励企业实现跨区域经营。

5.培养物流专业人才

相比较而言，我国在物流研究和教育方面还非常落后，从事物流研究的大学和专业研究机构还很少，企业层面的研究和投入更是微乎其微。物流教育水平不高主要表现在缺乏规范的物流人才培育途径。人才是目前国际物流市场最紧缺的资源，据上海业内人士估计，今后仅上海一地就需国际物流人才10万之多。而现在从事国际物流的人员中有相当一部分人业务素质有待提高。缺乏现代物流知识和专业物流管理人才是制约我国物流发展的瓶颈之一。物流作为一个新生事物引入中国，国内虽有一些专家在对它进行研究，也有一些大专院校设置了某些物流相关课程；但相比较而言，我国从事物流研究的大学和专业研究机构还很少，企业层面的研究和投入更是微乎其微。物流知识，尤其是现

[1] 刘华，程海峰.促进我国物流产业发展的对策[J].中国物资流通，2002（01）：18-20.

代综合物流知识远未得到普及。部分从业人员即使有所了解，也只是知道它主要的业务领域是提供运输和仓储服务，而不知道它是对这些传统业务的新的整合。即使是物流企业，对物流人才也不够重视，从事物流的人员普遍缺乏业务知识、业务技能，从而导致管理不善。在高等院校开设物流专业课程的大学仅占中国全部高等院校的百分之一；与物流相关的大学本科教育虽有开展，但尚未得到国家教育主管部门的认可，企业的短期培训仍然是目前物流培训的主要方式。❶

事实上，物流企业的发展需要大批懂得业务知识、拥有业务技能、受过专业训练的各层次从业人员。物流企业不仅需要大力引进专业人才，而且需要严格贯彻执行完善的培训和激励制度，不断吸引和留住优秀人才，促进企业的发展。应鼓励和允许高等院校按照市场需求开办和设置现代物流专业及课程，为现代物流业培养高级管理人才和专业人才；鼓励和引导企业、行业组织及民办教育机构参与现代物流人才的培训和教育工作；借鉴国际经验，由行业社团组织牵头落实，逐步建立我国物流行业从业人员职业教育、培训和执业资格认证制度及相应的认证体系。我国劳动和社会保障部已批准国家职业资格物流师培训标准，应该以这个体系为主大力推行物流人才的在职教育。

6.建设物流企业发展和运作的良好政策环境

由于我国物流业缺乏成熟市场的相关经验，因此国家的相关部门在不同时期制定物流政策时难免有很大的局限性。同时，出于历史原因，客观上造成了部分行业的垄断。此外，在标准制订、审批权限、税收政策方面也不同程度地限制了物流业的发展。在市场方面，国内货源市场对物流运作还缺乏真正的了解，物流企业在市场推广方面还停留在运输层面上，对专业化、社会化物流市场的培育不足；在经营方面，企业自律行为规范与否也直接左右了市场，国际物流企业鱼龙混杂。因此要加快生产国际化和规模经济的进程，推动物流的健康发展，建设物流企业发展和运作的良好政策环境必不可少。目前国家正在制订物流规划，以统筹规范全国物流网络，从机场码头建设、高速公路施工，到信息化技术推广，政府正在力图推动国际物流的健康有序发展。这样一来，又

---

❶ 熊亚洲.我国第三方物流发展现状及趋势分析[J].价值工程，2006（09）：95-97.

往往出现过热现象，有些地方大兴土木，结果导致设施大量闲置；有些企业追求大而全、功能配套，结果利用率很低。特别应该指出的是，在物流领域还带有相当程度的垄断部门行业，如港口、铁路继续在扩大其优势，建造新码头，开辟新路线，这在一定程度上维系了垄断价格，也维系了一种官商作风。这些问题应该引起政府的高度重视，尽快建立一个良好的、有利于物流企业发展和运作的政策环境。[1]

7.提高物流市场的细分化和专业化

要加快生产国际化和规模经济的进程，物流市场细分化和专业化是必不可少的。物流市场专业化是从物流运营的角度来归类的。目前我国注册的和挂靠的国际物流企业大多标榜样样都行，这样发展下去无法形成一个健康的物流市场，既缺乏专业化，又浪费资源和人才。现在一些大的物流企业已经注意到这个问题并且开始组建专业的物流部，比如，汽车、会展、化工等行业的大型企业，取得了相当好的效果，社会知名度迅速提高，中小规模的物流企业不妨也朝这个方向努力，相信一定会有回报。如果我们把这种重组看作一种发展趋势，那么从整个物流市场的角度而言，将是对物流资源的最佳利用，也将大大降低社会物流的成本。

特别要说明的是，在物流市场，不是没有相关规定，也不是没有约束机制，而是人为因素在相当程度上影响了物流市场健康规范发展的进程。总而言之，最大限度地发挥物流通过间接作用机制对贸易的影响离不开政府相关部门的支持，也同样离不开物流企业的自身努力，包括软硬件的配套。

（二）物流产业分工促进国际贸易的微观模式及策略

尽管物流供应链管理在理论上被认为具有强大的竞争能力，而且也有了许多国际大公司的成功案例，但是目前从中国的总体情况看，实施供应链管理的企业大部分要么成果并不显著，要么以失败告终。究其原因，从系统论的角度讲，中国供应链系统的元素——企业在管理和资源配置方面存在着许多弊端；供应链系统的结构——时间结构和空间结构还不合理；供应链系统的环境——

[1] 阿尼达施·巴罗阿，布哈禾德乌·考那那，安德鲁·B.温思顿，方音，刘路丹，弓永钦.使电子商务走向成功[J].经济资料译丛，2002（01）：78-85.

政府和市场为供应链提供的资源不足，压力过大。这些问题的存在严重阻碍了供应链系统整体功能的发挥。我们主要从元素、结构、外部环境三个角度探讨中国物流企业实施供应链管理的解决对策。

1.供应链系统元素的优化

供应链系统功能是通过供应链成员之间的相互协调与配合来实现的。要提高供应链系统的整体功能，必须对其元素——节点企业进行优化。而企业目前在管理和资源配置方面存在着很多问题，必须对其进行改进。观念的转变是提高企业管理水平的前提。企业应该加强有关供应链管理的培训，使管理者和员工都理解供应链管理的真正内涵和重要意义，认识到将非核心业务外包，重点发展核心能力将给企业带来长期利益，从而克服短期行为。另外，企业还必须克服经济利益的误导，在商业信誉等方面加强管理，注重与合作伙伴的交易信誉问题，培养与相关企业的战略合作关系。

创新管理机制，促进供应链企业之间的有效合作。要提高供应链企业之间的信任程度与合作效率，必须在管理机制上进行创新。一方面，要建立供应链企业的激励机制，通过激发鼓励使供应链上的企业积极参与供应链体系中信息技术的应用以及流程再造等项活动，对企业自身的核心能力进行创新，致力于提高供应链的运作效率。供应链管理应以用户满意为目标，建立一个可量化的绩效评价指标体系和相应的利润分配机制。通过这种激励机制的建立，使企业增加实施供应链管理的动力。另一方面，要加强企业的诚信建设。诚信是供应链系统顺利运转的润滑剂。供应链系统的高效运行是建立在高度的信息共享、风险共担和长期的战略合作伙伴关系基础上的。而合作企业良好的诚信是供应链系统具备这些基础的前提条件。节点企业只有在良好的诚信环境下合作，才能保证圆满履约，以较低成本对瞬间变化的市场环境做出快速反应，提升整条供应链的竞争力，取得供应链的良好绩效水平。若合作企业缺乏诚信，导致合作秩序不良，合作摩擦太多，会严重阻碍以先进的信息技术为支撑的供应链管理模式功能的发挥。企业要对与其他企业的交易行为进行规范，通过确定交易规则、资信评估和仲裁等方式建立企业之间的信任机制，保持良好的合作伙伴关系。

就国际物流企业内部来说，在配套方面，主要体现在有相当数量的企业还是以“单打一”“小而全”为主，自己无法独立地形成一站式的操作体系，无法形成企业的核心竞争能力。就外部来说，物流设施的整合和社会化的区域物流还无法实现资源共享。在信息方面，目前在信息数据交换方面差距较大，且不论有相当规模从事国际物流的企业在数据交换方面需要有很大的提高，单在信息技术与业务流程的开发和利用上就大有文章可做，而一些挂靠企业更是差强人意，就几台电脑用于制单证而已。另外，还要培养企业的核心竞争能力。企业核心竞争力是指企业独具的、支撑企业可持续性竞争优势的核心能力。可更详细地表达为，企业核心竞争力是企业长时期形成的，蕴含在企业内质中的，企业独具的，支撑企业过去、现在和未来竞争优势，并使企业在长时间的内在竞争环境中能取得主动的核心能力。供应链管理的实施要求企业必须培养并保持其核心竞争能力。这要求企业必须从物质资源配置和人力资源管理两方面入手。对于物质资源配置，企业首先应从战略角度对企业的核心竞争能力进行定位，着重发展企业具有核心竞争能力的业务，将非核心竞争能力的业务外包，从而将其全部物质资源投向其具有核心竞争能力的业务。要采用先进的管理理念和管理方法，引进具有国际先进水平的设备，不断向企业注入新鲜血液，保持并强化核心竞争能力，对其进行科学管理并不断创新。对于人力资源管理，企业要把培训经费重点用在具有核心竞争能力的业务员工的培训上，用先进的技术和知识武装员工；有效激励员工，达到人才与岗位相匹配的目标，使员工能够做到人尽其才、才尽其用，充分调动员工开发隐性知识的积极性；建立学习型组织，对知识进行科学管理，达到隐性知识显性化，显性知识系统化，系统知识共享化。

2.供应链系统结构的优化

中国供应链系统目前无论是在空间结构上还是在时间结构上都并非完美，严重影响了系统的功能，阻碍了中国供应链管理的发展。

（1）优化供应链的空间结构

空间结构是元素在空间中的排列分布方式，代表元素间一定的相互作用方式。由于地方保护主义和企业性质、所有制差异所造成的壁垒，严重影响了供应链空间结构的合理性。为了提高供应链系统的功能，应主要采取以下措施优化其空间结构。

首先，合理规范地方政府的行为，减少地方保护主义。地方政府制定政策应从战略角度、全局观念出发，减少不正当干预，克服地方性、短期性，从而降低供应链系统的地区分割、条块分割程度，在地理上的布局趋于合理。通过优化系统的战略渠道设计，达到空间结构的系统增值，减少供应链系统的购销成本，从而促进其运行效率的提高。

其次，克服企业性质和所有制差异的障碍，促进企业间的合作。供应链的空间结构是其构成企业在地理上的布局，从选择构成企业的角度看，不应该将企业性质和所有制作为主要考虑因素。供应链系统选择合作伙伴应侧重于合作伙伴的核心竞争能力和战略渠道设计，只要企业具备参与供应链的核心竞争能力并能够提高整个供应链的运作效率，就应该广泛吸纳，这样才能达到空间结构的合理化。

（2）优化供应链的时间结构

在时间结构的设计上，供应链系统应着眼于“快”，快速传递信息，对顾客的需求做出快速响应。由于目前企业信息化程度较低，第三方物流不发达，给供应链系统功能的发挥造成了障碍。我们应从以下两个角度进行时间结构的优化。

首先，加强信息技术建设。信息技术在经济发展进程中起着日益重要的作用，建立在数字化、网络化基础上的现代信息技术的发展将给企业管理带来全方位的、革命性的影响。

其次，加强第三方物流公司的建设。只有当第三方物流公司为供应链中的企业提供高质量、低成本、全方位的服务时，供应链系统的时间结构才能真正得到优化。必须逐步建立和发展功能完备的第三方物流公司，这在很大程度上受到企业、政府及其他社会环境的影响。供应链系统本身应在意识上、行为上、利益上均能接受“共赢”的服务方式，转变成本物流观念，改善服务，提高竞争力。各部门均应给予支持，促进第三方物流公司的创新及软硬件的优化，真正做到供应链系统与第三方物流公司的信息共享、共同发展。第三方物流公司不仅提供仓储、库存的简单服务，更应提供分类拣选、订货及其他增值服务，如保证期内退回产品的管理、维修与更换，退回产品的销毁和网上订货满足等。这样，供应链系统就能实现“需求—生产”的无缝连接，向“零库存”的理想状态接近。

3.供应链系统外部环境的优化

供应链系统受外部环境影响较大。从环境角度讲，中国目前的实际情况是外部环境为供应链提供的资源不足，压力过大，所以必须改变这种状况，优化供应链系统的环境。

首先，外部环境应为供应链系统提供更多的资源支持。从政府角度来看，要加大对供应链管理的支持力度。政府一方面要在法规、政策等方面对实施供应链管理的企业给予支持，推进供应链管理的发展。从市场角度来看，要加强专业市场和相关市场建设。供应链运作不是一个简单的过程，它由不同企业构成，各个企业都有自己的核心能力，这些企业在联合的基础上高效率地运作。为满足不同企业的要求，必须发展资本市场、劳务市场、技术市场、信息市场、房地产市场等生产要素市场以及各种配套服务市场（如第三方物流市场），为供应链系统提供更完善的服务，促进供应链发展。

其次，外部环境应减少对供应链系统的压力。从政府角度来看，要进一步推进国有企业改革。政府必须进一步推进国有企业改革，依照国际质量标准，采用国际先进管理方法发展国有企业，培养其核心竞争力，以此来应对加入WTO后国际大型企业的竞争。保证国有企业能够活跃地出现在全球供应链上，并对供应链的发展提供驱动力。从市场角度来看，要逐步完善市场机制。首先，减少信息不对称现象。要让买卖双方都充分地占有信息，从而减少不公平交易现象的发生。其次，为完善的市场运作提供法律保障，尤其是经济合同、专利保护等。通过采取这些措施，减少供应链企业间的违约现象，促进企业间顺利合作。杜绝假冒伪劣产品，为供应链系统的各流程产品质量提供保障。

最后，由于政府行为和供应链市场行为是两种不同的行为，对于它们之间在税收和信息平台资源共享方面产生的矛盾和冲突，我们必须注意从宏观、微观相结合的角度，找到产生的原因，寻找相应对策。政府应该采取措施解决重复征税问题和税率不一致问题，对非管辖区域的企业征收一定的使用费来解决信息平台资源共享方面的矛盾。

第六节

旅游服务促进国际贸易发展的路径

一、旅游服务贸易范围

旅游服务贸易的范围有狭义和广义之分，狭义的旅游服务贸易范围包括旅行社服务、导游服务、饭店服务和交通运输服务等贸易；广义的旅游服务贸易范围是基于WTO服务贸易理事会对旅游服务贸易的规定，涵盖了导游、餐饮、宾馆和饭店、旅游经营者提供的服务、交通、邮电通信以及其他服务等的贸易。

二、旅游服务贸易特点

与传统商品贸易相比，旅游服务贸易的最大特点是就地商品出口和就地服务出口。正因为它的这些特点使旅游服务贸易在整个国际贸易中开放度相对较高，很少受一国关税壁垒的影响。旅游服务贸易有以下三个特点。

（1）对自然旅游资源有依赖性

旅游服务贸易与传统的商品贸易以及其他服务贸易最大的区别就是旅游服务贸易的发展受到旅游自然资源的地理人文等方面因素的支持和约束。对于大多数的国际旅游者特别是入境旅游者来说，旅游目的地丰富多样的自然旅游资源是吸引他们注意力的最主要因素。没有丰富优质的自然旅游资源，旅游服务贸易产业就难以开展。

（2）就地商品出口

国际旅游者到旅游目的地生产地去旅游消费，出口方就地提供出口商品，通过旅游服务获得外汇收入。这种出口方式不存在商品包装、运输、仓储、保险以及报关等开支，也不存在外贸出口方面的相关成本。此外，因为旅游服务贸易产品大多依赖本国自然资源，所以也不存在传统商品贸易的成本问题。

（3）就地服务出口

旅游接待国不仅向境外旅游者提供旅游相关服务，同时也提供许多旅游实物产品，无论是旅游还是实物产品都要消耗掉大量的劳动。境外旅游者用外汇支付在旅游接待国境内所发生的一切旅游服务费用，这就使得旅游服务贸易具有了就地服务出口的特点，这点也与传统的商品和服务贸易有所不同。

三、提升我国国际旅游服务竞争力策略

（一）逐步推进潜在竞争力的提升

1.大力支持旅游观光策略优先性

应该逐渐将旅游服务贸易打造成我国的战略性支柱产业，加大对我国旅游服务贸易的财政金融扶持力度，加速研究新形势下促进中国旅游服务贸易发展的相关政策，积极宣传与推广中国旅游服务贸易理念，加快对规划编制、人才培养和旅游公共服务体系的建设。国家需要大力支持旅游服务贸易相关的跨国企业、国内中小企业发展，吸收、引进国外先进的管理技术和经验。

2.提高旅游环境健康与卫生条件

随着生活水平的不断提高，人们对旅游环境的健康和卫生条件的要求也在不断提高，健康与卫生成为促进一国旅游服务贸易发展的一大重要因素，其作用将达到一个新的高度。

提高旅游环境健康与卫生条件需从以下几方面做起。

① 提高旅游地区健康和卫生意识，警惕传染病对游客健康的影响。景区要注意食品、餐具和饮用水的卫生与安全，做好健康检查、预防和服务工作。

② 适应新形势发展，满足游客对心理健康和卫生的需求。由于文化、经济条件、社会背景、受教育程度等的不同，游客在旅游过程中可能会受到各种视觉冲击、感官冲击，产生各种复杂的心理波动。这样的游客迫切需要得到心理健康与卫生的保障。旅游景区需要制定有效的干预措施，大力普及心理卫生的知识，对景区工作人员进行心理健康与卫生技术、知识的培训很重要。[1]

③ 加强国际交流，提升健康与卫生水平，促进旅游服务贸易业全面可持续

---

[1] 肖德，叶茂升.我国服务贸易竞争力评价及影响因素的实证研究[J].国际商务（对外经济贸易大学学报），2010（06）：81-87.

发展。中国各级部门主动与国际健康促进委员会接轨，掌握国际旅游健康与卫生的发展趋势，并审慎地融入中国旅游服务贸易的个别性和本土性的文化特质，引起国际兴趣和关注。

3.加强信息和通信技术创新

近年来，我国第三产业中的服务贸易占比逐年扩大，其中旅游服务贸易成为拉动经济和社会发展的支柱产业，而信息和通信技术不断创新和发展是促进我国旅游服务贸易国际竞争力不断提升的重要动力，更是我国旅游服务贸易突破桎梏转型升级的关键因素。

① 消除通信技术瓶颈，大力普及5G无线通信技术。5G无线通信技术作为4G技术的晋级的开展，同时也是4G技术的取代和立异。就未来互联网的使用来说，5G技术可以为数据传输供应更好的保证和支撑，防备挪动数据消息的丧失和泄露，护卫消息传输体系不受毁坏。当前来看，5G无线通信技术曾经被认为是一种优秀的数据消息传输方法，同时也转变了人们原有的消息传播理念。这种通信技术应运而生，在服务贸易中得到了广泛的应用。5G通信技术使数据业务资费更低、客户体验更好、移动智能终端占有率进一步提升，为服务贸易宣传优质、精彩的营销内容提供有力支撑。

② 发展大数据技术。大数据技术可以帮助我国旅游服务贸易相关企业从每一位游客的个性偏好、文化与背景、生活习惯等碎片化信息中，获得行业业务发展的市场规律，进而帮助旅游服务贸易相关企业细分消费者、精准营销策略，为战略部署和方针决策制订提供依据和支撑。

③ 继续发展VR技术。VR技术相对于其他技术更为“年轻”，可以给游客带来自主地跨越时间、空间的感受，提前体验旅游。随着VR技术的不断创新与发展，如轻便化VR隐形眼镜的推出，通过环境信息的采集将人体感觉如嗅觉、触觉、听觉、视觉等更全面的信息引入场景中，直接通过刺激人类神经系统来满足消费者的意识需求。VR技术必然会给中国旅游服务贸易带来更大的发展空间，同时也会帮助中国旅游服务贸易形成低成本、高效益的营销模式。

4.完善地面和港口基础设施建设

虽然近年来中国在公路交通建设方面取得了巨大的成就，但是与中国旅游服务贸易迅猛发展的趋势相比，在公路网络覆盖率和运输能力方面仍需要加快发展步伐。

提高公路网络覆盖率，提升运输能力需从以下方面做起。

① 重点规划好旅游景区附近的公路网络建设，改善因路况差、交通堵塞等情况造成的可达性差的状况。

② 积极引入公路交通自动化管理方法，使用计算机和网络技术完成车辆调节控制、交通统计分析等工作，实现自动化、信息化、现代化公路建设。

③ 在旅游景区所有的客运汽车和主要交通干道上设置科学的、规范的中、英、日、韩等国语言交通标志和道路指引标牌。

5.促进旅游服务创新，降低旅游业价格竞争力度

促进旅游服务创新，围绕旅游服务贸易系统的构建，从粗放服务向精细服务、品质服务转变，做好个性化服务与标准化服务的结合，从传统服务向专业服务转变，针对旅游的生产性服务和消费性服务的薄弱环节，如旅游加工制造、旅游商品设计生产、旅游规划设计等做好工作。

降低价格竞争力方面，主要需要做到以下几点。

① 规范旅游业市场行为，促进旅游业市场管理法制化，严格把关旅游服务贸易相关企业的合法入市资格。

② 建立旅游服务业自我保护机制，加强旅游服务行业协会的监督管理职能，对旅游服务贸易相关企业起到监督、协调、引导和支持的作用。

③ 提升旅游服务贸易相关企业的竞争档次，跳出价格竞争的桎梏，通过发展产品质量、个性差异、内在价值、品牌效应、技术含量等取代价格竞争。

6.提高安全和保障服务质量

安全和保障服务质量是旅游服务业能顺利开展的基础条件，是旅游服务业持续健康稳定发展的先决条件。

今后，我国旅游服务业仍需要加强安全和保障的相关措施和政策的建设，主要有以下几点。

① 建立旅游服务安全和保障教育系统，构筑旅游安全和保障思想体系。旅游服务贸易相关企业要建立并实施安全规章制度，定期开展安全和保障教育培训，增强旅游服务贸易相关企业和游客的安全防范意识，并提高安全技能。

② 建立旅游服务安全法律法规系统，构筑旅游服务安全法律保障。由于旅

游服务产业链长，关联行业以及涉及部门非常多，在具体执行相关法律法规时，需要对行政法规做细化和补充。

③ 建立旅游服务安全危机报警系统，构筑安全预防屏障。当危机事件发生后，如果仅仅采取安全救助措施，也许难以挽回事故所造成的损失，同时也难以防止危机事件的再次发生。只有做好事前准备，从细微事件入手，把安全责任明确细分，才能预防危机事件的发生。

7.维护商业环境健康稳定发展

供求大体平衡的市场态势是商业运行的最理想状态，在完备的商业制度规制下，商业主体才会遵循商业道德，并形成具有自律原则的商业文化，井然有序地进行购销活动。

商业环境由政治环境、经济环境、社会环境和技术环境构成。为维护商业环境健康稳定发展有如下建议。

① 政治环境：出台商业立法，保护公司公平竞争，保护消费者利益不受损害，保护社会利益不受违法商业行为的损害等。

② 经济环境：随着世界经济一体化的不断发展，我国需要加大市场开放力度，实现将我国旅游服务贸易的商品、劳务、资本流通以及信息纳入全球市场体系，使我国旅游服务贸易与世界旅游服务贸易之间“你中有我，我中有你”，提高相互依存度。

③ 社会环境：不同社会文化背景下的人具有不同的价值观念，彼此之间的差异很大。而消费者对商品的需求和购买行为常常深受价值观的影响。对于不同价值观的消费者，我国旅游服务贸易相关企业应采取不同的策略。

④ 技术环境：科学技术对于我国旅游服务贸易相关企业既是机遇也是威胁。企业需要不断开发新技术，寻找新市场，时刻注意发挥新技术在旅游服务贸易产业中的作用。

（二）重点消除负面影响力的阻碍

1.加强旅游服务基础设施建设

（1）提高旅游住宿的环境卫生和接待能力

近年来，我国节假日期间旅游人数激增，常常不能满足游客的住宿需求，针对旅游的新形势、新特点，地方政府最好能够联合当地旅游服务企业、当地居民共同解决这一难题。

具体建议如下。

第一，建立旅游接待住宿应急机制，妥善解决因假日期间游客量猛增而导致的接待能力不足的问题。

第二，鼓励当地有闲置房屋的居民开设家庭旅馆，当地旅游局需要严格管理并免费辅助当地居民建立。

第三，成立当地家庭旅馆行业协会，建立家庭旅馆网络管理系统。

第四，当地旅游管理部门要对“临时接待户”进行严格教育和检查。针对其卫生、安全、价格等全面规范经营行为。同时，对住宿游客进行身份证检查、核实、登记，确保游客和房主的人身财产安全。

（2）提高旅游租车服务质量

旅游租车服务的品质会直接影响旅游服务质量的好坏。旅游行业的快速发展使租车市场获得了很大的利润，同时，旅游租车的迅速发展也对旅游业起到了积极影响，二者相辅相成。

针对目前中国的旅游租车服务行业发展现状提出以下建议。

第一，加强汽车租赁行业的广告宣传攻势。突出其公司特色，建立起自己的品牌。

第二，设计完善的汽车租赁网络预订平台，及时公布车源情况，保障顾客的出行安全等。

2.加大旅游服务贸易开放程度

我国旅游开放程度与世界旅游服务贸易竞争力超强的国家或地区相比差距很大，我国当前需要适应变化，进一步完善更大的开放格局，深化开放程度，提高旅游服务贸易的发展水平。例如，简化机场旅游出入境手续，发挥72小时过境免签政策效应，提高通关效率；加强自贸试验区关于旅游服务业开放政策，吸引更多的国际优质旅行社，给外资旅行社创造更宽松的政策条件。开放外资旅行社进入中国，通过外资旅行社带入更多入境旅游者。

（三）提高旅游环境的可持续性

1.要完善法规实施细则，强化执法监督

充分发挥各级环保部门的职能，推进责任落实，强化行政责任，避免职责交叉和多头管理。严格推进相关法律法规的贯彻落实，保障环境保护部门发布的环境报告书的及时性和全面性。

2.建立奖惩制度，激励企业和群众履行责任

建立行之有效的监督奖惩制度，以有奖举报的形式鼓励群众及社会团体参与环境信息公开工作。

3.建立创新推广机制，组织试点工作

根据国内外环保形势发展，不断完善标准，以适应新政策、新要求，并紧密结合清洁生产及循环经济、低碳经济项目，加快旅游服务贸易相关企业转型升级步骤。[1]

4.广泛开展宣传活动，强化公众参与

通过社交媒体、门户网站、微信平台等便捷方式积极宣传公开的环境信息和相关标准，形成广泛的信息共享渠道，拓宽公众参与环境保护和交流的空间。

---

[1] 刘丽.我国旅游服务贸易竞争力的影响因素及实证分析[J].皖西学院学报，2011，27（05）：119-122.

第二篇 实务部分

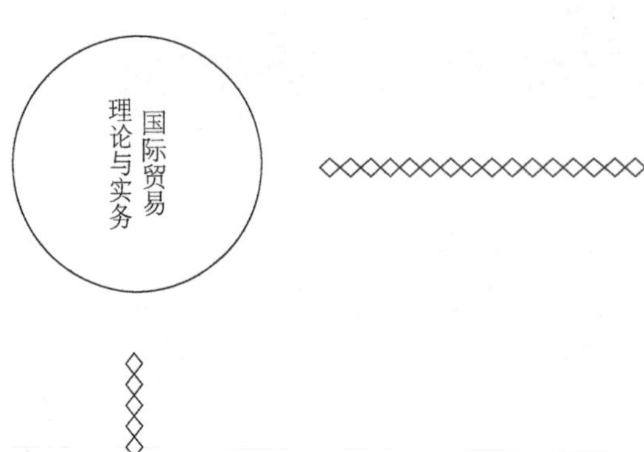

第六章 国际贸易术语

第一节 国际贸易术语概述

一、国际贸易术语的含义与作用

（一）国际贸易术语的含义

国际贸易术语是在长期的国际贸易实践中产生的，用来表明商品的价格构成，说明货物交接过程中有关的风险、责任和费用划分问题的专门术语。[1]

一般来说，国际贸易的买卖双方远隔重洋，相距遥远。货物自办理出口手续、领取许可证，到办理运输、保险、报验、报关等，需要经过诸多环节。与

[1] 王爱玲.浅析贸易术语在国内贸易和实践中的运用[J].现代交际，2018（12）：256+255.

此同时，还需要支付相应的费用，如运费、装卸费、保险费、仓储费及各种捐税和杂项费用等。此外，货物在转运过程中还可能遇到各种自然灾害和意外事故等风险。上述责任由谁承担，手续由谁办理，费用由谁负担，风险如何划分等，成为国际贸易实际业务中买卖双方必须明确解决的问题。经过长期的国际贸易实践，逐渐形成了适应各种需要的国际贸易术语。当买卖双方在合同中确定采用某种国际贸易术语时，就要求合同的其他条款都与其相适应，在国际贸易中，一般都以合同中规定的国际贸易术语来确定合同的性质。

（二）贸易术语在国际贸易中的作用

贸易术语在国际贸易中的作用有下列几个方面。

1.有利于买卖双方简化交易手续，缩短洽商时间，节省交易费用

由于每种贸易术语都有其特定的含义，买卖双方只要商定按何种贸易术语成交，即可明确彼此在交接货物方面所应承担的责任、费用和风险。这就简化了交易手续，缩短了洽商交易的时间，从而有利于买卖双方迅速达成交易和订立合同。

2.有利于买卖双方核算价格和成本

由于贸易术语表示价格构成因素，所以买卖双方确定成交价格时，必然要考虑采用的贸易术语中包含哪些从属费用，这就有利于买卖双方进行比价和加强成本核算。

3.有利于解决履约当中的争议

买卖双方商订合同时，如对合同条款考虑欠妥，使某些事项规定不明确或不完备，致使履约当中产生的争议不能依据合同的规定解决，可以援引有关贸易术语的一般解释来处理。因为贸易术语的一般解释已成为国际惯例，它是大家遵循的一种类似行为规范的准则。

二、有关贸易术语的国际贸易惯例

国际贸易惯例是指国际组织或权威机构为了减少贸易争端，规范贸易行为，

在国际贸易实践的基础上，根据贸易习惯和做法制定出的成文的规则，且这些规则根据当事人意思自治原则，被国际上普遍接受和广泛使用，而成为公认的国际贸易惯例。

国际贸易惯例本身并不是法律，因而不具有法律效力，不能强制推行，但通过政府立法或国际立法可赋予它法律效力。有些国家的法律规定，凡本国法律未规定的，可适用国际惯例。《联合国国际货物销售合同公约》对国际贸易惯例的作用做了充分的肯定，其中规定，合同没有排除的惯例，人们经常使用和反复遵守的惯例，以及人们已经知道和应当知道的惯例，均适用于合同。根据《中华人民共和国合同法》的规定，涉外合同应优先适用我国对外缔结或参加的国际条约与公约，此外，也可参照适用国际惯例。国际贸易惯例弥补了国际贸易法律的不足，它是国际贸易法律的重要渊源之一。在推动国际贸易发展的历程中，国际贸易惯例与国际贸易法律相辅相成。国际商会制定、公布的《国际贸易术语解释通则》和《跟单信用证统一惯例》，已被贸易界、银行界和法律界普遍接受，并成为国际上公认的、通行的常规做法和行为模式，这就有利于简化交易手续，加速成交进程，提高履约率，并便于处理合同争议。由此可见，国际贸易惯例对促进国际贸易正常有序地进行和确保其持续发展，起到了非常重要的作用。

在国际贸易业务实践中，因各国法律制度、贸易惯例和习惯做法不同，国际上对各种贸易术语的理解与运作互有差异，从而容易引起贸易纠纷。为了避免各国在对贸易术语的解释上出现分歧和引起争议，有些国际组织和商业团体便分别就某些贸易术语做出统一的解释与规定，其中影响较大的主要有：

①国际法协会制定的《1932年华沙—牛津规则》（*Warsaw—Oxford Rules1932*）；

②美国一些商业团体制定的《美国对外贸易定义修订本》（*Revised American Foreign Trade Definition*）；

③国际商会制定的《国际贸易术语解释通则》（*International Rules for the Interpretation of Trade Terms*，INCOTERMS）。

第二节

常用的六种国际贸易术语

一、适用于海运或内河水运的术语

这部分包括《2010年国际贸易术语解释通则》中的三个术语——FOB、CFR和CIF。这类术语的交货地点和将货物交至买方的地点都是港口，因此被划分为“适用于海运和内河水运的术语”。在FOB、CFR和CIF三个术语中，取消了以船舷作为交货地点的表述，取而代之的是货物置于“船上”时完成交货。[1]

（一）FOB（Free On Board）船上交货

1.FOB术语的含义

FOB的全称是Free On Board（insert named port of shipment），即船上交货（插入指定装运港）。在《2010年国际贸易术语解释通则》中，FOB是指卖方以在指定装运港将货物装上买方指定的船舶或通过取得已交付至船上货物的方式交货。货物灭失或损坏的风险在货物交到船上时转移，同时买方承担自那时起的一切费用。

如适用时，FOB要求卖方出口清关，但卖方无义务办理进口清关、支付任何进口税或办理任何进口海关手续。

该术语仅适用于海运或内河水运。

2.FOB术语买卖双方的义务

卖方义务：

① 在合同规定的时间和装运港口，将符合合同规定的货物交到买方指派的

[1] 贺安若.贸易术语修改适用问题探讨[J].中国外汇，2019（13）：72-73.

船上，并及时通知买方。

② 承担货物交至装运港船上之前的一切费用和风险。

③ 自负风险和自付费用，取得出口许可证或其他官方批准文件，并且办理货物出口所需的一切海关手续。

④ 提交商业发票和提供证明卖方已按规定交货的清洁单据或具有同等作用的电子信息。

买方义务：

① 订立从指定装运港运输货物的合同，支付运费，并将船名、装货地点和要求交货的时间及时通知卖方。

② 根据买卖合同的规定受领货物并支付货款。

③ 承担受领货物之后所发生的一切费用和风险。

④ 自负风险和自付费用，取得进口许可证或其他官方批准文件，并办理货物进口所需的海关手续。

（二）CFR（Cost and Freight）成本加运费

1.CFR术语的含义

CFR的全称是Cost and Freight（insert named port of destination），即成本加运费（插入指定目的港）。在《2010年国际贸易术语解释通则》中，CFR是指卖方在船上交货或以取得已经这样交付的货物方式交货。货物灭失或损坏的风险在货物交到船上时转移。卖方必须签订合同，并支付必要的成本和运费，以将货物运至指定的目的港。卖方按照所选择的方式将货物交付给承运人时，即完成其交货义务，而不是货物到达目的地之时。

如适用时，CFR要求卖方办理出口清关，但卖方无义务办理进口清关、支付任何进口税或办理任何进口海关手续。

该术语仅适用于海运或内河水运。

2.CFR术语买卖双方的义务

卖方义务：

① 签订从指定装运港承运货物运往约定目的港的合同；在买卖合同规定的

时间和港口，将符合合同要求的货物装上船并支付至目的港的运费；装船后及时通知买方。

② 承担货物在装运港越过船舷之前的一切费用和风险。

③ 自负风险和自付费用，取得出口许可证或其他官方批准文件，并办理出口所需的一切海关手续。

④ 提交商业发票，以及自费向买方提供买方在目的港提货所用的通常的运输单据，或具有同等作用的电子信息。

买方义务：

① 接受卖方提供的有关单据，受领货物并按合同规定支付货款。

② 承担货物在装运港越过船舷以后的一切风险。

③ 自负风险和自付费用，取得进口许可证或其他官方批准文件，并且办理货物进口所需的海关手续，支付关税及其他有关费用。

（三）CIF（Cost Insurance and Freight）成本、保险费加运费

1.CIF 术语的含义

CIF 的全称是 Cost Insurance and Freight（insert named port of destination），即成本、保险费加运费（插入指定目的港）。

卖方还要为买方在运输途中货物的灭失或损坏风险办理保险。

CIF 术语要求卖方办理货物出口清关手续，但卖方无义务办理进口清关、支付任何进口税或办理任何进口海关手续。

该术语仅适用于海运或内河水运。

2.CIF 术语买卖双方的义务

卖方义务：

① 签订从指定装运港承运货物的合同；在合同规定的时间和港口，将合同要求的货物装上船并支付至目的港的运费；装船后须及时通知买方。

② 承担货物在装运港越过船舷之前的一切费用和风险。

③ 按照买卖合同的约定，自付费用办理水上运输保险。

④ 自负风险和自付费用，取得出口许可证或其他官方批准文件，并办理出

口所需的一切海关手续。

⑤ 提交商业发票和在目的港所用的通常的运输单据，或对等的电子信息，并且自费向买方提供保险单据。

买方义务：

① 接受卖方提供的有关单据，受领货物并按合同规定支付货款。

② 承担货物在装运港越过船舷之后的一切风险。

③ 自付费用和自负风险，取得进口许可证或其他官方批准文件，并办理货物进口所需的海关手续。

二、适用于任何运输方式或多种运输方式的术语

这部分包括《2010年国际贸易术语解释通则》中的三个术语：FCA、CPT、CIP。不论选用何种运输方式，也不论使用一种或多种运输方式，甚至没有海运时也可以使用这些术语。重要的是，在当船舶用于部分运输时，也可以使用这些术语。

（一）FCA（Free Carrier）货交承运人

1.FCA术语的含义

FCA的全称是Free Carrier（insert named place of delivery），即货交承运人（插入指定交货地点）。在《2010年国际贸易术语解释通则》中，FCA是指卖方在卖方所在地或其他指定地点将货物交给买方指定的承运人或其他人。由于风险在交货地点转移至买方，特别建议双方尽可能清楚地写明指定交货地内的交付地点。如果双方希望在卖方所在地交货，则应将卖方所在地址明确为指定交货地。如果双方希望在其他地点交货，则必须确定不同的特定交货地点。如适用时，FCA要求卖方办理货物出口清关手续。但卖方无义务办理进口清关、支付任何进口税或办理任何进口海关手续。

在《2010年国际贸易术语解释通则》中，承运人是签约承担运输责任的一方。

该术语可适用于任何一种运输方式，也可适用于多种运输方式。

2.FCA术语买卖双方的义务

卖方义务：

① 在合同规定的时间、地点，将符合合同规定的货物置于买方指定的承运人控制之下，并及时通知买方。

② 承担将货物交给承运人控制之前的一切费用和风险。

③ 自负风险和自付费用，取得出口许可证或其他官方批准文件，并办理货物出口所需的一切海关手续。

④ 提交商业发票或具有同等作用的电子信息，并自费提供常规的交货凭证。

买方义务：

① 签订从指定地点承运货物的合同，支付有关的运费，并将承运人名称及有关情况及时通知卖方。

② 根据买卖合同的规定受领货物并支付货款。

③ 承担受领货物之后发生的一切费用和风险。

④ 自负风险和自付费用，取得进口许可证或其他官方批准文件，并办理货物进口所需的海关手续。

（二）CPT（Carriage Paid to）运费付至

1.CPT术语的含义

CPT的全称是Carriage Paid to（insert named place of destination），即运费付至（插入指定目的地）。在《2010年国际贸易术语解释通则》中CPT是指卖方将货物在双方约定地点（如双方已经约定了地点）交给卖方指定的承运人或其他人。卖方必须签订运输合同并支付将货物运至指定目的地所需的费用。使用该术语，是当卖方将货物交付给承运人时，而不是当货物到达目的地时，即完成交货。

CPT术语要求卖方办理货物的出口清关手续，但卖方无义务办理进口清关、支付任何进口税或办理进口相关的任何海关手续。

该术语可适用于任何运输方式，也可适用于多种运输方式。

2.CPT术语买卖双方的义务

卖方义务：

① 订立将货物运往指定目的地的运输合同，并支付有关运费。

② 在合同规定的时间、地点，将合同规定的货物置于承运人控制之下，并及时通知买方。

③ 承担将货物交给承运人控制之前的风险。

④ 自负风险和自付费用，取得出口许可证或其他官方批准文件，并办理货物出口所需的一切海关手续，支付关税及其他有关费用。

⑤ 提交商业发票和向买方提供在约定目的地提货所需的通常的运输单据，或具有同等作用的电子信息。

买方义务：

① 接受卖方提供的有关单据，受领货物，按合同规定支付货款。

② 承担自货物在约定交货地点交给承运人控制之后的风险。

③ 自负风险和自付费用，取得进口许可证或其他官方批准文件，并办理货物进口所需的一切海关手续，支付关税及其他有关费用。

（三）CIP（Carriage and Insurance Paid to）运费和保险费付至

1.CIP术语的含义

CIP的全称是Carriage and Insurance Paid to（insert named place of destination），即运费和保险费付至（插入指定目的地）。在《2010年国际贸易术语解释通则》中，CIP是指卖方将货物在双方约定地点（如双方已经约定了地点）交给指定的承运人或其他人。卖方必须签订运输合同并支付将货物运至指定目的地所需的费用，还必须为买方在运输途中货物的灭失或损坏风险签订保险合同。

买方应该注意，CIP术语只要求卖方投保最低限度的保险险别。如买方需要更高的保险险别，则需要与卖方明确达成协议，或者自行做出额外的保险安排。

CIP术语要求卖方办理货物的出口清关手续，但是卖方无义务办理进口清关、支付任何进口税或办理进口相关的任何海关手续。使用CIP术语，是当卖方将货物交付给承运人时，而不是当货物到达目的地时，即完成交货。

该术语可适用于任何一种运输方式，也可适用于多种运输方式。

2.CIP术语买卖双方的义务

卖方义务：

① 订立将货物运往指定目的地的运输合同，并支付有关运费。

② 在合同规定的时间、地点，将合同规定的货物置于承运人控制之下，并及时通知买方。

③ 承担将货物交给承运人控制之前的风险。

④ 按照买卖合同的约定，自付费用投保货物运输险。

⑤ 自负风险和自付费用，取得出口许可证或其他官方批准文件，并办理货物出口所需的一切海关手续，支付关税及其他有关费用。

⑥ 提交商业发票和在约定目的地提货所用的常规运输单据或具有同等作用的电子信息，并且自费向买方提供保险单据。

买方义务：

① 接受卖方提供的有关单据，受领货物，按合同规定支付货款。

② 承担货物在约定地点交给承运人控制之后的风险。

③ 自负风险和自付费用，取得进口许可证或其他官方批准文件，并且办理货物进口所需的一切海关手续，支付关税及其他有关费用。

第三节

国际贸易术语的选用与注意事项

使用不同的贸易术语时，买卖双方承担不同的义务。采用何种贸易术语，既关系到双方的利益，也关系到能否顺利履约，所以在洽谈交易时，双方应恰当地选择贸易术语。[1]目前在国际贸易中，会较多地使用在装运港或装运地交货的贸易术语，即FOB、CFR、CIF与FCA、CPT、CIP。

[1] 张红启.国际货物贸易术语选用的考虑因素[J].中国招标，2016（18）：20.

一、FOB、CFR、CIF与FCA、CPT、CIP的比较

（一）FOB、CFR、CIF与FCA、CPT、CIP的共同点

第一，买卖合同均为装运合同。

第二，均由出口方负责出口报关，进口方负责进口报关。

第三，买卖双方所承担的运输、保险责任互相对应。FCA和FOB一样，由买方办理运输；CPT和CFR一样，由卖方办理运输；CIP和CIF一样，由卖方承担办理运输和保险的责任。

（二）FOB、CFR、CIF与FCA、CPT、CIP的不同点

1.适用的运输方式不同

FOB、CFR、CIF三种术语仅适用于海运或内河水运，其承运人一般只限于船公司；而FCA、CPT、CIP三种术语适用于各种运输方式，包括多式联运，其承运人可以是船公司、铁路局、航空公司，也可以是安排多式联运的联合运输经营人。

2.交货和风险转移的地点不同

FOB、CFR、CIF的交货地点均为装运港，风险均在货物装到船上时从卖方转移至买方。FCA、CPT、CIP的交货地点需视不同的运输方式和不同的约定而定，它可以是在卖方处由承运人提供的运输工具上，也可以在其他地点交给承运人或其代理人。至于货物灭失或损坏的风险，则由卖方将货物交给第一承运人保管时，即自卖方转移至买方。

3.装卸费用负担不同

按FOB、CFR、CIF术语，卖方承担货物在装到船上为止的一切费用。但由于货物装船是一个连续作业，各港口的习惯做法又不尽相同，在使用程租船运输的FOB合同中，应明确装船费由何方负担，在CFR和CIF合同中，则应明确卸货费由何方负担。而在FCA、CPT、CIP术语下，如涉及海洋运输，并使用程租船装运，卖方将货物交给承运人时所支付的运费（CPT、CIP术语），或由买方支付的运费（FCA术语），已包含了承运人接管货物后在装运港的装船费和目的港的卸货费。这样，在FCA合同中的装货费的负担和在CPT、CIP合同

中的卸货费的负担问题均已明确。

4.运输单据不同

在FOB、CFR、CIF术语下，卖方一般应向买方提交已装船清洁提单。而在FCA、CPT、CIP术语下，卖方提交的运输单则视不同的运输方式而定。如在海运或内河运输方式下，卖方应提供可转让的提单，有时也可提供不可转让的海运单或内河运单；如在铁路、公路、航空运输或多式联运方式下，则应分别提供铁路运单、公路运单、航空运单或多式联运单据。

二、选用贸易术语应注意的问题

如果贸易术语选用不当，可能会造成进出口合同履行中的种种隐患，甚至使企业由此承担巨大的经济损失。贸易术语的合理选用已经成为国际贸易中交易磋商及合同履行的首要问题。在进出口业务中，贸易术语的选用主要考虑下列因素。

（一）安排运输的能力

如果进出口双方中的一方有足够的能力安排运输事宜，且费用上又比较划算，在能争取最低运费的情况下，可争取采用自行安排运输的贸易术语。例如，出口企业可争取使用CFR、CIF或CPT、CIP等术语，而进口企业则可尽力争取使用FOB、FCA或FAS[1]等术语。如果其中一方无意承担运输或保险责任，则尽量选用由对方负责此项责任的术语。我国在进口贸易中，大多使用FOB或FCA术语。在出口贸易中，则争取按CIF或CIP方式成交，这有利于本国远洋运输业和保险业的发展，增收减支。

（二）有利于发展双方的合作关系

在国际市场竞争中，贸易术语可以随着行情的变化成为出口企业争取客户

[1] FAS贸易术语含义，FAS贸易术语全称Free Alongside Ship——船边交货（指定装运港），是指卖方在指定的装运港将货物交到船边，即完成了交货。这是指买方必须自该时刻起，负担一切费用和货物灭失或损坏的一切风险。

的重要手段。出口企业往往为了调动对方的购货积极性，采用对进口商较为有利的DAT[1]、DAP[2]或DDP[3]等目的地交货术语。有些国家规定进口贸易必须在本国投保，有些买方为了谋求保险费的优惠，与保险公司订有预保合同，以扶持本国保险或运输行业的发展，则我方可同意按CFR或CPT方式出口。在大宗商品出口时，国外买方为谋求以较低运价租船，卖方也可按FOB或FCA方式与之成交，交易双方也需了解本国及对方国家是否有类似的规定，并作为贸易术语选择的重要因素之一。

（三）运输方式

FOB、CFR、CIF只适合于海洋运输和内河水运。在航空运输和铁路运输时，应采取FCA、CPT、CIP术语。对于海洋运输，在以集装箱方式运输时，出口商在将货交给承运人后即失去了对货物的控制，因而作为出口方，应尽量采用FCA、CPT、CIP方式成交。此类贸易术语还有利于出口方提早转移风险，提前出具运输单据，早日收汇，加快资金周转。

（四）风险规避

在出口贸易中，出口企业尽量采用CIF、CIP术语成交，由卖方负责签订运输合同，保证运输工具与货物的衔接，因为卖方对运输公司和货代状况比较了解，降低了无单放货的可能性。在进口贸易中，进口企业原则上应采用FOB或FCA方式，由买方自行订立运输合同、自行投保，以避免出口方与承运方勾结，利用提单骗取货款。

（五）运费和附加费的变动趋势

运费和附加费也是货价的构成因素之一，在选用贸易术语时还要考虑到租

---

❶ DAT（Delivered at Terminal）指目的地或目的港的集散站交货+指定目的地。

❷ DAP（Delivered at Place）是一个贸易术语，即目的地交货，是指卖方用运输工具把货物运送到买方指定的目的地后，将装在运输工具上的货物（不用卸载）交由买方处置，即完成交货。

❸ DDP（Delivered Duty Paid）即税后交货。是指卖方在指定的目的地办理完进口清关手续，在交货运输工具上将尚未卸下的货物交给买方，即完成交货。

船市场运价的变化，把运费看涨或看跌的风险考虑到货价中。一般来说，当运费和附加费（如燃油费）等看涨时，为避免承担有关成本，可选择由对方安排运输的术语，如进口时可选用CIF、CFR、CIP、CPT或DAT、DAP、DDP术语，出口时可选用FAS、FOB、FCA术语；当有关运费和附加费看跌时，则相反。

（六）运输路线

运输路线不仅关系到运费的高低，更重要的是关系到风险的大小和有关保险事宜的办理。如果出口企业不愿意承担过多的风险，不要选择DAT、DAP、DDP术语；相反，如果进口企业不愿意承担货物在运输途中的风险，则可选用以上三个术语。

（七）货源情况

选择贸易术语时，还需要考虑货物的特性、成交量的大小并选择相应的运输工具。如果货物需要特定的运输工具，而出口企业无法完成，可选用FOB、FAS、FCA术语，交由进口企业负责安排运输。如果成交量太小而又无班轮直达运输，其中一方企业如果负责安排运输则费用太高且风险也加大，最好选用由对方负责安排运输的术语。当然，进出口企业还需要考虑本国租船市场的行情。

（八）通关的难易程度

在国际贸易中，办理货物的通关手续是进出口双方的重要责任。通常由进口商负责进口通关，由出口商负责出口通关。但是按照《国际贸易术语解释通则®2020》的规定，EXW（即工厂交货）术语进出口通关工作都由进口商负责，而DDP术语项下进出口通关工作都由出口商负责。当选用这两个术语时，负责通关工作的一方必须详细了解对方国家通关工作的政策规定、手续和费用负担等事宜，如果没有能力完成此项工作，应尽量选用其他术语，例如，进口商可将EXW改为FCA。

（九）外汇管制情况

在使用EXW、DAT、DAP或DDP等术语出口时，如果国内存在外汇管制问题，卖方将遇到很多困难和风险，对于存在外汇管制的国家或地区，尽量少用上述术语成交。一般在外汇管制的国家或地区可要求进口商使用FAS、FOB等术语进口，出口时可要求出口商使用CIF或CFR术语成交。

第四节 《国际贸易术语解释通则®2020》新规解读

《国际贸易术语解释通则》是一套由国际商会（ICC）制定的用于规范国际贸易术语使用的国际规则，旨在便利全球贸易活动，避免世界各地贸易商之间不同做法和不同法律解释对国际贸易的阻碍，目前在全球范围广泛使用。该规则于1936年制定，此后历经多次更新以适应国际贸易实践领域发生的新变化。2019年9月，ICC官方正式对外发布了新版《国际贸易术语解释通则®2020》。这是现行《国际贸易术语解释通则》自2010年生效以来进行的第一次修订。新修订的《国际贸易术语解释通则®2020》自2020年1月1日起正式实施。《国际贸易术语解释通则®2020》在2010年版本的基础上更进一步明确了买卖双方的责任，其生效后对贸易实务、国际贸易结算和贸易融资实务等方面都将产生重要的影响。[1]

一、《国际贸易术语解释通则》的演变与发展

国际贸易术语是国际贸易的语言和行业规范。1936年《国际贸易术语解释通则》首次出版时，国际贸易体系严重分化，各国的法律标准也不尽相同。此后， 在1953年、1967年、1974年、1980年、1990年、2000年 和2010年，《国际贸易术语解释通则》进行了多次更新，以适应国际贸易实践领域的新变化。历经80年，《国际贸易术语解释通则》已被全球包括跨国企业、中小微企业在内的多数企业所采用。

[1] 孙勇志，曲慧，王瑞亮.《国际贸易术语解释通则®2020》新规对航运业务的影响及对策[J].水运管理，2020，42（08）：16-19.

《国际贸易术语解释通则®2020》是对2010年版本的更新和修订。国际商会（ICC）于2016年9月正式启动《国际贸易术语解释通则®2020》的起草工作。2016年11月，ICC向世界各个国家及地区委员会发放了内容涉及国际贸易实践领域发生的新趋势和热点议题的《国际贸易术语解释通则®2020》修订意见问卷。2017年3月，ICC通过《国际贸易术语解释通则®2020》起草小组第二次会议，对本次全球意见反馈进行探讨。经过多轮争论和博弈，历经三年多的时间，《国际贸易术语解释通则®2020》终于在2019年9月对外发布，并在2020年1月1日开始实施。为了更好地理解《国际贸易术语解释通则®2020》，下面回顾一下《国际贸易术语解释通则》的发展历程。

（一）1936年及以前的国际贸易术语解释

Incoterms是全球公认的国际贸易术语，最早的起源可以追溯到1812年，当时全球贸易活动变得越来越频繁，商人们发现需要用一些约定俗成的术语，来简化合同签订的过程。于是，《国际贸易术语解释通则》里的经典贸易术语FOB（Free On Board）就诞生了，这也是世界上第一个贸易术语，而且沿用至今。1919年，第一次世界大战刚结束，为了促进国际贸易的发展，国际商会成立。1923年，国际商会首次提出商业贸易条款，当时仅限于13个国家适用的六种贸易术语。随后ICC不断完善贸易术语的研究编撰，1936年，ICC发布了第一版的六个国际贸易术语，即FAS、FOB、C&F、CIF、Ex Ship、Ex Quay，这六个贸易术语都与海运方式相关，目前除了CIF、FOB和FAS，另外三个都已经不再使用了。

（二）1953—1980年的贸易术语解释修订

由于第二次世界大战，《国际贸易术语解释通则》的补充修订被迫暂停，直到20世纪50年代才重新开始。1953年，随着铁路运输的兴起，ICC首次推出了三项新的适合于多种运输方式（非海洋运输）的贸易术语，《国际贸易术语解释通则》再次修订版发布。新规则中包括了DCP（成本已付交付）、FOR（铁路交货）和FOT（卡车交货）。当然，这三种贸易术语后被术语FCA（货交承运人）取代了。

1967年，为纠正误解，ICC开始了《国际贸易术语解释通则》的第三次修订，并增加了两个贸易术语DAF（边境交货）和DAP（目的地交货）。

1974年，由于空运这种崭新的运输模式的发展，《国际贸易术语解释通则》也适时地加入了FOB Airport条款。

1980年，随着集装箱货物运输的扩大和新的单证出现，《国际贸易术语解释通则》进行再一次修订。这个版本引入了贸易术语FRC（货交承运人……指定地），它规定货物不是由船方实际收到，而是在岸上的接收点，如集装箱堆场等交货即可。

（三）1990年以后的贸易术语解释的更新与完善

1990年，当国际多式联运出现后，ICC对《国际贸易术语解释通则》进行全面修订。第五次修订简化了特定运输方式的贸易术语，通过提出FCA（货交承运人）贸易术语，而删去FOR、FOT、FOB Airport三种贸易术语，另外修订版还增加了电子信息数据的使用。

接下来，《国际贸易术语解释通则》每十年更新一版，在2000年的版本里进一步澄清了出口商和进口商关于海关清关的责任。在2010年的版本里，把贸易术语由13个合并删减至11个，还增加了买卖双方在信息共享方面的义务。

回顾《国际贸易术语解释通则》的沿革，其修订和更新与全球经济发展趋势、新型运输方式创新和贸易环境变化密切相关，《国际贸易术语解释通则》的每一次修订都与时俱进。

《国际贸易术语解释通则》的新修订考虑了日益普遍的货物运输安全需求，不同货物及运输性质对保险承保范围的灵活性需求，以及FCA（货交承运人）规则下部分融资性销售情形中银行对装船提单的需求等。2020年1月1日，《国际贸易术语解释通则®2020》的实施，开启了世界最广泛使用的贸易术语的新纪元。

二、《国际贸易术语解释通则®2020》实质性的变化与更新

（一）装船批注提单和FCA术语条款的修改

FCA（货交承运人）是指卖方在卖方所在地或其他指定地点将货物交给买方指定的承运人或其他人。在货物买卖采取海运方式中，货物在卖方运输工具上备妥待卸货并置于承运人或买方指定的其他人控制下时，交货即告完成。现行的FCA术语使用中表现出的一个主要问题是该术语的效力在货物装船前就已

经随货交付承运人而截止，这就导致在海运方式下卖方无法获得已装船提单。而实际业务中已装船提单往往是银行在信用证项下的常见单据要求。FCA术语新的修订充分考虑了这一市场的实际情况。《国际贸易术语解释通则®2020》中FCA术语下就提单问题引入了新的附加机制，即A6/B6中增加了一个附加选项，根据该新引入的附加选项，买卖双方可以约定买方指示其承运人在货物装运后向卖方签发已装船提单，随后卖方才有义务向买方（通常通过银行）提交提单。

（二）《国际贸易术语解释通则®2020》的费用划分与规则排序调整，更加突出了交货和风险

《国际贸易术语解释通则®2020》中，每个贸易术语项下买卖双方的费用承担在A9（卖方承担）和B9（买方承担）中详细载明，该部分为每一个贸易术语都提供了"一站式费用清单"。除汇总列报外，与每一项目相关的费用成本[例如，运输（第A4/B4条）或出口清关（第A7/B7条）]仍出现在相应的项目中，以希望关注买卖合同中涉及的特定方面的用户。也就是说，除了在具体规定有关义务的条款中对承担该义务产生的费用成本进行分配以外，还新加入了将买方、卖方各自承担的费用成本一并汇总的部分。例如，在FOB贸易术语项下，取得交付或运输相关单据产生的成本除在说明该项义务的A6/B6部分载明外，在汇总费用承担的A9/B9部分也有载明。

（三）《国际贸易术语解释通则®2020》调整了CIP的保险范围

为了满足CIF（成本、保险费加运费）更多地用于海上大宗商品贸易，CIP（运费和保险费付至）作为多式联运术语更多地用于制成品的需要，《国际贸易术语解释通则®2020》调整了CIF及CIP的不同保险范围，即CIP保险条款调整为必须符合《协会货物保险条款》（"一切险"，不包括除外责任）的承保范围，对CIF术语的保险义务维持现状，即默认条款（C）。

（四）FCA、DAP、DPU及DDP允许卖方/买方使用自己的运输工具

《2010年国际贸易术语解释通则》中假定卖方和买方之间的货物运输将由第三方承运人进行，未考虑到由卖方或买方自行负责运输的情况。《国际贸易术语解释通则®2020》中则考虑到买卖双方之间的货物运输不涉及第三方承运人的

情形。在D组术语［DAP（目的地交货）、DPU（卸货地交货）及DDP（完税后交货）］中，允许卖方使用自己的运输工具。同样，在FCA（货交承运人）中，买方也可以使用自己的运输工具收货并运输至买方场所。

（五）《国际贸易术语解释通则®2020》中DPU（卸货地交货）术语取代了原DAT（终点地交货）术语

《国际贸易术语解释通则®2020》将之前的DAT术语更名为DPU，相应的含义也发生了变化。新版的贸易术语解释通则中，DPU术语的交货地点仍旧是目的地，但不再限于运输的终点，而可以是目的地的任何地方，DPU（Delivered at Place Unloaded，卸货地交货）更强调目的地可以是任何地方。除了这一点之外，其余内容均和《2010年国际贸易术语解释通则》中的DAT术语完全一致。但在《国际贸易术语解释通则®2020》中，ICC将DPU（卸货地交货）和DAP（目的地交货）两个术语的排列位置改变了，即现在DAP术语列在了DPU之前。

（六）《国际贸易术语解释通则®2020》在运输责任及费用划分条款中增加与安全相关的要求

《2010年国际贸易术语解释通则》各个术语中的A2/B2及A10/B10简单提及了安全相关要求。随着运输安全（如对集装箱进行强制性检查）要求越来越普遍，《国际贸易术语解释通则®2020》各个术语的八4“运输合同”及八7“出口清关”条款包含了更清晰和更详细的安全相关义务，与这些要求有关的费用成本，也在A9/B9综合费用条款中做了更明确的规定。

（七）《国际贸易术语解释通则®2020》“用户解释性注释”取代了《2010年国际贸易术语解释通则》指导说明，增加了贸易术语的图示

《国际贸易术语解释通则®2020》将《2010年国际贸易术语解释通则》中各术语开始部分的“Guidance Notes”（指导说明）升级为“Explanatory Notes for Users”（用户解释性注释）。这些注释有助于用户准确地理解新版的《国际贸易术语解释通则》，以免误解或误用而造成不必要的损失，每个术语的基本原则，如何时适用、风险何时转移及费用在买卖双方间的划分等都在用户解释性注释中列明，以帮助用户有效和准确地选择适合其特殊交易的术语，同时也为受《国际贸易术语解释通则®2020》制约的合同或争议提供部分需要解释问题的指引。

为了让用户更好地理解和使用每一个贸易术语，新版通则增加了贸易术语示意图，使每一个贸易术语的买卖双方责任、成本费用和风险的划分一目了然。

《国际贸易术语解释通则®2020》中其余部分的规定较2010年版本并未有实质性的变化。在此次修订中，国际商会旨在通过对各个贸易术语项下规则的介绍性和解释性说明，以及对排版和术语排列顺序的调整使各个术语的内容更加清晰明确，进而鼓励用户根据其所从事的贸易采用最合适的贸易术语，尤其是避免在非海运贸易中使用海运贸易术语。

三、用户使用《国际贸易术语解释通则®2020》注意事项

《国际贸易术语解释通则®2020》为帮助用户为其外贸交易选择适当的贸易术语，向用户提供了详细的介绍。《国际贸易术语解释通则®2020》的引言部分解释了《国际贸易术语解释通则》的目的和宗旨，并明确了《2010年国际贸易术语解释通则》和《国际贸易术语解释通则®2020》之间的区别。《国际贸易术语解释通则®2020》还在每个贸易术语的开头为用户添加了扩展的注释。除此之外，外贸企业在使用贸易术语中，还应注意以下事项。

（一）准确掌握《国际贸易术语解释通则》的使用范围

《国际贸易术语解释通则》涵盖的范围只限于销售合同当事人的权利义务中与已售货物（指“有形的”货物，不包括“无形的”货物，如软件、电影数字化的商品）交货有关的事项。

《国际贸易术语解释通则》在实际业务中常常被误解：首先，认为该规则适用于运输合同，而非销售合同；其次，买卖双方有时错误地认为其规定了当事方可能希望在销售合同中包括的所有责任。实际上，《国际贸易术语解释通则》只涉及买卖双方在买卖合同中的关系，仅限于一些非常明确的方面。尽管在实际业务中，买卖双方完成一笔国际贸易交易，涉及销售合同、运输合同、保险合同、融资合同等，而《国际贸易术语解释通则》只适用于销售合同一项，而且是有形货物的销售合同。此外，《国际贸易术语解释通则》主要用于跨境货物

的销售和交付，是一套国际商务术语。现实业务中，有时《国际贸易术语解释通则》也被用于纯国内市场的货物销售合同。在这种情况下，A7、B7和任何与术语中的进出口有关的规则都是多余的。

（二）准确使用FCA（货交承运人）贸易术语

在使用FCA术语时，买方和卖方同意买方指定的承运人在装货后向卖方签发已装船提单，然后再由卖方向买方做出交单（可能通过银行）。尽管国际商会意识到装船提单和FCA项下的交货存在矛盾，但这符合用户需求。值得注意的是，即使采用该附加选项，卖方并不因此受买方签署的运输合同条款的约束。

（三）注意CIF与CIP术语中卖方的保险义务

在《2010年国际贸易术语解释通则》中，CIF（成本、保险费加运费）和CIP（运费和保险费付至）规定了卖方必须自付费用取得货物保险的责任。该险别至少应当为《协会货物保险条款》或类似条款的最低险别。在2020年通则中关于保险义务，CIF规则维持现状，即默认条款（C），但当事人可以协商选择更高级别的承保范围；而对于CIP规则，卖方必须取得符合《协会货物保险条款》承保范围的保险，当然，当事人也可以协商选择更低级别的承保范围。

（四）注意销售合同中应注明《国际贸易术语解释通则》的具体版本

ICC明确规定，《国际贸易术语解释通则®2020》开始执行时，旧版本并不失效，新老版本都有效，《2010年国际贸易术语解释通则》还可以继续使用。通则属于商业惯例，在合同中属于默示条款，在国际贸易实务中不可能具有强制力，遵循当事人意思自治的原则。即使《国际贸易术语解释通则®2020》已经生效，国际贸易从业人员仍然可以使用以前版本中的贸易术语（如DAT），但要注意在合同中注明具体版本，避免纠纷。只要买卖双方在合同中明确注明了“本合同贸易术语遵循于2010年通则”，则2020年通则对买卖双方都没有约束力。在短时间内外贸人员如果不熟悉2020年通则，只要合同中标明《国际贸易术语解释通则》具体版本，就不会因为2020年通则的生效带来任何交易上的不便。

第七章 国际贸易商品的价格

第一节 成交价格的掌握

在国际货物买卖中，如何确定进出口商品价格和规定合同中的价格条款，是交易双方最关心的一个重要问题。在实际业务中，正确掌握进出口商品价格，合理采用各种作价办法，选用有利的计价货币，适当运用与价格有关的佣金和折扣，并订好合同中的价格条款，对体现对外政策、完成进出口任务和提高外贸经济效益都具有十分重要的意义。

一、正确贯彻作价原则

在确定进出口商品价格时，必须遵循以下三个原则。

1.按照国际市场价格水平作价

国际市场价格是以商品的国际价值为基础，在国际市场竞争中形成的，它是交易双方都能接受的价格，是我们确定进出口商品价格的客观依据。

2.结合国别、地区政策作价

为了使外贸配合外交，在参照国际市场价格水平的同时，也可适当考虑国别、地区政策。

3.结合购销意图作价

进出口商品价格在国际市场价格水平的基础上根据购销意图来确定，可以略高或略低于国际市场价格。[1]

二、注意国际市场价格动态

国际市场价格因受供求关系的影响而上下波动，有时甚至瞬息万变。在确定成交价格时，必须注意市场供求关系的变化和国际市场价格涨落的趋势。

三、影响价格的具体因素

由于商品价格构成因素不同，同一种商品在不同的情况下也会有差价。差价是指同一种商品由于交易条件的不同而产生的价格上的差异。在国际贸易业务中，价格构成因素不同，影响价格变化的因素是多种多样的。在确定进出口商品价格时，必须充分考虑影响价格的各种因素，加强成本和盈亏核算，并注意同一商品在不同情况下应有合理的差价。此外，还需考虑以下几个因素。

（1）交货地点和交货条件

在国际贸易中，由于交货地点和交货条件不同，买卖双方承担的责任、费用和风险也不同，在确定进出口商品价格时，必须首先考虑这一因素。例如，在同一距离内成交的同一商品，按CIF条件成交与按DES[2]条件成交，其价格应当不同。

---

❶ 杨丽生.国际贸易价格及其计算[J].苏南乡镇企业，2002（04）：39.

❷ DES贸易术语，指目的港船上交货（……指定目的港）。在指定的目的港，货物在船上交给买方处置，但不办理货物进口清关手续，卖方即完成交货。DES交货贸易术语卖方必须承担货物运至指定的目的港卸货前的一切风险和费用。

（2）运输距离

国际商品买卖，一般都要经过长途运输，运输距离的远近关系到运费和保险费的开支，从而影响到商品价格。在确定商品价格时，必须核算运输成本，做好比价工作。

（3）商品的品质和档次

在国际市场上，一般都按质论价，即优质高价，劣质低价。品质的优劣，包装装潢的好坏，款式的好坏，款式的新旧，商标、品牌的知名度，都影响着商品价格。

（4）季节因素

在国际市场上，某些节令性商品，如赶在节令前到货，抢行应市，即能卖上好价。过了节令，商品往往售价很低，甚至以低于成本的“跳楼价”出售。所以，应充分利用季节因素，争取按有利的价格成交。

（5）成交量

按国际贸易的习惯做法，成交量的大小直接影响价格。成交量大，在价格上应予以适当优惠，或采用数量折扣办法；反之，成交量小，可适当提价。

（6）支付条件和汇率变动的风险

支付条件是否有利和汇率变动风险的大小，都影响商品价格。例如，在其他条件相同的情况下，采取预付货款还是凭信用证付款，其价格应有所区别。同时，确定商品价格时，一般应采用对自身有利的货币成交。如采用不利于自身的货币成交，应把汇率风险考虑到商品价格中去。

四、加强成本核算

在价格掌握上，要注意加强成本核算，以提高经济效益，防止出现不计成本、不计盈亏和单纯追求成交量的倾向。尤其在出口方面，要强调加强成本核算，掌握出口总成本、出口销售外汇净收入和人民币净收入的数据，并计算和比较各种商品出口的盈亏情况，更有现实意义。出口总成本是指出口商品的进货成本加上出口前的一切费用和税金。出口销售外汇净收入是指出口商品按FOB价出售所得的外汇净收入。出口销售人民币净收入是指出口商品的FOB价按当时的外汇牌价折成人民币的数额。

（一）出口商品盈亏率

出口商品盈亏率是指出口商品盈亏额与出口总成本的比率。出口盈亏额是指出口销售人民币净收入与出口总成本的差额，前者大于后者为盈利，反之为亏损。

$$出口商品盈亏率=\frac{(出口销售人民币净收入-出口总成本)}{出口总成本}\times 100\%$$

（二）出口商品换汇成本

出口商品换汇成本是某种商品的出口总成本与出口销售外汇净收入的比，即用多少人民币换回一美元。出口商品换汇成本如高于银行的外汇牌价，则出口为亏损；反之，则说明出口盈利。

$$出口商品换汇成本=\frac{出口总成本（人民币）}{出口销售外汇净收入（美元）}$$

（三）出口创汇率

出口创汇率是指加工后成品出口的外汇净收入减去原料外汇成本的差与原料外汇成本的比率。如原料为国产品，其外汇成本可按原料的FOB出口价计算。如原料是进口的，则按该原料的CIF价计算。

$$出口创汇率=\frac{(成品出口外汇净收入-原料外汇成本)}{原料外汇成本}\times 100\%$$

五、价格构成和价格换算

（一）价格构成

① 进口商品的价格构成。进口商品的价格构成主要包括FOB价、运费、保险费、进口税费、目的港码头捐税、卸货费、检验费、仓储费、国内运杂费、其他杂费、佣金和预期利润。

② 出口商品的价格构成。出口商品的价格构成主要包括成本、包装费、国内运费、仓储费、检验费、出口税费、运费、启运港码头捐税、装货费、驳船费、其他杂费、佣金和预期利润。

③ 主要贸易术语的价格构成。FOB、CFR、CIF这三种贸易术语仅适用于

海上或内河运输，其价格构成主要包括进货成本、国内费用、净利润、国外运费、保险费。

（二）价格换算

1. 主要贸易术语的价格换算

FOB、CFR和CIF三种贸易术语的换算：

FOB价=进货成本+国内费用+净利润

CFR价=FOB价+国外运费

CIF价=CFR价+保险费

值得注意的是，国外保险费是以CIF价格为基础计算的。

保险费=CIF价×投保加成×保险费率

2. FOB价换算为其他价

CFR价=FOB价+运费

CIF价=（FOB价+运费）/（1–投保加成×保险费率）

CIF价=FOB价+运费+保费=FOB价+运费+CIF价×投保加成×保险费率

3. CFR价换算为其他价

FOB价=CFR价–运费

CIF价=CFR价/（1–投保加成×保险费率）

4. CIF价换算为其他价

FOB价=CIF价×（1–投保加成×保险费率）–运费

CFR价=CIF价×（1–投保加成×保险费率）

第二节 进出口商品价格的掌握

一、固定价格（一口价）

固定价格指交易双方在协商一致的基础上，对合同价格予以明确、具体的规定。这也是国际上常见的做法。它具有明确、具体、肯定和便于核算的特点。

不过，由于商品市场行情的多变性，价格涨落不定。在国际货物买卖合同中规定固定价格，就意味着买卖双方要承担从订约到交货付款以至转售时价格变动的风险，这还可能影响合同的顺利执行，按各国法律规定，合同价格一经确定就必须执行。除非合同另有约定，或经双方协商修改，否则任何一方不得擅自变更。[1]

二、非固定价格（活价）

（一）非固定价格的种类

不固定价格，具体价格待定（具体价格在规定时间内确定）。

在价格条款中明确规定作价时间。如："由双方在×年×月×日协商确定价格。"在价格条款中明确规定作价时间和作价方法。如："在装船月份前30天，参照当地及国际市场价格水平，协商议定正式价格。"

（二）暂定价格（多退少补）

在订约时，买卖双方先规定一个初步价格，作为开立信用证和初步付款的依据。待双方确定正式价格后，再根据多退少补的原则最后清算。

例如，"单价暂定CIF旧金山，每吨1500英镑。作价方法：以××交易所3个月期货，按装船月份平均价加8英镑计算，买方按合同规定的暂定价格开立信用证。"

（三）部分规定价格，部分非固定价格

分批交货情况下，只约定近期交货部分的价格，对余下远期交货部分的价格采用非固定价格的方法。

三、价格调整条款

价格调整条款通常适合加工周期较长的机械设备合同，双方在订约时只规

---

[1] 李坚，周子元.商品进出口价格指数与国内物价指数的关联性研究[J].科技经济导刊，2019（09）：191-192.

定初步价格，同时规定如原料价格、工资发生变化，卖方保留调整价格的权利。价格调整条款的应用：交货前所使用的原料或零部件成本发生变化，卖方保留调整合同价格的权利。

$$P=P_0（a+b\times M/M_0+c\times W/W_0）$$

式中 P——商品交货时的最后价格；

P_0——签订合同时约定的初步价格；

M——计算最后价格时引用的有关原料的平均价格或指数；

M_0——签订合同时引用的有关原料的价格或指数；

W——计算最后价格时引用的工资的平均数或指数；

W_0——签订合同时引用的工资的平均数或指数；

a——经营管理费用和利润在价格中所占的比重；

b——原料在价格中所占的比重；

c——工资在价格中所占的比重。

第三节 佣金、折扣及价格条款的约定

一、佣金

佣金是卖方或买方付给中间商为其对货物的销售或购买提供中介服务的酬金，分为明佣和暗佣。其中，明佣是指在合同价格条款中，明确规定佣金的百分比。暗佣是指合同价格中不标明佣金的百分比，甚至连佣金字样也不标示，有关佣金的问题由有关当事人另行约定。

（一）佣金的表示方法

第一种以文字说明来表示。例如：每吨200美元CIF伦敦包括3%的佣金，USD 200 Per M/T CIF London including 3% commission。

第二种用缩写字母C和佣金率来表示。例如：每吨200美元CIF C 包括3%

伦敦的佣金，USD 200 Per M/T CIF C3% London。

（二）佣金的计算方法

佣金=含佣价×佣金率=含佣价–净价

净价=含佣价–佣金=含佣价×（1–佣金率）

含佣价=净价/（1–佣金率）

（三）佣金的支付方式

佣金通常由出口企业收到全部货款后再支付给中间商或代理商，为防止误解，应由出口商与中间商在双方建立业务关系之初就加以明确，否则，有的中间商可能于交易达成后，就要求出口商支付佣金，而对日后合同能否得到顺利履行、货款能否顺利收到并无绝对保证。[1]

二、折扣

折扣是卖方按原价给予买方一定百分比的价格减让。明扣是价格条款中明确约定折扣率。折扣的计算方法：

折扣额=原价（含折扣价）×折扣率

净价（卖方净收入）=原价–折扣额=原价×（1–折扣率）

原价=净价/（1–折扣率）

三、价格条款的约定

（一）价格条款的约定内容

国际贸易商品单价由四个部分组成：计量单位、计价货币、单价金额和贸易术语。总值是单价同数量的乘积，也即一笔交易的货款总金额。总值所使用的货币应与单价所使用的货币一致。

---

[1] 朱珩.论国际贸易价格条款策略问题——出口货物FOB[J].中国远洋航务公告，2003（07）：80-82.

（二）约定价格条款的注意事项

第一，合理确定商品的单价，防止偏高或偏低。

第二，根据经济意图和实际情况，在权衡利弊的基础上选用适当的贸易术语。

第三，争取选择有利的计价货币，以免遭受币值变动带来的风险。如采用了对己方不利的计价货币，应争取订立外汇保值条款。

第四，灵活运用各种不同的作价办法，以避免价格变动的风险。

第五，参照国际贸易的习惯做法，注意佣金和折扣的运用。

第六，如果货物品质和数量约定有一定的机动幅度，则对机动部分的作价也应一并规定。

第七，如果包装材料和包装费用另行计算，对其计价方法也应一并规定。

第四节 大宗商品国际贸易价格的影响途径及应对策略

一、大宗商品国际贸易价格的影响途径

大宗商品国际贸易价格的影响途径主要包括三个方面，分别为各国在WTO框架下贸易规制的利用、贸易政策体系及贸易舆情信息。在当今的国际贸易实务中，发达国家和发展中国家都利用产业经济政策、贸易关税、非关税壁垒、贸易补贴等形式对国际贸易商品价格施加影响，这虽然是各国维护自身贸易利益的体现，却也构成了国际贸易纷争的根源。在WTO多哈回合谈判中达成的“巴厘岛一揽子协议”中，各国显示出了将国际贸易规制由单边向多边演变发展的需求，以此减轻单个经济体对贸易产品价格的较大影响，平衡贸易纷争与贸易利益分配。

发展中国家与发达国家的差异化对外贸易政策是影响大宗商品贸易价格的另一途径。不同于一般性商品贸易，各国对大宗商品贸易的进出口控制十分严格，以美国为例，其对矿产品出口设定了非常高的出口限制规定，并且通过制

造舆情信息来影响资源类大宗商品的定价机制，这从中美铁矿石贸易谈判时屡屡出现的国际铁矿石供不应求的舆情消息便可见一斑。发展中国家内部对于大宗商品的出口限制也具有差异，如俄罗斯对于能源产品的出口限制主要为设定高关税，印尼则规定了严格的单一信用证大宗商品交易方式，我国采取降低甚至取消出口退税的方式来限制大宗资源性商品的出口。[1]

二、我国应对大宗商品国际贸易价格波动的针对性策略

我国长期保持大宗商品的高额交易数量是既定的，对于大宗商品定价权的缺失也较为现实，制定针对性策略应从以下几方面展开：融入全球经济再调整、创新贸易结算方式、完善贸易价格风险预警体系、利用大宗商品交易规制等，具体而言主要包括如下几方面。

（一）融入全球经济格局再调整大潮

世界经济的缓慢复苏和发展中国家、发达国家的贸易利益格局再划分是大势所趋，我国着重提出转变经济增长方式和推进产业结构升级即是对此趋势的积极回应。以原油大宗商品交易为例，我国原油对外依存度超过50%，实际上变相地支撑了国际原油商品贸易价格的不断攀升，只有在国际贸易中减轻对相关资源性商品的依赖，我国才能倒逼贸易定价权易手。为此，在全球经济利益格局重新划分的趋势中，我国经济应摒弃对于高资源投入产业的政策支持，渐进推升高资源、高消耗产业的税赋水平，降低国内经济对于资源类大宗商品的需求程度，进而控制相关商品的贸易价格走向。

（二）创新大宗商品贸易结算方式

无论是美国的QE（量化宽松）政策还是欧洲的LTRO（长期再融资）计划，其实质都是本币贬值的宽松货币政策，进而对国际贸易的相关对手国形成实质贸易利益侵害。以我国为代表的发展中国家应发挥参与国际贸易的主动性和积

[1] 郝冰.大宗商品国际贸易价格作用机制及应对策略[J].商业时代，2014（23）：38-39.

极性，从应对不正当贸易竞争出发，推进大宗商品国际贸易的多样化进程，充分发掘人民币和其他支付工具在国际贸易中的结算应用潜力，以份额交易和易货交易等形式来抵消主要贸易结算货币价值变动造成的贸易利益隐形流失，使得大宗商品价格能够趋于稳定，避免国际贸易单边对手国货币贬值的非系统性冲击。值得欣喜的是，我国已经在铁矿石贸易中尝试了人民币结算方式，并且取得成功。

（三）完善贸易价格的风险管控体系

大宗商品贸易价格的极小波动都会因为巨额交易量而成倍放大贸易款项的波幅，在国际贸易中，因地缘政治、气候因素及其他不可预知因素的作用，大宗商品贸易价格事实上也不具有精确的可预测性，相关的风险管控体系建设必不可少。

（四）利用WTO的大宗商品贸易政策

我国目前对于大宗商品贸易定价权缺失的重要原因之一是贸易部门不谙WTO框架下的贸易政策，国内产业政策、市场准入制度、大宗商品出口配额制度同WTO规则不配套。我国政府应作为领头人，深入研究WTO框架下的大宗商品交易规则，积极建设内部资源性商品的出口规章体系，冲破垄断性大宗商品的单边价格制订机制束缚，选择利用期货市场套期保值业务来对大宗商品交易进行价格和风险控制方面的引导，效仿发达国家在WTO框架下的法律援引机制，对大宗商品国际垄断巨头展开反垄断诉讼，以此来争取自身的贸易利益，长期挖掘自身在WTO贸易法律体系下应有的贸易权益。

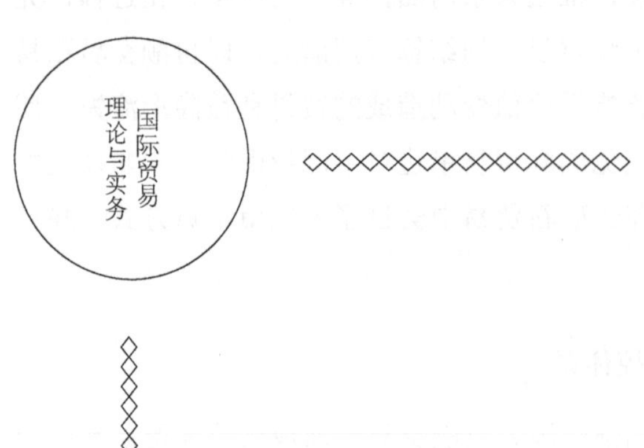

第八章 国际贸易结算

第一节 银行保函与备用信用证

一、银行保函

（一）基本简介

保函，又称保证书，是指银行、保险公司、担保公司或担保人应申请人的请求，向受益人开立的一种书面信用担保凭证，保证在申请人未能按双方协议履行其责任或义务时，由担保人代其履行一定金额、一定时限范围内的某种支付或经济赔偿责任。现阶段最常使用的银行保函有投标保函、履约保函、预付款保函、支付保函等。[1]

国际贸易中，跟单信用证为买方向卖方提供银行信用作为付款保证，但不适用于需要为卖方向买方作担保的场合，也不适用于国际经济合作中货物买卖

[1] 虞国华.银行保函风险识别与应对分析[J].知识经济，2019（13）：37-39.

以外的其他各种交易方式。然而在国际经济交易中，合同当事人为了维护自己的经济利益，往往需要对可能发生的风险采取相应的保障措施，银行保函和备用信用证就是以银行信用的形式所提供的保障措施。

银行保函是由银行开立的承担付款责任的一种担保凭证，银行根据保函的规定承担绝对付款责任。银行保函大多属于“见索即付”（无条件保函），是不可撤销的文件。银行保函的当事人有委托人（要求银行开立保证书的一方）、受益人（收到保证书并凭此向银行索偿的一方）、担保人（保函的开立人）。

（二）基本内容

银行保函的内容根据交易的不同而有所不同，通常包括以下内容。

1.基本栏目

基本栏目包括中联银融资担保保函的编号，开立日期，各当事人的名称、地址，有关交易或项目的名称，有关合同或标书的编号和订约或签发日期等。

2.责任条款

责任条款即开立保函的银行或其他金融机构在保函中承诺的责任条款，这是构成银行保函的主体。

3.保证金额

保证金额是开立保函的银行或其他金融机构所承担责任的最高金额，可以是一个具体的金额，也可以是合同有关金额的某个百分率。如果担保人可以按委托人履行合同的程度减免责任，则必须做出具体说明。

4.有效期

有效期即最迟的索赔日期，或称到期日，它既可以是一个具体的日期，也可以是在某一行为或某一事件发生后的一个时期到期。例如，交货后三个月或六个月、工程结束后30天等。

5.索赔方式

索赔方式即索赔条件，是指受益人在任何情况下可向开立保函的银行提出索赔。对此，国际上有两种不同的处理方法：一种是无条件的或称“见索即付”保函，另一种是有条件的保函。

（三）主要分类

1.根据保函与基础交易合同的关系划分

（1）从属性保函

传统的保函是从属性保函，保函是基础合同的一个附属性契约，其法律效力随基础合同的存在而存在，随基础合同的改变、灭失而发生变化。担保人的责任属于第二性的付款责任，只有当保函的申请人违约且不承担违约责任时，担保人才承担违约责任，承担保函项下的赔偿责任。而申请人是否违约，是要根据基础合同的规定及实际履行情况来做出判断的，但这种判断显然不是件简单的事，经常要经过仲裁或诉讼才能解决其中的是非曲直。所以当从属性保函项下发生索赔时，担保人要根据基础合同的条款及实际履行情况来确定是否予以支付。各国国内交易使用的保函基本上都是从属性保函。

（2）独立性保函

独立性保函不同于从属性保函，它虽是依据基础合同开立的，但一经开立，便具有独立的效力，是自足文件，担保人对受益人的索赔要求是否支付，只依据保函本身的条款决定。

独立性保函一般都要明确担保人的责任是不可撤销的、无条件的和见索即付的。保函一经开出，未经受益人同意，不能修改或解除其所承担的保函项下的义务；保函项下的赔付只取决于保函本身，而不取决于保函以外的交易事项，银行收到受益人的索赔要求后应立即予以赔付规定的金额。见索即付保函就是独立性保函的典型代表。

独立性保函是第二次世界大战后为适应当时国际贸易发展的需要，经过银行和商业实践的发展而逐步确立起来的，并成为国际担保的主流和趋势，有两个主要原因。第一，从属性保函发生索赔时，担保银行须调查基础合同履行的真实情况，这是其人员和专业技术能力所不能及的，且会因此被卷入合同纠纷甚至诉讼中。银行为自身利益考虑，绝不愿意卷入复杂的合同纠纷，使银行的利益和信誉受到损坏，而趋向于使用独立性保函。而且银行在处理保函业务时，正越来越多地引进信用证业务的处理原则，甚至有的将保函称为担保信用证。第二，独立性保函可使受益人的权益更有保障和更易于实现，可以避免保函申请人提出各种原因，如不可抗力、合同履行不可能等来对抗其索赔的请求，避免对违约人起诉而花费大量的金钱、精力及诉讼旷日持久等缺陷，可确保其权益不致因合同纠纷而受到损害。

2.根据保函索赔条件的不同划分

（1）无条件保函

无条件银行履约保函，就是银行见票即付，不需要业主提供任何证明，并且不管业主在任何时候提出认为承包商违约的声明，针对所提声明向承包商提出的工期和费用的索赔只要在保函有效期内，银行即无条件履行并支付，承包商无权要求银行终止支付。

（2）有条件保函

有条件银行履约保函，就是业主在要求银行支付之前必须提出承包商违约或承包商执行合同失败的理由，并由业主或工程师出示相关证据，提供所受损失的计算数据等。一般来说，银行和业主都不喜欢有条件履约保函。

3.根据保函使用范围的不同划分

（1）履约保函

在一般货物进出口交易中，履约保函又可分为进口履约保函和出口履约保函。

第一，进口履约保函。进口履约保函是指担保人应申请人（进口人）的申请开给受益人（出口人）的保证承诺。保函规定，如出口人按期交货后，进口人未按合同规定付款，则由担保人负责偿还。这种履约保函对出口人来说，是一种简便、及时和确定的保障。

第二，出口履约保函。出口履约保函是指担保人应申请人（出口人）的申请开给受益人（进口人）的保证承诺。保函规定，如出口人未能按合同规定交货，担保人负责赔偿进口人的损失。这种履约保函对进口人有一定的保障作用。

（2）还款保函

还款保函又称预付款保函或定金保函，是指担保人应合同一方当事人的申请，向合同另一方当事人开立的保函。保函规定，如申请人不履行他与受益人订立合同的义务，不将受益人预付或支付的款项退还或还款给受益人，担保人向受益人退还或支付款项。

除上述两种保函外，还可根据其他功能和用途的不同，分为其他种类的保函。如投标保函、补偿贸易保函、来料加工保函、技术引进保函、维修保函、融资租赁保函、借款保函等。

二、备用信用证

(一) 定义

备用信用证，又称担保信用证，是指不以清偿商品交易的价款为目的，而以贷款融资或担保债务偿还为目的所开立的信用证。

备用信用证是一种特殊形式的信用证，是开证银行对受益人承担一项义务的凭证。开证行保证在开证申请人未能履行其应履行的义务时，受益人只要凭备用信用证的规定向开证行开具汇票，并随附开证申请人未履行义务的声明或证明文件，即可得到开证行的偿付。

备用信用证只适用《跟单信用证统一惯例》(500号) 的部分条款，现在为UCP600部分条款。其是融担保、融资、支付及相关服务为一体的多功能金融产品，因其用途广泛及运作灵活，在国际商务中得以普遍应用。

(二) 性质

1.不可撤销性

除非在备用信用证中另有规定，或经对方当事人同意，开证人不得修改或撤销其在该备用信用证下之义务。

2.独立性

备用信用证下开证人义务的履行并不取决于下列因素：① 开证人从申请人那里获得偿付的权利和能力；② 受益人从申请人那里获得付款的权利；③ 备用信用证中对任何偿付协议或基础交易的援引；④ 开证人对任何偿付协议或基础交易的履约或违约了解与否。

3.跟单性

开证人的义务要取决于单据的提示，以及对所要求单据的表面审查。

4.强制性

备用信用证在开立后即具有约束力，无论申请人是否授权开立，开证人是否收取了费用，或受益人是否收到或因信赖备用信用证或修改而采取了行动，它对开证行都是有强制性的。

（三）备用信用证与商业信用证的比较

第一，一般商业信用证仅在受益人提交有关单据证明其已履行基础交易义务时，开证行才支付信用证项下的款项；备用信用证则是在受益人提供单据证明债务人未履行基础交易的义务时，开证行才支付信用证项下的款项。

第二，一般商业信用证开证行愿意按信用证的规定向受益人开出的汇票及单据付款，因为这表明买卖双方的基础交易关系正常进行；备用信用证的开证行则不希望按信用证的规定向受益人开出的汇票及单据付款，因为这表明买卖双方的交易出现了问题。

第三，一般商业信用证，总是以货物的进口方为开证申请人，以出口方为受益人；而备用信用证的开证申请人与受益人既可以是进口方也可以是出口方。

（四）作用

备用信用证又称担保信用证、履约信用证、商业票据信用证，它是开证行根据申请人的请求，对受益人开立的承诺承担某项义务的凭证，即开证行保证在开证申请人未履行其应履行的义务时，受益人只要按照备用信用证的规定向开证银行开具汇票（或不开汇票），并提交开证申请人未履行义务的声明或证明文件，即可取得开证行的偿付。备用信用证属于银行信用，开证行保证在开证申请人不履行义务时，即由开证行付款。如果开证申请人履行了约定的义务，该信用证则不必使用。备用信用证对于受益人来说，是备用于开证申请人发生违约时取得补偿的一种方式，其具有担保的性质。同时，备用信用证又具有信用证的法律特征，它独立于作为其开立基础的其所担保的交易合同，开证行处理的是与信用证有关的文件，而与交易合同无关。综上所述，备用信用证既具有信用证的一般特点，又具有担保的性质。

备用信用证开证行的付款责任与跟单信用证开证行的付款责任有所不同。在备用信用证业务中，备用信用证是一种银行保证，开证行一般处于次债务人的地位，其付款责任是第二性的，即只有在开证申请人违约时开证行才承担付款责任。而跟单信用证开证行的付款责任是第一性的，只要受益人提交信用证规定的单据，且“单证相符”，开证行就必须立即付款，而不管此时开证申请人是否付款。

（五）分类

备用信用证的种类很多，根据在基础交易中备用信用证的不同作用主要可分为以下八类。

1.履约保证备用信用证

支持一项除支付金钱以外的义务的履行，包括对由于申请人在基础交易中违约所致损失的赔偿。

2.预付款保证备用信用证

用于担保申请人对受益人的预付款所应承担的义务和责任。这种备用信用证通常用于国际工程承包项目中业主向承包人支付合同总价10%～25%的工程预付款，以及进出口贸易中进口商向出口商支付的预付款。

3.反担保备用信用证

反担保备用信用证又称对开备用信用证，它支持反担保备用信用证受益人所开立的另外的备用信用证或其他承诺。

4.融资保证备用信用证

支持付款义务，包括对借款的偿还义务的任何证明性文件。目前外商投资企业用以抵押人民币贷款的备用信用证就属于融资保证备用信用证。

5.投标备用信用证

它用于担保申请人中标后执行合同义务和责任，若投标人未能履行合同，开证人必须按备用信用证的规定向受益人履行赔款义务。投标备用信用证的金额一般为投保报价的1%~5%（具体比例视招标文件规定而定）。

6.直接付款备用信用证

用于担保到期付款，尤其指到期没有任何违约时支付本金和利息。其已经突破了备用信用证备而不用的传统担保性质，主要用于担保企业发行债券或订立债务契约时的到期支付本息义务。

7.保险备用信用证

支持申请人的保险或再保险义务。

8. 商业备用信用证

它是指如不能以其他方式付款，为申请人对货物或服务的付款义务进行保证。

第二节 国际贸易结算方式最佳选择

一、目前国际贸易结算中几种主要的结算方式及其风险

（一）汇付

这种结算方式又称汇款，这是国际贸易结算中简易的结算方式，贸易出口方将商品运送给进口方，送达后，出口方给进口方寄送相关单据，进口方根据单据可让银行给出口方汇款。这种贸易结算方式是建立在一定的信用基础上的。[1]

这种结算方式风险比较大，采用这种结算方式，可以货到付款，也可以进行预付货款，前者需要进口商向出口商出具信用和资金证明，而后者需要出口商向进口商出具信用和资金证明。

（二）托收

这种结算方式主要是通过相关的银行进行结算操作的。出口商在货物发出后，开具以进口方为付款人的汇票，委托当地银行在进口国家的银行分行处理汇款业务。

这种结算方式对于双方来说也具有一定的风险性。对于进口商来说，他们需要在付款后才能拿到物权凭证，才能去提取货物，而出口商在商品输出后，向银行提交相关单据，银行对于单据的真伪和与货物是否一致并不做考究，进口商在付款后可能拿到的商品与合同不相符，导致进口商需要承担风险。而对

[1] 王新红.国际贸易结算方式风险控制策略探讨[J].科技经济导刊，2020（05）：219.

于出口商来说，他们需要先寄出商品，后期才能拿到货款，但是如果进口商出于某些原因拒付货款，那么出口商就需要对已经运往海外的商品进行处理，无论是就地处理还是运回都需要损失一定的资金。此外，出口商还要承担一定程度的资金风险，这种风险要根据进口商的付款期限来计算。

（三）信用证

这种贸易结算方式是目前国际贸易结算中最常用的结算方式。信用证是银行为了满足进出口商的需求，以信用证条款为前提，给受益人开具的一定金额且在一定时间内能够凭借规定的相关单据承诺付款的一种书面文件。利用信用证，将银行适时引入，为贸易双方提供担保和监督。信用证就是根据实际规定进行付款的有效凭证，贸易双方将货款交由银行保管，银行为信用证申请人开具信用证，卖方根据银行提供的信息及时按要求发货，在这一过程中，银行充当信用担保人的角色，收取一定的费用，为贸易双方提供资金和物资的安全及保障，实现三方的共同利益目标。

信用证在贸易结算中使用也存在一定的风险，主要表现在陷阱条款和联合诈骗方面。如果在这种贸易结算形式下，进口商不按照贸易合同开立相应的信用证，就会导致出口商在利用这种方式进行结算时，产生与贸易合同不一致的情况，可能会给出口商带来额外的经济和利益损失。在信用证结算过程中，还存在一种较严重的现象——伪造信用证。这是进口商的一种商业诈骗手段，进口商为了骗取所需的货物，从不正当的渠道非法获得银行信用证，或是与银行内部员工串通开具信用证，对于过期的或他人的信用证进行仿造、涂改，最终获得贸易双方的货款和货物，造成进出口商货财两空。

二、我国对外贸易企业在国际贸易结算中选择最佳结算方式的有效实现路径

（一）汇付和托收结合使用

将这两种结算方式相结合，例如，在国际贸易结算中，由T/T先交付10%的定金，在货物装船后再付合同款的40%，到货后再采用D/P即期付款的形式支付另外的50%。通过分阶段付款，确保交易双方能够按照合同履行义务，让

出口商及时发货，进口商及时付款，为交易时间的节省和效率的提升目标的实现提供可能。

（二）信用证和托收结合使用

两者的有效结合使用能够减少贸易双方的交易成本，防止不必要的开支项目出现，这种结算方式的结合使用还能对贸易中的物权凭证单据进行保护，确保单据的真实性和安全性。这种结算方式将商业信用转化成银行信用，将出口商的结算风险转移到银行方面。

在国际贸易结算中，一般不会单独采用一种结算方式，因为这样结算风险较大，且很多风险是贸易双方都难以有效控制的。国际贸易结算中多是几种结算方式的综合使用，通过相关结算方式的优势互补，实现风险分散或者风险转移，降低结算风险，为保证贸易双方的利益提供有效帮助。

第三节 国际贸易结算的风险及防范

国际贸易结算是一个涉及国内国外各行各业、产品丰富的综合性领域，国际贸易结算风险的研究更为复杂。国际贸易结算受到政治、社会、市场、经济及风险管理水平等多种因素的影响，不仅企业会面临诸多的风险，银行也会面临各种风险。在熟知国际贸易结算相关知识的同时，要研究国际贸易结算风险，还需经济学宏微观政策、金融学资金导向的支持，当然必不可少的还有风险管理学科知识。[1]

一、国际贸易结算风险的分类

（一）信用风险

信用风险具有四大特点，即可控性、周期性、客观性、传染性。有时候，信用风险还被称为违约风险，在交易进行的时候，若是因为在交易过程中对手

[1] 舒彦陈.国际贸易结算方式与风险分析[J].经济研究导刊，2018（18）：181-182.

没有履行约定义务而导致了巨大的经济损失，无法还本付息，那便是发生了违约风险，这个情况最终导致授信人预期收益和实际收益有所差异。

（二）市场风险

因为商品的国际市场发生变动是常有的事，所以买卖双方时常需要承担交易所带来的风险。一些做有关外贸出口的企业，在运营时总是会受到许多不确定因素的影响，因为国际贸易结算会受到国外、国内市场的影响，市场价格水平参差不齐或者波动幅度的不平稳，最终也会给出口企业带来一些风险，譬如货款回收的问题。

（三）利率风险

利率风险是指在国际贸易结算过程中，债权债务存在时，因为市场利率发生变化，导致债权方所获得的实际收益比预期收益低，或者债务方所付出的成本比预期成本高。债权债务双方在发生债权债务关系的时候，市场利率是10%，双方预期未来利率几乎不会发生变动，约定以市场利率作为实际利率结算双方的债权债务，而当双方债权债务关系到期的时候，市场利率为25%，那么，债权方真正的收益是25%，比预期收益率高出15%，债务方的实际成本是25%，比预期成本高出15%，这样对于债务方而言就面临了因为利率变动所带来的成本增加的利率风险。

（四）操作风险

操作风险是指在国际贸易结算过程中，因为本身的银行硬件设施或者技术水平没有达到要求，或者操作人员的操作失误等导致的风险，主要的风险表现为结算延迟或者结算错误。结算延迟或者结算错误往往给债权方带来一定的经济损失，通常债权方会根据资金到账的时间安排比较紧凑的投资项目，如果项目为先付费或者垫款项目，极有可能因为资金延迟到账或者到账金额不足而无法参与其中，造成损失。

二、国际贸易结算风险的防范

汇付业务中存在预付货款、货到付款风险，托收业务中存在出口商、进口商风险，信用证业务中出口商面临开证行丧失偿付能力、伪造信用证和各类信用证本身存在的风险及其他风险，进口商面临出口商无力履约和伪造单据带来的风险。下文笔者主要从宏观角度多方面分析如何防范和规避国际贸易结算中存在的各类风险，并提出防范和规避风险的策略。

（一）信用风险的防范

1.信用风险的宏观防范措施

因为信用风险多是受到贸易环境的众多因素影响而触发的，因而必须依靠政府、企业及银行等多方合力解决。就政府而言，主要应做到以下几点。

（1）建立完善的信用管理体系

信用基础设施是信用体系建立的前提和基础，因此要建立完善的信用管理体系。首先，信用体系的基础设施的建设必不可少，这就需要政府增加财政资金投入。目前在基础设施方面我们需要完善信用信息的庞大数据库和查询系统，方便企业和银行等及时了解交易方的信用信息。其次，法律法规政策的制定也至关重要，这更需要政府的支持。例如制定失信惩罚制度，利用惩罚机制加大国外或国内失信企业的违约成本，保护信用良好的企业。加大信用信息的调查和数据统计工作力度，增加专业人士科学调查统计并协调部门开放数据，在全国建立统一的信用信息数据检索平台。

（2）加强和鼓励信用信息服务业和信用保险业的发展

信用信息服务业能给企业和银行等带来快速优质的信用信息相关服务，这就要求我们推动征信数据的开放，使信用信息服务业的信息产品市场化并得到良好的发展。出口信用保险也能够帮助企业在出口贸易中免遭信用风险，因而对企业利润起到一种很好的屏障和保护作用。

（3）建立各主体之间的互动机制

在企业信用管理、信用管理服务业及银行等主体之间建立科学合理的互动机制，激励信用管理服务业、银行等自身建立的信用信息数据库与有关部门的信用信息之间互通有无，实现有效的信息共享。三者之间的互动机制可以使各方主体之间形成合力，共同对贸易中的信用风险做出有效的防范。

2. 企业对信用风险的防范措施

企业在进行国际贸易结算的过程中，信用风险存在于各个环节，即贯穿于国际贸易结算的整个过程。因而在国际贸易结算的整个运行过程中，企业要时时刻刻做好应对信用风险的防范措施。

（1）选择适当的国际贸易结算方式

国际贸易各交易方都各具优势劣势，采用的结算方式也不同，这主要是根据交易对手的资信状况、财务能力来判断，从而做出正确选择。对于长期的老客户或资信较好的交易对手，可以采用汇付、托收甚至赊销等以商业信用作为保证的结算方式；对于资信不明或资信一般或流动资本短缺的交易对手，应该选择信用证、银行保函、国际保理及福费廷等以银行信用为基础的结算方式。而除了交易方的资信状况、财务能力因素外，还要根据具体货物的市场行情选择结算方式。如当出口货物销量极好、处于畅销状态时，出口商会为了增强企业竞争力，在结算方式上为进口商提供便利而采用赊销、汇付、托收或承兑交单等商业信用结算方式，在这种情况下，出口商应该选择多样化的结算方式，在扩大市场的同时保证及时安全地收汇，如付款交单与支付定金相结合，承兑交单与国际保理相结合，付款交单、承兑交单与备用信用证、银行保函分别结合成另外四种结算方式等。

（2）建立完善的信用监测和管理机制

企业做出合理的结算方式选择的前提是企业能够了解到交易方的资信、财务等信息。这就需要企业建立起完善的信用管理体制，在双方进行贸易前，综合细致地了解交易方的具体情况，如资信状况、财务状况、行业地位、以往的交易记录、其他企业的评价等，并对交易方的信用状况做出科学的评估，从而为企业提供科学合理的结算方式选择意见。并能在交易进行的整个过程中及时监测信用风险，防止风险发生。而在企业内部建立自身的信用监测和管理机制，不仅需要企业的资金支持，还需要企业有专业的人员去负责，这对企业来说也是一笔不容小觑的开支，因而对于一些中小企业来说难以负担这笔费用，可以通过获得专业的信用管理服务机构的服务来防范风险。

（3）利用金融产品转移信用风险

随着国际贸易结算的不断发展更新，目前有不少的结算方式自身就有融资、担保等功能。除此之外，还有各种保险可以为企业提供保障，因而企业可以灵活利用结算方式或金融产品来转移国际贸易结算过程中存在的各类信用风险。现阶段可主要使用出口信用险、福费廷业务、国际保理业务、债权担保等担保类业务。

出口信用险是一种国家实行的非营利政策性的保险业务，而且国际世贸组织原则上也允许出口信用险的使用。该业务能够保障出口企业在出口贸易中及时安全地收到相应款项。我国的出口信用险不仅包含各种商业信用风险，如买方逾期付款、买方拒收货物并拒付货款、买方拖欠货款、买方发生流动性风险无力偿还或破产等，还包括各种意外风险，如政治风险、重大自然灾害等。因而对于出口商来说，投保出口信用险是一种很好的防范国际贸易结算信用风险的措施。

福费廷业务是指金融机构从出口商处购买无追索权的中长期应收票据的融资行为，该票据由进口商承兑，由进口地银行担保。因为其无追索权的特点，使出口商的结算风险发生了转移，风险完全转嫁给了受理福费廷业务的银行，出口商成功地做到了风险的规避和防范。所以出口商取得货款后，就不再对进口商是否支付货款负责，不必再担心进口商是否发生信用风险，对于出口商来说不仅规避了国际贸易结算的信用风险，而且不用再承担远期收款可能会产生的利率、汇率等上升下降造成的额外费用。此外，因为收汇有了保障，出口商可采用对进口商有利的国际贸易结算方式增强自己的国际竞争力并拓宽未来发展道路。

国际保理业务是将企业的风险转嫁至保理机构，能够有效地避免国际贸易结算中的信用风险。在采用付款交单、承兑交单或赊销方式时结合国际保理业务，能够在很大程度上消除国际贸易结算中的信用风险，而且还可以为进出口商提供融资。因而国际保理业务对进出口企业双方来讲都是一种行之有效的防范信用风险的方式。

债权担保是债务人委托担保人为债务人自身进行担保并提供给债权人的信用担保方式。该方式能够将债权人因债务人违约等信用问题触发的风险转嫁到担保人身上，风险补偿由担保人来承担，是对债权人利益的一种保障。因为一旦债务人违约，担保人需要根据合同对债权人履行偿付的义务，担保人会对债权人直接偿付或者根据抵押物、留置物等对债权人进行赔偿。因而利用债权担保也可以规避国际贸易结算中的信用风险或者降低信用风险带来的损失。

3.银行对信用风险的防范

随着国际贸易结算方式和产品的丰富和多样化，银行在国际贸易结算中的地位越发重要，参与度也越来越高，特别是信用证及其之后的银行保函、备用信用证、国际保理等业务，银行以自身信用作为担保，开展单据业务，为保障进出口商的利益需严格遵守单证相符原则。然而银行在国际贸易结算过程中难免遭受不同程度的商业信用风险或银行信用风险，这就要求银行采取适当的措施对可能遭受的信用风险进行防范。

（1）建立完善的信息系统

银行在受理国际贸易结算时，要对申请客户进行资信和财务等方面的调查。在了解了客户的资信后再决定是否受理客户的申请或者是否采取相应的担保措施。这样提前审查的程序可以在国际贸易结算的后期有效地避免信用风险的发生。

银行信息系统的建立，主要是建立客户和国外银行等的资信、财务状况等信息。这要求银行各个部门严密配合，比如银行前台收到客户进行国际贸易结算的申请时，调查部门、银行后台、审批部门等要严密配合，利用信息系统审查该客户的历史交易记录、资信状况、财务状况、经营现状等，并可以利用模型等对该客户的信用状况进行评估，最终形成一份完整的审查报告并上交审批部门，审批部门可以根据审查结果决定是否接受该客户的申请。

（2）以信用证为例论述银行对信用风险的防范

一份完整的信用证不仅会涉及开证行、通知行、议付行，通常还会涉及保兑行和偿付银行。在不同的环节由不同的银行来履行责任。开证行在接受申请前要对客户的资信进行详细的调查，在前期就尽量避免给资信不佳的申请人开立信用证；通知行在收到信用证后，要对信用证进行严密的核查，防止单据出现模糊、不确定条款等疏漏，同时要对开证申请人和开证行都进行资信方面的调查。以防开证申请人资信不佳带来的商业信用风险或者开证行恶意开证带来的银行信用风险；在出口商提供各种运输单据要求议付时，议付行要对单据进行认真审查，如果发现有不符点存在，议付行有权利选择拒绝议付。另外要对开证行的资信、规模等做出审查，避免开证行因为资金不足等流动性问题无法支付款项给议付行；保兑行接到开证行的保兑申请后，首先要对单据进行严格的审查；其次要认真调查开证行和开证申请人的资信、财务等各种实际情况，在单据无误且双方资信都没有问题时再确认接受保兑申请；偿付行需要给出口商所在地的银行支付相应款项，同时偿付行享有一定条件下的免责权利，偿付行应当妥善使用。比如开证行在发现了单据存在不符点后并没有及时告知偿付行，偿付行已经成功办理了偿付时，如果开证行矢口否认，拒绝支付该信用证的相关款项，偿付行可以向开证行进行相应额度的金额索赔。

以上只是以信用证方式为例介绍了银行各方当事人在各个环节该如何规避信用风险，除此之外，银行在国际贸易结算时还有许多其他的业务，如银行保函业务，还有国际保理业务和福费廷等。但无一例外，银行在业务过程中主要是单据业务，因为均需要认真调查业务申请人的资信或其他银行的资信，认真严格审查各种单据，从而防范信用风险的发生。

（二）价格风险的防范

在各种外在因素的影响下很可能会发生价格风险，而价格风险的发生又极有可能触发结算各主体的信用风险和欺诈风险，因而，加强对价格风险的防范，不仅能够最大限度减少信用风险发生的概率，还能为企业未来的发展拓宽道路。价格风险的出现主要是由于市场和汇率这两大风险引起的。因而下面将从每一种风险出发研究价格风险防范的措施。

1. 市场风险的防范

进出口商在签订买卖合同时，要提前了解国际市场上同类商品的市场需求、参考价格、行情变化等情况，用于提前判断该商品未来的价格走势或市场行情，从而可以判断交易方的买卖意图是不是为了套取银行资金等。如果商品的价格波动异于平常，则在交易时要格外小心，双方在国际贸易结算时应该做出相应的担保保证措施，如提货担保、银行保函或备用信用证等。

2. 汇率风险的防范

汇率风险主要会对企业利益的得失造成影响，在会计上表现为营业外收支的增减。企业在合同订立时可以采取相应措施。如对计价货币做出合理的选择，国际上并没有明确规定的或约定俗成的通用货币，而是取决于贸易双方的事前约定，通常都采用出口硬币定价支付，进口软币定价支付，或者采用货币多样化组合定价；在订立合同时加入保值条款，在支付时以支付货币对保值货币的即期汇率进行相应的变动调整；结算方式的选择依具体情况而定，选择的合理性很大程度上决定了截至到期日或交割日能否安全地收汇；贸易融资是防范汇率风险很好的手段，企业完全可以采用这一手段来降低汇率风险发生的概率。比如出口议付或押汇、福费廷、国际保理、出口托收贷款、出口商业发票融资等，还有远期外汇交易、择期外汇交易等衍生产品跨期交易。企业结合自身所面临的具体情况合理选择贸易融资方式也可以有效地避免汇率风险。

通过对市场风险和汇率风险的防范，基本上就可以避免价格风险的发生，同时也有利于对信用风险的规避。

（三）欺诈风险的防范

欺诈风险是各国各行各业、各个主体都可能遭遇的风险，这是一种无视规则的体现，无论国际贸易结算方式以商业信用为主还是以银行信用为主，各方贸易主体都难逃此劫。汇付托收结算方式下主要表现为出口商联合运输公司造假单据欺诈进口商；信用证支付方式下主要表现为进口商联合银行欺诈出口商，开证行内部人员单据造假欺诈通知行，出口商联合船公司欺诈银行等；银行保函和备用信用证方式下出口商从单据下手利用伪造、变造、作假来欺诈银行；国际保理方式下进口商请求、收买、贿赂保理商共同欺诈出口商；等等。对于欺诈风险，主要采用以下措施进行防范。

1.相应的法律或规则约束

政府应该制定相关的法律法规，对欺诈行为进行遏制，例如，在信用信息管理系统中，将企业或银行的欺诈行为记录在案，便于其他企业和银行等参考，营造良好的贸易进出口环境。此外，规范上诉审查机制，对贸易中存在的欺诈行为进行严格审查，并借助法律使欺诈方付出较大的成本代价，从而减少欺诈行为的发生，保障企业和银行的利益。

2.对单据、合同等做好审查工作

因为欺诈行为一般都是利用单据造假或合同漏洞进行欺诈，所以，不管是企业还是银行，在处理各种单据时务必要谨而慎之。企业在签订合同时要严格审查合同中的各项条款，同时要防止对方在条款中添加任何隐性的软条款进去，

造成后期进行国际贸易结算时处于被动地位。银行在审查各种单据时更要严格，不仅要小心造假的单据，还要认真审查单据与合同是否相符，从而避免不必要的损失。

（四）技术风险的防范

国际贸易结算中的技术风险主要存在于两方面：一方面是业务人员技术不佳造成的风险，另一方面是硬件设施不足造成的风险。业务人员技术风险主要是相关业务人员专业知识不足、在操作过程中违反规范操作、考虑欠妥或者疏忽大意等因素造成的。如企业中订立合同时对合同条款的审查不严格、制单时单据出现错误而没有及时发现和改正、银行业务人员审单时不够严密等，这些都会造成国际贸易结算中风险的出现。对于这类风险，需要相关主体努力提高自身业务人员的素质，并在每一个环节做到及时监控，严格按规范操作。硬件设施的缺陷也会触发风险，而这一风险的最主要表现形式就是电子支付。这需要企业在支付时注重支付环境的选择，及时做好网站的升级和维护等。

因为国际贸易结算风险存在于贸易的各个环节，贸易中的每个主体都会不可避免地遇到不同的风险，因而风险的防范不仅需要单一主体积极采取措施，更需要各主体联合政府、社会等力量共同防范和规避风险，因而国际贸易结算风险的管理防范是需要全方位进行的。

第四节 大宗商品国际贸易结算策略

一、大宗商品

大宗商品是指可进入流通领域但非零售环节，具备商品属性，用于工农业生产与消费使用的大批量买卖的物质商品，如原油、农产品、钢材、铁矿石等。大宗商品交易具有批量大、金额大、金融属性强等特点。本节讨论研究的大宗商品国际贸易结算，是大宗商品实货的国际贸易的结算，而非大宗商品期货交易所或场外交易等金融衍生品交易的结算。

大宗商品一般分为三类：能源商品、基础原材料和大宗农产品。能源商品包括煤炭、原油、燃料油、天然气等。基础原材料包括矿产品、有色金属及黑色金属，其中矿产品包括铁矿石、铜矿、铝土矿、锌矿等；有色金属包括铜、铝、铅、锌、镍；黑色金属包括钢材。大宗农产品包括大豆、玉米、小麦等。

二、大宗商品国际贸易特点

随着我国大宗商品进口数量的强劲增长，大宗商品的对外依存度也大幅攀升。据统计，2014年，我国铁矿石对外依存度高达78.5%，大豆对外依存度高达80%，原油对外依存度接近60%。我国已经成为大宗商品领域的“超级买家”。[1]

根据国家统计局公布的数据，2015年我国铁矿石及其精矿进口数量9.53亿吨，金额576.20亿美元；原油进口数量3.36亿吨，金额1344.51亿美元；大豆进口数量8169.19万吨，金额347.69亿美元；煤进口数量2.04亿吨，金额121.01亿美元：铜进口数量1328.92万吨，金额192.04亿美元。2015年，我国铁矿石、原油、大豆、煤、铜矿五种大宗商品进口数量累计达15.88亿吨，进口金额累计2581.45亿美元，占2015年进口总额的15.4%。

大宗商品国际贸易较之普通商品的国际贸易，货物数量大，交易金额大，价格波动大，金融属性强。

（一）数量大

以原油为例，一艘VLCC超级巨大型油轮装载原油27万吨，一艘SUEZMAX（苏伊士型油轮）装载原油13万～14万吨。

（二）金额大

以铁矿石为例，一船17万吨的铁矿石，按62%品位CFR价中国主要港口70美元/吨计，水含量6%，金额1142万美元左右。以原油为例，一船VLCC

[1] 仰炬，孙海鸣.中国战略性大宗商品发展报告[M].北京：经济管理出版社，2016：394.

（超级巨大型油轮）200万桶（合27万吨左右）原油，按55美元/桶计算，金额1.1亿美元。以上铁矿石和原油的估算单价为2019年年初水平，而近两年大宗商品价格处于低位。

（三）价格波动大

大宗商品作为重要的原材料，其采购成本直接影响着企业的利润。大宗商品多以著名期货交易所标准期货合约结算价或权威机构指数价为基础，加升贴水计价。与其他商品相比，它具有更强的金融属性，它的价格除了受本身供求状况影响，也会受到期货、金融衍生品及国际游资的影响，价格波动大。

三、大宗商品国际贸易结算风险

国与国之间发生的货币收付，就是国际贸易结算。引起跨国货币支付的原因众多，大致可以分为三类：第一类为有形贸易类，由商品进出口引起的货币收付都属于这一类。第二类为无形贸易类，这类的收付是以劳务为背景，或者仅仅是单方面的付出。第三类为金融交易类，这一类是纯粹的货币与货币的资金交易。[1]笔者讨论的是第一类，由大宗商品进出口引起的货币收付，本章讨论的是结算风险。

（一）大宗商品直接进口业务模式下的结算风险

1.货权及货物质量条款导致大宗原材料供应间断

在直接进口业务模式下，进口商需先行报关、报检后，将大宗原材料进口至国内，再进行生产、加工或销售。在收到国内客户销售回款之前的数月内，大宗原材料的风险都由进口商独自承担，货权、货物质量、数量、交货期等条件至关重要，如信用证条款对上述条件不做出严格限制，可能导致大宗原材料供应间断，影响生产经营。

信用证是大宗商品贸易中最常用的付款方式。在铁矿石国际贸易中，常用的付款方式为即期付款信用证。交单单据通常包括提单、发票、质量证书、重

---

[1] 于强.香港银行押汇实务[M].杭州：浙江大学出版社，2006：4.

量证书、原产地证等。计价方式有固定价及指数价，在指数均价尚未公布时，按临时价格估算信用证金额开立信用证，如最终价格高于临时价格导致信用证金额不足，开证申请人通过改证增加信用证金额。在原油国际贸易中，常用的付款方式为远期付款信用证，远航线原油（南美、北海等）的付款时间为提单日后50天，近航线原油（中东、远东、俄罗斯等）的付款时间为提单日后30天。原油信用证的交单单据条款中，通常规定如果卖方不能提供提单，可以用卖方出具的保证赔偿书来代替提单。另外，由于原油的计价方式为在典型期货合约结算均价或权威机构发布的指数均价基础上，加上升贴水，开立信用证时，价格及信用证金额无法得到具体数字，原油信用证通常规定信用证的金额可以随价格的波动而自由浮动。

对卖方而言，卖方只要按信用证要求发货，并提交与信用证一致的单据就可以收到开证行支付的货款；对买方而言，只有在卖方提交的单据与信用证相符时，才通过开证行支付货款，如果单据与信用证不符，没有付款责任。通过银行的介入，把商业信用转变成银行信用，对买方和卖方都提供了保障。

信用证是一种单据交易，银行处理的只是单据，对单据的真实性、客观性不负责任，对进口商而言，这是巨大的风险。也就是说，如果受益人交来的提单是假的，进口商将无货可提；如果受益人交来的质量证书数据不客观，会导致进口商收到的货物质量与合同不符。在信用证项下，如果单据没有任何不符点，进口商必须付款，却可能面临货物质量以次充好，甚至收不到货物的风险。

虽然根据信用证欺诈例外原则，如果信用证项下受益人交来的单据是伪造的，恶意不交货，开证行或开证申请人可以向法院申请止付令，但在即期付款信用证付款方式下，开证行在收到表面相符的单据后，5个工作日内必须付款，在短短几天内向法院证明单据伪造，十分困难。如果受益人仅交付了信用证项下单据所代表的部分货物，或者货物质量与单证描述严重不符，买方会因此蒙受巨大的经济损失，但法院对这种部分交货或货物质量不符是否属于实质性欺诈，从而颁发止付令，是存在争议的。信用证中要求提交全套正本单据，但开证行收到的单据中，提单缺少背书，如果进口商对单据不符点的处理方式不当，也可能导致大宗原材料供应间断或延迟。

WOT也是一种赔偿保证书，与LOI[1]的区别在于，WOT下卖方在放货后没有义务将正本提单补给买方，常用于DES、DDU[2]等D打头的贸易术语。赔偿保证书代替提单出现在信用证里，对买方来说，是一种非常大的风险。赔偿保证书是卖方出具的保证文件，与承运人出具的在法律上代表货权的提单的效力是有本质差别的，甚至在一定程度上将信用证的银行信用属性大打折扣。如果卖方信誉不佳或者卖方的上家在货权上出现问题，都会使进口商面临付完货款却无法提货的状况。

2.资金需求大导致现金流紧张

对生产型企业来说，大宗原材料进口到国内后，从投入生产、加工成产品并销售产品，回款周期至少需要2～3个月的时间。对贸易商来说，在国内销售大宗商品，会面临市场波动、等待销售时机、销售回款延迟等情况。从大宗原材料的货款支付到销售回款到账，周期长，金额大，如果期间资金管理不善，会导致现金流紧张，对企业生产经营产生严重影响。

3.汇率大幅波动导致采购成本增加

大宗商品直接进口业务模式下，生产型企业自支付大宗原材料货款到产品生产、销售回款，至少需要2～3个月的时间。大宗商品多以美元计价，我国进口商需要将人民币兑换成美元先行支付货款，在数月后，才能收到人民币销售回款。

4.价格大幅波动导致采购成本增加

大宗商品的计价方式为在典型期货合约结算均价或权威机构发布的指数均价基础上，加上升贴水，并规定计价期。大宗原材料从采购到海上航程、港口

---

[1] LOI的英文全称为Letter of Indemnity，即保函的意思。提单的注意义务较低，所以对货物品质较难保证。由此引出了清洁提单和不清洁提单的概念。

[2] DDU贸易术语指未完税交货（……指定目的地），卖方在指定的目的地将货物交给买方处置，不办理进口手续，也不从交货的运输工具上将货物卸下，即完成交货。卖方应承担将货物运至指定的目的地的一切风险和费用，不包括在需要办理海关手续时在目的地国进口应交纳的任何“税费”（包括办理海关手续的责任和风险，以及交纳手续费、关税、税款和其他费用）。买方必须承担此项“税费”和因其未能及时办理进口清关手续而引起的费用和风险。

卸货、内陆运输到厂、产品加工、销售及回款至少需要2～3个月的时间，在此期间，如果大宗原材料价格大幅波动，会增加企业的采购成本。

（二）大宗商品转口业务模式下的结算风险

1.主证遭拒付而子证必须付款

在转口贸易业务模式下，一方面，贸易商与上游供货商签订采购合同，支付货款，收取货物；另一方面，与下游客户签订销售合同，发运货物，收取货款。同一业务中，贸易商既是买方，又是卖方，面临着双重风险，如果其中一个环节出现问题，会引发一系列问题。

鉴于转口贸易业务模式下贸易商面临的双重风险，背对背信用证成为主要结算方式。背对背信用证是贸易商收到下游客户开立的不可转让信用证后，请银行以此为基础，开立一份以上游供货商为受益人的新信用证。贸易商收到的信用证称为主证，开出去的新信用证称为子证。贸易商是主证的受益人，也是子证的申请人。贸易商的银行通常是主证的通知行，也是子证的开证行。

虽然子证是以主证为基础开立的，且主证是子证的付款来源，但主证和子证是两个相互独立的信用证，主证的开证行和子证的开证行各自承担自己的第一付款责任。也就是说，如果主证的单据有不符点，主证的开证行拒付，但在子证单据没有不符点的情况下，子证的开证行必须付款。这正是转口贸易模式下背对背信用证的风险点。

2.收付款计价期不一致使收益降低

对贸易商而言，如果采购环节与销售环节的计价期不一致，其收益很可能会降低，甚至由盈利变成亏损。

3.收付款币种不一致使收益降低

贸易商通过背对背信用证方式销售货物，如果主证和子证采用不同的币种，汇率的波动会影响贸易收益。在主证货币走弱，子证货币走强的情况下，贸易收益降低，甚至可能出现亏损。

（三）结算风险产生的根源

直接进口业务模式下，现金流紧张风险、大宗原材料供应间断风险及汇率波动导致的采购成本增加风险，本质上都是由付款在先、收款在后，且收付款时间相差数月导致的。大宗原材料款项支付后，经海上航行、报关报检、到港卸货、入厂生产、销售回款等环节，至少需要2～3个月的时间，并且大宗商品数量大、金额高、时间差导致现金流紧张、汇率波动、采购成本变化。

转口业务模式下，贸易商不必进行报关、报检等程序，将大宗商品直接转卖给下游客户即可，结算方式通常为背对背信用证，贸易商不必先行垫付货款，没有现金流压力，如果采购与销售环节的贸易术语一致，甚至可以在将采购环节的风险转移到自身的同时，完全转移给下游客户。对贸易商而言，在转口贸易模式下，不存在时间差导致的结算风险，而是各项权利、义务、风险是否完全转移给下游客户引发的风险。

四、大宗商品国际贸易结算策略

（一）大宗商品直接进口业务模式下的结算策略

1.提高信用证专业水平

由于大宗商品贸易数量大，金额大，支付风险大，信用证已经成为大宗商品国际贸易的主要结算方式。信用证运用得当，可以控制大宗商品进口中的风险点，有效地保护进口商。

确保在合同规定的时间内将信用证开出是基础。信用证的开立时间，是大宗商品国际贸易合同的关键条款，如果进口商不能在合同规定的时间内将信用证开出，就构成合同项下的严重违约，在价格剧烈波动时也给了供应商不执行合同的理由。合同中经常出现这样的条款：如果买方没有在合同规定的期限内开立信用证，卖方有权利暂停或取消装/卸货，有权保留货物的货权，并有权取消合同，由此造成的损失由买方承担。

将合同中的关键点（如货权、货物质量、装运限制）具体落实到信用证条款中，通过对单据的要求来控制风险。信用证是有条件的银行的付款承诺，只有受益人交来的单据符合信用证的要求时，开证行才必须付款。作为大宗商品的进口商，开立信用证时，信用证条款把握得当，可以起到防范风险的作用。

第一，货权是根本。

信用证项下要求受益人提交的单据，通常有发票、提单、质量证书、重量证书、原产地证等。其中，最重要的是代表货权的提单。大宗商品贸易批量大，运输方式基本为海运，而海运提单是代表货权的重要单据。最常用的是空白抬头、空白背书提单，谁拿到了提单，谁就掌握了货权。开证申请人（买方）付款赎单，在一定程度上赎的就是提单。所以信用证中提单的相关条款非常重要。

信用证中通常规定受益人应提交全套正本提单。在原油国际贸易中，用赔偿保证书替代提单已经成为行业惯例，买方应选择与实力强、信誉佳的供应商合作。原油作为危险化工原料，在油轮到目的港而正本提单未到的情况下，不能像其他大宗商品一样，先将货物从船上卸到港口堆场或仓库，待正本提单到达后才凭正本提单放货，而须将原油直接卸到收货方的岸上储油罐。长期以来，参与原油贸易的企业均为实力雄厚的国家石油公司或国际石油贸易公司，非常看重、维护自己的商业信誉，违约率低。然而这种没有第三方货权单据的信用证，客观上使买方面临着付款却不能提货的风险。买方唯一能做的便是谨慎选择供货商，与实力强、信誉佳的国际大型供货商直接交易，尽量减少中间环节。

第二，货物质量方面至关重要。

在大宗商品进口中，把控货物质量是非常关键的。信用证付款方式下，通常会要求受益人提供质量证书。但信用证作为一种纯单据交易，银行只负责审核单据表面的一致性，对于单据所反映的内容是否与实际货物相符，银行是无法审核的。这就要求大宗商品进口商根据货物质量方面的特点，确定信用证相关条款。

根据货物特点决定是否在信用证中设定拒收条款及价格调整条款。买卖双方可以共同指定质量检验机构，以保证质量证书的客观性。大宗商品进口中经常约定以卸货港检验机构签发的质量证书作为最终结算依据，以装货港检验机构签发的证书作为临时结算依据。虽然卸货港检验机构签发的证书是最终的，对进口商比较有利，但装货港检验机构的质量报告也是非常重要的，尤其在初次与供货商合作或供货商是质量不稳定的中小矿山/贸易商时。

第三，限定货物数量、最迟装运期及分批装运，保证大宗原材料供应及时。

大宗商品进口，通常采用海运方式，数量上会有5%或10%的溢短装，信用证中也有相关条款。最迟装运期也是信用证的关键条款，能否在最迟装运期内将货物装出，会直接影响到货期，影响生产型企业的生产计划。为了保证进口商按时足量收到进口货物，应注意信用证中是否允许分批装运的条款。

另外，同一运输工具、同一航程、同一卸货港情况下，不被视为分批装运，因此没必要因为同一条船在不同港口装货到达同一目的地而允许分批装运。

第四，控制付款比例，防范结算风险。

在初次合作或供应商所售货物质量不稳定的情况下，尤其要把握好付款比例。通常以装货港检验结果作为依据支付临时货款，即总货值的95%～98%，以卸货港检验结果为依据支付尾款。分两次支付货款，一定程度上可以防范卸货港质量严重低于装货港。如果货款已经全额支付，在与供应商协商解决纠纷中会处于被动。

第五，谨慎使用备用信用证。

备用信用证在大宗商品国际贸易中应用并不广泛，可以说，它是结算方式的一种补充。备用信用证本质上是一种保函，申请人保证自己能履行某项义务，如果不能履行时，受益人即可提交开证申请人违约的书面声明（及汇票），如果上述声明（及汇票）符合信用证规定，开证行付款。备用信用证要求受益人提交的声明（及汇票）非常简单，受益人很容易做到相符交单。

在原油国际贸易中，备用信用证应用于支付货款，备用信用证的金额为100%合同金额。在备用信用证中，开证申请人保证在货款到期日以前支付货款，如果不能按时支付，受益人可以凭自己出具的申请人违约声明，向开证行交单收款。通常情况下，买方会在规定时间内，通过电汇方式付款，受益人不必像在跟单信用证下那样，向银行提交烦琐的单据，简化了收款流程。

对买方来说，实际上是通过电汇方式付款，而且，不能像在跟单信用证项下一样，通过信用证约束卖方履行合同中的关键条款，却通过备用信用证的开证行保证了自己的付款责任，即使卖方在货物质量、发货期等方面违约，也必须付款。极端情况下，遇到信誉不佳的供货商，可能面临没收到货，却在备用信用证项下必须付款的风险。因此备用信用证作为付款方式，通常只开给信誉佳、实力强的国际性公司。

2.利用信用证融资

大宗商品进口资金需求大，回款周期长，进口商不可能完全依靠自有资金发展，因此在安全支付的基础上，还必须考虑融资需求，保证企业现金流充足。大宗商品进口贸易融资主要以信用证为基础，包括进口押汇、海外代付、远期信用证等。

进口押汇，是指开证行收到议付行或交单行寄送的单据后，为开证申请人垫付货款的一种贸易融资。进口押汇是一种短期贸易融资，融资天数不得超过90天，进口商需支付利息。如果信用证的币种是外币，押汇币种可以是外币，也可以是人民币。如果押汇币种是美元，利率的计算方式是在银行间同业拆借利率或银行的成本价基础上加一定点数。如果押汇币种是人民币，利率的计算方式通常是在人民银行基准利率的基础上加点。进口商办理进口押汇后，即使信用证来单有不符点，也不能拒付，因为银行已经代进口商将款项支付给了交单行或议付行。

海外代付是指在进口信用证业务中，由境内开证行委托其境外的分支机构对境内开出的信用证在到期日先予以垫付，到约定期限开证申请人通过境内开证行归还垫款的业务。由于“代付”是由境外银行完成的，因此实务中也习惯称作“海外代付”。[1]海外代付与进口押汇的区别在于为进口商提供融资服务的机构不同，进口押汇是由开证行垫付货款，而海外代付是由境外银行垫付货款。在开证行资金紧张或境外融资资金成本低的情况下，进口商可以选择海外代付业务。同样，进口商办理海外代付后，即使信用证来单有不符点，也不能拒付。

远期信用证，是开证行收到来单后，不必立即付款，而是先进行承兑，在付款日到期时才支付货款。远期信用证实际上是供货商对进口商提供的一种融资方式，进口商收到单据后不必即期付款，在付款日到期时才支付。原油进口业务中，信用证通常为远期信用证，付款时间为提单日后30～50天，依航程长短确定。远航线如南美、北海原油，付款时间为提单日后50天，付款日与原油到港日接近。近航线原油付款时间为提单日后30天。铁矿石进口付款方式通常为即期信用证，但如果进口商有融资需求，部分贸易商也会接受远期信用证，进口商支付利息即可。利息的支付方式可以折算到单价里，在支付货款时支付，也可以单独支付。

3.合理选择外汇产品

大宗商品多以美元计价，我国进口商支付货款时需要将人民币换成美元进行结算。汇率的波动，会直接影响企业的采购成本，从而影响利润。进口商可以根据进口量、货款支付金额及外汇市场变动情况，利用银行外汇授信，叙做

---

[1] 庄勒梅，韩英.贸易融资与外汇理财[M].北京：中国纺织出版社，2007：173+181.

适当外汇产品，不需交纳保证金，节省现金流，锁定企业利润。

银行的外汇保值产品主要分为两类：一类是远期类，完全规避风险，不留任何风险敞口；另一类是期权组合产品，价格比远期好，但有可能保留一定的外汇风险敞口。具体如何选择，取决于企业的风险偏好及保值原则，远期适合风险厌恶型客户，交易量巨大，简单实用；期权组合适合风险中型客户，价格优惠，有可能保留部分风险敞口。

4.利用银行授信进行商品套期保值

价格是国际贸易结算中的核心要素，大宗商品的价格通常由基准价加上升贴水构成，基准价是在一定时间范围内，该行业知名期货交易所标准合约收盘价的均价或者权威机构发布的价格指数的均价。大宗商品价格波动剧烈，不仅受实货供求状况影响，也受交易所期货合约或场外权威机构发布的价格指数影响。大宗商品国际贸易的结算与价格的套期保值密不可分。

买入套期保值又称多头套期保值，是指企业预先在期货市场上买入与目标现货资产数量相等、交割日接近的期货合约，等实际交割现货时再卖出事先买进的期货合约的一种期货套期保值方式。买入套期保值的目的是防止进口原材料价格上涨而增加进口成本，对企业经营造成负面冲击。因此买入套期保值主要适用于大宗商品的进口企业。买入套期保值的优点在于：一是能够规避进口价格上涨的风险，二是由于期货交易的保证金制度，使得进口企业只需向交易所支付少量保证金（通常是所购期货合约价格的5% ～ 10%）。

大宗商品进口商可以向银行申请大宗商品保值授信，利用银行授信叙做商品套期保值业务有如下优势：占用银行授信，无须交纳期货保证金及随时补增保证金，节省现金流；通过银行叙做商品保值交易，增加交易渠道，避免场内交易暴露头寸后引来的恶意攻击；可根据实货业务需要选择交易期限，不限于期货合约标准期限。

5.在安全支付的基础上增加无风险收益

大宗商品货款金额大，企业可以抓住市场时机，将货款的支付、汇率保值、理财产品结合起来，运用境内外不同币种的利率差、汇率差，进行无风险套利，在货款正常支付的基础上，获得固定收益。

（二）大宗商品转口贸易业务模式下的结算策略

1.运用背对背信用证及可转让信用证防范风险

（1）运用背对背信用证防范风险

运用背对背信用证防范风险，应重视以下方面。

第一，把握好销售节奏，保证及时收到符合要求的主证。转口贸易业务模式下，按时收到主证是至关重要的，收到符合要求的主证就意味着有了收款保证。因此贸易商需要把握好销售时机，控制好收到主证的期限，在货物到达卸货港前或进口单据到达银行前，完成销售并收到主证。

第二，要求下游客户选用资信状况良好的主证开证行。在背对背信用证下，主证是子证的付款来源，而信用证是银行的付款承诺，开证行承担第一付款责任。如果主证的开证行资信状况差或清偿能力不强，贸易商收款就失去了收款保障。

第三，主证与子证的信用证条款要匹配，并留出一定余地，具体如下。

关于时间的条款：对于有货权单据的信用证，主证的交单期及有效期通常比子证长14天左右，原因是给贸易商的银行在收到子证单据后，需要审核子证来单、审核主证单据，并对主证单据贴现、寄单。而没有第三方货权单据的信用证，主证的交单期和有效期比子证略长几天即可，因为贸易商不必等子证到单，就可以对主证交单。主证的最迟装运期通常也要比子证长，留出一定余地，这样万一上游供应商装货延迟，贸易商不必与下游客户商讨改证，避免了市场价格下跌时下游客户拒绝改证、拒收货物的风险。对贸易商而言，付款时间方面，子证如果是即期信用证，主证可以是即期或者远期信用证。通常情况下，贸易商希望及早收回货款，会选择收即期付款信用证。如果收远期信用证，相当于为下游客户做了融资，由下游客户支付远期信用证利息。

关于运输的条款：子证的装运港、卸货港应与主证保持一致；如果主证禁止转运、分运，子证也应一致；如果主证允许转运、分运，子证可以允许，也可以禁止。

关于货物描述的条款：主证和子证的货物描述应保持一致；如果货物描述中涉及货物指标，子证的货物指标要求可以比主证严格，以保证主证不出现不符点。

关于单据的条款：子证对单据的要求可以与主证一致，也可以比主证规定得更详细、严苛，主证对单据的要求越简单越好。[1]

关于价格和信用证金额的条款：子证和主证的贸易术语可以不同，主证价格和信用证金额应高于子证价格和信用证金额，以保证收款金额大于付款金额。

综上所述，主证在时间上应长于子证；对货物、单据及运输方面的要求，子证应比主证严苛，以保证主证下单据没有不符点，从而顺利收款。

第四，单据制作方面，严格按照主证要求制单。对于贸易商自己签发的单据，单据制作应严格按照主证及UCP 600的要求，保证单据质量，做到没有不符点。对于需要商检机构或保险公司出具的单据，提早将主证要求通知相关机构，并在单据最终签发前，核对细节，确保与主证要求一致。对于主证要求提交的正本提单，应高度重视，因为提单一旦签发，更改十分复杂耗时，船东将原提单召回后方能签发新的提单。贸易商应将主证对提单的要求相应地在子证中体现，如果供应商国际贸易经验不丰富，可以要求其签发正本提单前，将提单草本发给贸易商核对。

对于生产型企业来讲，转口贸易业务模式下，通过背对背信用证实现低成本融资，不会有主证遭拒付的风险，只要理顺背对背信用证操作流程，在合同规定的时间内将子证开出、付款即可，同时谨慎对待子证条款，通过子证条款的把控，控制好货权、货物质量、交货期等关键要素。

（2）运用可转让信用证防范风险

可转让信用证也是转口贸易中比较常用的结算方式。可转让信用证是指特别注明“可转让”字样的信用证。可转让信用证可应受益人（第一受益人）的要求全部或部分地转让给另一受益人（第二受益人）。对于贸易商而言，收到可转让信用证，请转让行转让给供货商，不需要独立的银行授信，不需要交纳保证金，是成本低、操作便利的结算方式。大宗商品贸易商运用可转让信用证防范风险，可以从以下方面入手。

第一，转让信用证时，根据合同及实际业务情况变更相关条款，并留足余地：受益人名称、信用证金额、单价、交单期、有效期、最迟装运期、保险单投保比例（如有原信用证要求提交保险单）。

第二，原始供应商（第二受益人）交单后，贸易商（第一受益人）应尽快

---

[1] 阎之大.UCP600解读与例证[M].北京：中国商务出版社，2007：478.

提交需要替换的单据（主要是发票），避免错过交单期，产生不符点。

第三，注意合同条款中对信用证种类的限定，并不是所有供应商都愿意接受转让的信用证。因为可转让信用证的转让行仅仅是寄单行，不对第二受益人的交单进行垫款，也不对第一受益人调换的发票立即支付差价，而是收到开证行的付款以后支付第二受益人的货款和第一受益人的差价利润。[1]转让信用证中通常加有“开证行付款后才向第二受益人付款”的条款，这样，第一受益人（贸易商）把开证行拒付、倒闭等风险转嫁给上游供应商，而且，上游供应商凭不能转让的信用证进行贴现融资，在卖方市场情形下，国际大型供货商一般不接受转让信用证，中小供货商则视具体情况而定。

2.运用银行授信进行商品保值

背对背信用证授信基础上，进口商可以向金融衍生品发达的银行申请大宗商品保值额度，银行基于实货贸易背景及背对背信用证，可以免收保证金为客户提供商品保值服务。对贸易商或生产型企业而言，不仅规避了价格风险，有利于安全结算，而且节省了套期保值的保证金，省去了在价格剧烈波动时频繁补充保证金的烦琐程序。

3.选择有利的结算币种

贸易商通过背对背信用证方式销售货物，如果主证和子证采用相同的币种，就避开了汇率风险，或者主证采用强货币，子证采用弱货币，汇率方面会赚取一定的收益。

对生产型企业来说，通过背对背信用证融资，可以开立90天或180天远期人民币主证，开立即期付款子证。通过银行的外汇远期业务（DF）或者非本金远期业务（NDF）锁定汇率，贴现融资。

4.运用背对背信用证融资

从融资角度看，背对背信用证是非常好的融资工具，生产型企业可以通过背对背信用证获得低成本融资。主证远期信用证，子证即期信用证或者是比主证付款时间早的远期信用证，在主证单据没有不符点的情况下进行贴现，主证和子证付款时间的差额就是融资的天数。

---

[1] 苏宗祥，景乃权，张林森.国际结算[M].北京：中国金融出版社，2004：217.

第九章 国际贸易方式

第一节 经销和代理

一、经销

（一）经销的概念

经销是指进口商（经销商）与国外出口商（供货商）达成协议，承担在规定期限和地域内购销指定商品的义务。

根据经销商权限的不同，经销分为包销和定销。定销指一般经销，经销商不享有独家专营权，供货商可在同一时间、同一地区内委派几家商号来经销同类产品。[1]

---

[1] 郭苏文，丁梅生.信息成本及其收益与国际贸易经销渠道的选择[J].经济论坛，2005（15）：57-59.

（二）经销协议的基本内容

经销协议通常包括以下内容。

1.经销商品的范围

在协议中要确定商品范围及同一类商品的不同规格，同时经销商品的范围要同供货人的经营意图和经销人的经营能力与资信状况相适应。

2.经销地区

经销地区指经销人行使经营权的地理范围。这其中要考虑经销人的经营能力、规模及销售网络，还应考虑地区的政治区域划分、地理和交通条件及市场差异程度等因素。

3.经销数量或金额

经销数额一般采用最低承购额的做法，规定一定时期内经销人应承购的数额下限，并明确数额的计算方法。在规定最低承购额的同时，还应规定经销商未能完成承购额时供货商可行使的权利。

4.经销期限

经销期限即协议的有效期，一般还要规定延期条款。除了协议期限届满可以终止外，如遇到下列情况之一，也可以终止协议。

① 任何一方有实质性的违约行为，并在接到另一方要求纠正该违约行为的书面通知后的一段时间内，未能加以纠正。

② 任何一方发生破产清算或公司改组等事项，另一方提出终止协议的书面通知。

③ 由于发生了人力不可抗拒的意外事件，造成协议落空，而且遭受事件的一方在一定的期限之后仍无法履行协议规定的义务，另一方发出终止协议的书面通知。

二、独家代理

（一）独家代理的含义

独家代理指出口企业与国外的独家代理商签订书面协议，在约定的期限和地区范围内，给予对方独家推销约定商品的权利——专营权。

独家代理商与出口企业之间的关系是委托代理关系，独家代理商为出口企业寻访客户，进行交易磋商，由代理商以自己的名义与第三方购货人订立合同。只是在特定情况下，根据协议规定由被授权代理人以出口企业名义代订销售合同，由出口企业承担法律责任。

在独家代理方式下，出口企业是委托人，独家代理商是代理人，二者之间是委托代理关系。独家代理商不负盈亏，不承担货价涨落的风险，只收取佣金。如由于第三方不履行义务致使委托人受损时，独家代理商应对委托人承担责任。独家代理一般应属经纪合同性质。

（二）独家代理协议

独家代理协议是规定出口企业和独家代理商之间的权利和义务的协议。我国现阶段使用的独家代理协议的内容如下。

1.协议名称及当事人

需明确注明它是一份独家代理协议，不能与独家经销协议相混淆，协议的法律性质及其权利义务也由此得以明确。此外，还必须保证所签订的代理协议与所适用法律的强制性规定无抵触。

协议必须清楚地规定双方当事人的全名、地址，如果是商行或公司，必须注明商行、公司的完整称呼，它的法律地位、总办事处及可以用来识别它的任何其他标志，等等。

2.独家代理的权限及其对等义务

独家代理的权限可以分为两个方面：第一，独家代理权，即独家代理约定商品的专营权。委托人给予独家代理商专营权后，委托人在约定期限和约定地区内，不得将约定商品在同一区域内另选代理商或自己直接销售。第二，独家代理商是否有权代表委托人订立具有约束力的合同。为避免独家代理商利用委托人的名义和信誉从事不利于委托人的活动，在独家代理协议中一般规定独家代理商的权限仅限于替委托人物色买主、招揽订单和中介交易，而无权以委托人的名义或作为委托人的代理人与第三者订立合同。

3.独家代理推销的商品、地区和期限

在独家代理协议中，应将代理商品的种类、名称、规格等做明确、具体的规定，以免日后因授权不明确而引起争议。代理商品的范围，应根据出口企业的经营意图、代理商的规模、经营能力及资信状况等决定。

4.最低代销额

出口企业授予独家代理商对于约定商品的专营权后，即使代理商不努力推销，出口企业也无法在代理区域内越过代理商销售约定商品。为保障卖方权益，应在协议中规定最低代销额。最低代销额一般以出口企业实际收到的货款计算，计算的期限不宜太长也不宜太短，多数以半年或一年为计算最低代销额的期限，如届时代理商由于其本身的能力而未能完成最低代销额，也应在协议中规定如何处理。

5.代理佣金

代理佣金是代理商为委托人推销商品所得的报酬，支付代理佣金也是委托人的一项义务。在独家代理协议中，应就佣金率、佣金的计算方法、佣金的支付时间和方法做出明确规定。

6.宣传推广和商情报告

对独家代理商来说，对代理商品进行宣传推广是他应尽的义务。为明确责任，独家代理协议应当规定独家代理商有促进销售和宣传推广的义务，以及卖方应提供宣传推广所必需的资料。独家代理商应承担定期或不定期向卖方提供商情报告的义务。报告的内容，通常是关于代理商的工作情况、市场供销、竞争、有关进口国的政策法令及客户的反映等。

7.例外规定

在独家代理协议中，出口企业在授予独家代理商专营权时往往需保留一定的销售权限，即在协议中做出出口企业可以直接销售的例外规定。这种例外规定通常属于下列情况：政府机构或企业向委托人直接购货、进行国际招标或参与合资经营等。出口企业在进行上述业务时，不受协议约束，也不付给佣金和报酬，其销售额也不列入协议的最低代销额。此外，独家代理协议还应规定代理商应负责进行产品的售后服务及保护委托人的知识产权等条款。

第二节

寄售、展卖与拍卖

一、寄售

（一）寄售的含义

寄售是寄售人先将准备销售的货物运往寄售地，委托当地代销商按照寄售协议规定的条件和办法代为销售的方式。

寄售是一种先出运后出售商品的委托代售的贸易方式。寄售人是卖方，也可称为委托人或货主，代销商也可称为受托人。通过寄售出售的商品，要待货物售出后才由代销商将货款交付给寄售人。[1]

在国际贸易中，寄售是寄售人为开拓商品的销路，委托国外代销商扩大出口而采用的一种贸易方式。

（二）寄售的特点

① 寄售是由寄售人先将货物运至目的地市场，再经代销商向买主销售，它是凭实物进行的现货买卖。

② 商品售出前所有权属寄售人。在代销商将商品售出前，商品的所有权仍属寄售人所有。若代销商破产，寄售人可以收回寄售商品。

③ 寄售人与代销商之间是委托代售关系，代销商只能根据寄售人的指示代为处置货物。但是，代销商在委托人授权范围内可以以自己的名义出售货物，收取货款并负责执行与买主订立的合同。

④ 代销商不承担商品市价涨落与销售畅滞的风险和费用，只收取佣金作为报酬。

---

[1] 牛惜羽，查贵勇.寄售代销贸易发展的新趋势、特点与策略[J].港口经济，2017（05）：29-31.

（三）寄售的优缺点

1.优点

① 采用寄售方式可以在当地市场出售现货，有利于卖方根据市场供求情况掌握销售时机，提高商品的竞争力并使商品卖出好价。

② 货物与买主直接见面，买主可以看货成交，即时采购，对开辟新市场、推销新产品有一定的推动作用。

③ 代销商一般无须垫付资金，除在售出前负责保管外，无须承担风险，多销多得，有利于促进其经营积极性。

2.缺点

采用寄售方式的主要缺点是：出口商资金周转期长、费用增加、风险较大、收汇不安全，特别是货物到达目的地后，如遇市场不景气，货物一时不能售出，或代销商有意压低价格，局面就比较被动。

（四）寄售协议

寄售协议是寄售人和代销商之间为了执行寄售业务就双方权利、义务和有关寄售的条件和具体做法而签订的书面协议。寄售协议中特别应该处理好寄售商品的价格确定、各种费用的负担和安全收汇三个方面的问题。寄售协议一般包括下列内容。

① 协议名称及双方的义务与责任。一般应明确列明“寄售协议”，以表示协议的性质。在协议中，应明确规定双方的义务、责任，以及在售出前货物的所有权仍属寄售人，风险和费用一般也由寄售人承担，并规定寄售货物售出时，所有权由寄售人直接转移给买方。

② 寄售区域及寄售商品。寄售协议必须规定委托代销的商品及销售的指定地区。

③ 定价方法。寄售商品的定价一般有以下三种方法。

第一，由寄售人限价，即寄售人在寄售时规定最低售价，代销商只能以此价格或高于此价的价格出售，否则，必须事先征得寄售人同意。

第二，随行就市，即由代销商按市价自行定价出售，寄售人不作限价。

第三，在销售前逐笔征求寄售人同意。这种作价方法弹性较大，实践中使用较多，代销商在找到买主并得到其出价后，立即征求寄售人意见，经接受或确认后才出售。

④ 佣金。寄售业务中，代销商是以收取委托人付给的佣金作为报酬的。佣金率的高低直接关系到双方利益和代销商的经营积极性。

⑤ 付款。寄售货物售出后收到的货款，一般由代销商扣除佣金及代垫费用后汇付给寄售人。为保证及时收汇，以利于资金周转，在寄售协议中应规定汇付货款的方式和时间。

此外，寄售协议中还应规定货物的保险、各种费用的负担等预防性条款，以避免发生纠纷。为减少风险，必要时还可规定由代销人提供银行保证函或备用信用证，如代销人不履行协议规定的义务时，由银行承担偿付一定金额的责任。

二、展卖

（一）展卖的含义及做法

展卖是利用展览会、博览会、展销会、交易会及其他会展形式，对商品实行展销结合，以展促销的一种贸易方式。

展卖可以采取各种不同的方式，我国企业可以到海外参展，利用国外举办的各种展卖会来推销商品，与各国同行同台竞争，一比高下，还可以参加国内举办的展卖会。改革开放以来，会展业在我国得到蓬勃发展，成为一项前景广阔的新兴产业。

到海外参展时，从展卖商品的所有方和客户的关系来看，展卖的做法主要有两种：一种方式是将货物通过签约方式卖给国外客户，由客户在国外参加展览会。另一种方式是由双方合作，展卖时货物的所有权不变，展品出售的价格由货主决定。国外客户承担运输、保险、劳务及其他费用，货物售出后收取一定的手续费作为补偿。展出结束后，未出售的货物可以折价卖给合作的客户，或运往其他地方进行另一次展卖。

除此之外，还可以将寄售和展卖方式结合起来进行。即在寄售协议中规定，代销人将寄售的商品在当地展卖。至于展卖的有关事项，可在该协议中同时规定，也可另签协议做出规定。

无论是哪一种做法，展卖作为一种商品推销方式，其基本特点可概括为：把商品的展览和推销有机地结合起来，一边展一边销，以销为主。展卖这种方式的优点主要表现在以下几方面。

第一，有利于宣传出口商品，扩大影响，招揽潜在买主，促进交易。

第二，有利于建立和发展客户关系，扩大销售地区和范围。

第三，有利于开展市场调研，听取消费者意见，改进产品质量，增强出口竞争力。

（二）我国开展的展卖方式

我国从20世纪50年代就开始在广州举办中国出口商品交易会，以后又陆续开展了各种类型的交易会、展览会、小交会，并多次参加国外举办的博览会。随着改革开放的深入，展卖业务在我国也得到了更为广泛的应用，极大地促进了我国对外经贸的发展。

1.国际展览会

国际展览会也称国际集市，是指在某个地点定期举办的，由一国或多国联合举办，邀请各国商人参加交易的贸易形式。

这一方式不仅为买卖双方的交易提供了方便，而且越来越多地为产品介绍和广告宣传打开了销路，并成为介绍新产品、新工艺以进行技术交流的重要方式。参加博览会的商人除进行现场交易外，还可通过这一机会同世界各国建立更广泛的商业关系。

国际博览会可分为综合性和专业性两种类型。凡各种商品均可参加展出和交易的博览会属于综合性的，又称“水平型博览会”，比较著名的有智利的圣地亚哥和叙利亚的大马士革的国际博览会，其展出期限长，展出规模大，而且对普通公众开放，当地人习惯称为庙会；凡只限某类专业性商品参加展览和交易的博览会属于专业性的，又称“垂直型博览会”，如比较著名的纽伦堡玩具博览会、慕尼黑体育用品博览会及法兰克福消费品展览会等，它们都是专业性很强的国际博览会。

近年来，频繁开展的在华和出国展览为加强中国与世界各国的贸易联系与经济交往发挥了重要作用。

2. 中国进出口商品交易会

中国进出口商品交易会的前身是中国出口商品交易会，又称广交会，是中国各进出口公司联合举办的，邀请国外客户参加的一种展览与交易相结合的商品展览会。迄今为止，中国利用广交会定期邀请国外客户来华集中谈判成交，根据“平等互利、互通有无”的对外贸易原则，以出口为主，进出结合，又买又卖，形式多样，极大地促进了中国对外贸易的发展，加强了中国同世界各国的经济联系。

中国进出口商品交易会的作用主要体现在以下几个方面。

① 来会的各国客商和友好团体众多，为集中成交创造了有利条件。

② 加强了与各国客户的广泛联系，便于了解国外市场动态，开展行情调研，熟悉客户的资信和作风。

③ 有利于生产和其他有关部门直接听取客户对产品的要求和反映。

④ 因交易会采取当面洽商、看样成交的方式，有利于及时发现与解决问题。

除了广交会外，近年来在我国各地和各口岸还定期开展了各种类型的会展业务，如小交会、博览会、洽谈会、高新技术成果交易会等，均产生了巨大的社会影响和经济效益。

（三）开展展卖业务应注意的问题

展卖是一种将产品宣传、推销和市场调研结合起来的贸易方式。它所带来的经济效益，不能单纯地从一次展卖会的销售额来衡量。经验证明，一次成功的展卖会后，由于建立了广泛的客户联系，往往会给参展者带来数量可观的订单。为了进一步有效地开展展卖业务，还应注意以下问题。

1. 选择适当的展卖商品

展卖这种交易方式并不适用于所有商品，它主要适用于一些品种规格复杂，用户对造型、设计要求严格，而且性能发展变化较快的商品，如机械、电子、轻工、化工、工艺、玩具、纺织产品等。选择参展商品时，要注意先进性、新颖性和多样性，要能反映现代科技水平，代表时代潮流。

2.选择好合作的客户

到国外参加展卖会之前，应选择合适的客户作为合作伙伴。选择的客户必须具有一定的经营能力，对当地市场十分熟悉，并有较为广泛的业务联系或销售系统。通过客户开展宣传组织工作，扩大影响，联系各界人士，这对展卖的成功具有重要作用。

3.选择合适的展出地点

一般来说，应考虑选择一些交易比较集中，市场潜力较大，有发展前途的集散地进行买卖。同时还应考虑当地的各项设施，如展出场地、旅店、通信、交通等基础设施的条件和这些服务的收费水平。

4.选择适当的展卖时机

这对于一些季节性强的商品尤为重要。一般来说，应选择该商品的销售旺季进行展卖，每次展出的时间不宜过长，以免耗费过大，影响经济效益。

三、拍卖

拍卖是由专营拍卖业务的拍卖行接受货主的委托，在一定的地点和时间，按照一定的章程和规则，以买主公开叫价竞购的方法，最后由拍卖行把货物卖给出价最高的买主的一种现货交易方式。

通过拍卖进行交易的商品，大多是一些品质不易标准化，或难以久存的，或有拍卖习惯的商品。国际市场上采用拍卖方式出售的商品，主要有艺术品、烟叶、木材、羊毛、毛皮、纸张、水果、蔬菜、鱼类等。参与拍卖的买主，通常需向拍卖行交存一定数额的履约保证金。

（一）拍卖的形式

1.增价拍卖

增价拍卖也称“买主叫价拍卖”，是由拍卖人宣布预定的最低价格，然后由买主竞相加价，直至出价最高时，由拍卖人接受并以击槌动作宣告达成交易。

2.减价拍卖

这种方式也称“卖方叫价拍卖”，或称“荷兰式拍卖”，是由拍卖人先开出最高价格，然后由拍卖人逐渐减低叫价，直到有人表示接受而达成交易。减价拍卖经常用于拍卖鲜活商品和水果、蔬菜等。

3. 密封递价拍卖

密封递价拍卖也称“招标式拍卖”，是由拍卖人事先公布每批商品的具体情况和拍卖条件，然后，竞买者在规定的时间内将密封标书递交给拍卖人，由拍卖人选择条件最合适的表示接受而达成交易。

（二）拍卖的基本程序

1. 准备阶段

货主事先把商品运到拍卖人指定仓库，由拍卖人进行挑选、整理、分类、分批编号。拍卖人还要印发拍卖目录，并刊登广告。

2. 查看货物

由于拍卖是看货成交的现货交易，买主必须事先对拍卖货物进行查看。买主既可查看拍卖人提供的样品，也可去仓库查看整批货物并在其中抽取一定数量的样品，以供分析和试用。

3. 正式拍卖

正式拍卖是在规定的时间和地点，按照一定的拍卖规则和章程，逐批喊价成交。当拍卖人认为无人再出高价时，就以击槌的方式来表示接受买主的喊价，拍卖人击槌后，就表示竞买停止，交易达成，买主就在标准合同上签字。

4. 付款和提货

拍卖成交后，买主按规定付款和提货。

拍卖是公开竞买的方式，对卖方来说，看货出价，可以卖得好价；对买方来说，可以按照自己愿出的价格，购买符合自己需要的货物。

第三节

招标与投标业务

招投标是招标和投标的简称，是一种传统的贸易方式。一些政府机构、市政部门和公用事业单位经常用招标方式采购物资、设备、勘探开发资源或招包工程项目，有些国家也用招标方式进口大宗商品。世界银行贷款项目和国际政府贷款项目，通常也在贷款协议中规定，运用这些贷款采购物资、设备、发包工程时必须采用国际竞争性招标方式。本节仅介绍商品采购中的招投标。[1]

一、招投标的含义

招投标是一种贸易方式的两个方面。

招标：指招标人在规定的时间、地点，以某种特定的方式发布招标公告，表明自己对特定的商品、工程或服务采购的规格、条件和要求，同时邀请相关的投标人参加投标并按照规定程序从中选择交易对象的一种市场交易行为。

投标：指投标人按照招标人的邀请，根据招标人发布的招标公告所列明的具体条件和要求，在规定时间内向招标人提交自己报价的过程，它是对招标人的一种响应。

招投标方式与逐笔售订的方式相比，有很大区别。招投标方式中，投标人是按照招标人规定的时间、地点和交易条件进行竞卖，一般情况下，双方没有反复磋商的过程，投标人发出的投标书是一次性报盘。鉴于招投标是一种竞卖方式，卖方之间的竞争使买方在价格及其他条件上有较多的比较和选择，在大宗物资采购中，这一方式被广泛运用。

二、招投标的基本做法

商品采购中的招投标业务基本包括四个步骤：招标、投标、开标评标和签约。

（一）招标

国际招标有公开招标和非公开招标两种。

1.公开招标

公开招标是指招标人在国内外报纸杂志上发布招标通告，将招标的意图公

---

[1] 栗冀.我国国际招标实践发展与发挥的重要作用[J].招标采购管理，2019（06）：21-24.

之于众，邀请有关企业和组织参加投标。招标通告一般只简要地介绍招标机构，所采购物资的名称、数量，招标期限，索取招标文件的地点和方式等。这在法律上是一种要约的邀请行为。凡有意投标者均可按照招标通告的规定索取招标文件，详细考虑后办理各项投标手续。

招标文件的内容可归纳为两大部分。其一是属于“投标人须知”，主要是制定规则，使投标人投标时能有所遵循。这些规则大致包括三个内容：第一，一般情况，如资金来源，所需设备或货物的简要说明，投标资格及货物来源地，投标费用的负担等；第二，程序性规定，如投标的时间、地点，投标格式，投标保证金的规定，投标有效期，标书的修改或撤销的规定等；第三，实质性的规定，如是否可投标供应一部分，是否可提出代替性方案，分包以及投标报价的规定等。其二是列明商品采购的合同条件，与买卖合同的内容类似，还包括双方的责任义务。

招标文件中往往要求对投标人进行资格预审，以确保投标人在各方面具有投标能力。资格预审主要集中在下列方面（一般限于过去5年内的情况即可）：投标人的经验及过去完成类似的合同的成绩、财务状况、生产能力、经营作风等。在利用国际金融机构或国外政府贷款进行物资采购或工程承包的招投标业务中，资格预审更是必不可少。

2.非公开招标

又称选择性招标。招标人不公开发布招标通告，只是根据以往的业务关系和情报资料，向少数客户发出招标通知。非公开招标多用于购买技术要求高的专业性设备或成套设备，应邀参加投标的企业通常是经验丰富、技术装备优良，在该行业中享有一定声誉的企业。

（二）投标

投标人首先要取得招标文件，认真分析研究之后，编制投标书。投标书实质上是一项有效期至规定开标日期为止的发盘，内容必须十分明确，中标后与招标人签订合同时投标书包含的重要内容应全部列入，并在有效期内不得撤回标书、变更标书报价，或对标书内容做实质性修改。投标人必须结合各种因素慎重考虑。

为防止投标人在投标后撤标或在中标后拒不签合同，招标人通常都要求投标人在投标时提供一定比例或金额的投标保证金。招标人决定中标人之后，未中标的投标人已交纳的保证金即予退还。现今国际招标业务中一般都以银行保函或备用信用证代替保证金。

投标书应在投标截止日期之前送达招标人或其指定的收件人，逾期无效。投标书一般采用密封挂号邮寄，也可派人专送。按照一般的惯例，投标人在投标截止日期之前，可以书面提出修改或撤回标书。撤回的标书在开标时不予宣读，所交纳的投标保证金也不没收。

（三）开标评标

开标有公开开标和不公开开标两种方式，招标人应在招标通告中对开标方式做出规定。

公开开标是指招标人在规定的时间和地点当众启封投标书，宣读内容。投标人都可参加，监视开标。不公开开标则是由开标人自行开标和评标，选定中标人，投标人不参加。开标后，招标人进行权衡比较，选择最有利者为中标人。在现代国际招标业务中，中标与否不完全取决于报价的高低。如果招标人认为所有的投标均不理想，可宣布招标失败。造成招标失败的可能性有三种：一是所有报价与国际市场平均价格差距过大；二是所有的投标在内容上都与招标要求不符；三是投标人太少，缺乏竞争性。

评标应由招标人依法组建的评标委员会负责，即由招标人按照法律的规定，挑选符合条件的人员组成评标委员会，负责对各投标文件的评审工作。招标人组建的评标委员会应按照招标文件中规定的评标标准和方法进行评标工作，对招标人负责，从投标竞争者中评选出最符合招标文件各项要求的投标者，最大限度地实现招标人的利益。

（四）签约

招标人选定中标人之后，要向其发出中标通知书，约定双方签约的时间和地点。中标人签约时要提交履约保证金，取代原投标保证金，用以担保中标人将遵照合同履行义务。

第四节

加工贸易

一、来料加工

来料加工贸易在我国又称为对外加工装配业务，广义的来料加工包括来料加工和来料装配两个方面。它是指由外商作为委托方，提供一定的原材料、零部件、元器件，由我方作为承接方，按照委托方的要求进行加工装配，成品交由委托方处置，承接方按照约定收取工缴费作为报酬。[1]

（一）来料加工贸易的性质

来料加工贸易与一般进出口贸易不同。一般进出口贸易属于货物买卖，来料加工虽有原材料、零部件的进口和成品的出口，却不属于货物买卖。因为原料和成品的所有权始终属于委托方，在一进一出的过程中并未发生转移，我方只提供劳务并收取约定的工缴费。可以说来料加工这种委托加工的方式属于劳务贸易的范畴，是以商品为载体的劳务出口。按照我国《合同法》的解释，来料加工合同属于承揽合同的性质。

（二）来料加工贸易的作用

来料加工对于承接方来讲，具有以下作用。

第一，可以发挥本国的生产潜力，补充国内原材料的不足，为国家增加外汇收入。

第二，引进国外的先进技术和管理经验，有利于提高生产、技术和管理水平。

第三，有利于发挥劳动力众多的优势，增加就业机会，繁荣地方经济。

---

[1] 李国英，陆善勇.新时代中国加工贸易综合优势培育的路径思考[J].国际贸易，2019（04）：46-51.

对委托方来讲，来料加工贸易也可降低其生产成本，增强竞争力，并有利于委托方所在国的产业结构调整。

（三）来料加工合同的主要内容及有关问题

来料加工合同包括三部分：约首部分、本文部分和约尾部分。约首和约尾主要说明订约人的名称、订约宗旨、订约时间、合同的效力、有效期限、终止及变更方法等问题。本文部分是合同的核心内容，其中包括加工产品名称、品质、规格、数量、交货期、损耗率、残次品率、加工费标准及金额、付款方式、保险、验收等。如果对方融资为我方购进机器设备生产线等，并在加工费中分期扣还其价款，这就兼具补偿贸易的性质，我们应在合同或协议中加入相应的条款，做出明确具体的规定。

1.对来料来件的规定

来料加工业务中，承接方能否按时、按质、按量交付成品，很大程度上取决于委托方能否按时、按质、按量供料。在合同中要明确规定来料来件的质量要求、具体数量和到货时间。合同签订之后，任何一方不得擅自更改。为了明确责任，一般同时规定验收办法和委托方未能按规定提供料件的处理办法，以及未按时间到达造成承接方停工、生产中断的补救方法。

2.对产品质量的规定

委托方为了保证成品在国际市场的销路，对成品的质量要求比较严格，因此承接方在签订合同时必须从自身的技术水平和生产能力出发，妥善规定，以免交付成品时发生困难。质量标准一经确定，承接方就要按时、按质、按量交付成品，委托方则根据合同规定的标准验收，或由双方同意的检验机构进行检验，并出具证明文件。为了保证产品质量，有时委托方也可派人到加工现场进行技术指导和生产监督。

3.关于耗料率和残次品率的规定

耗料率又称原材料消耗定额，是指每单位成品消耗原材料的数额。残次品率是指不合格产品在全部成品中的比率。这两个指标如果定得过高，则委托方必然要增加成本，减少产品的收入；如果定得过低，则承接方执行起来就会遇到困难。在合同中规定这一条款时一定要做到公平合理，并且留有余地，因为它直接关系到双方的利害关系和能否顺利执行合同。一般委托方要求耗料率不得超过一定的定额，否则由承接方负担；残次品率不能超过一定的比例，否则委托方有权拒收。另外，可要求委托方在提供原材料和零部件时，按照耗料率和残次品率的百分比增加供应数量，多出部分不计算在加工装配的成品数额中。

4.关于工缴费标准的规定

工缴费是直接涉及合同双方利害关系的核心问题。由于加工装配业务本质上是一种劳务出口，所以工缴费的核定应以国际劳务价格为依据，并要具有一定的竞争性。在对外谈判协商工缴费标准时，除了据理力争外，还要有长远观点。如通过认真审定，认为该项目确有发展前途时，在开展业务的初期，工缴费可以低一点，等业务开展起来，随着技术的进步和质量的提高，再逐步提高工缴费标准。另外，还应考虑到市场行情的变化和货币汇率的变化等因素，当情况发生较大变化时，应适当调整工缴费水平。

5.对工缴费结算方式的规定

来料加工业务中关于工缴费的结算方法有两种：第一种方法是来料、来件和成品均不作价，单收加工费。采用这种方法时，多数是由委托方在承接方交付成品后通过汇付、托收或信用证方式向承接方支付加工费。第二种方法是对来料、来件和成品分别作价，两者之间的差额即工缴费。采用这种方式时，承接方应坚持先收后付的原则，具体做法是，承接方开立远期信用证或以远期托收的方式对来料、来件付款，委托方以即期信用证或即期托收方式支付成品价款。在规定远期付款的期限时，要注意与加工周期和成品收款所需时间相衔接并适当留有余地，这样可以避免垫付外汇。

6.对运输保险的规定

来料加工业务涉及两段运输：原料运进和成品运出，需在合同中明确规定由谁承担有关的运输责任和费用。由于原料和成品的所有权均属于委托方，所有运输的责任和费用也应由委托方承担。但在具体业务中可灵活掌握，承接方也可代办某些运输事项。如规定由承接方支付某项运费，则应在工缴费中将该项运费包括在内。

来料加工涉及的保险包括两段运输险及货物加工期间存仓的财产险。同运输一样，从法律上讲，承接方只承担加工装配，保险应归委托方负责。但从实际业务过程看，由承接方投保较为方便，有时委托方也要求承接方代办保险，保险费可连同工缴费向委托方结算。如由承接方代办保险，双方还应约定保险险别、保险金额等条件。

中国人民保险公司为适应来料加工业务发展的需要，开设了来料加工“一揽子”综合险，投保这一险别后，保险公司即承担了两段运输和存仓的财产险。

7.关于由委托方提供设备和技术的规定

有的来料加工业务中，为了保证加工产品的质量，根据双方的约定，由委托方提供原料的同时，提供某些设备和技术，这些要在合同中做出明确规定。机器设备除了要写明其名称、规格、质量、牌号、出厂地点和时间、价格外，还必须明确是无偿提供还是有偿提供。如果是有偿提供，要订明我国国内承接方偿还价款的方式和期限。若提供技术，除按一般技术转让要求外，还应规定国外委托方为国内承接方培训技术人员和派遣专家的名额、培训时间、专家工作时间，以及费用负担等具体事宜。

8.关于商标和专利使用问题

商标和专利都属于工业产权，各国对所有人都制定了保护性法律。在加工贸易中经常遇到国外委托方要求国内承接方按特定商标、外形设计和规格指标进行加工装配生产的情况，也应引起国内承接方的重视。为避免对他人的侵权，可要求委托方提供有关商标或专利的注册登记文件或其他足以证明其合法使用权的文件，或在合同中订明承接方是按照委托方来样图纸、配方及指定的商标进行加工装配和包装，如对第三方构成侵权，责任全部由委托方承担，与承接方无关，承接方因此遭受的损失应由委托方负责赔偿。

此外，来料加工合同还应订立不可抗力和仲裁等预防性条款。

二、进料加工

（一）进料加工的含义

进料加工一般是指从国外购进原料，加工生产出成品再销往国外。由于进口原料的目的是扶植出口，又被习惯称为“以进养出”。我国开展的以进养出业务，除了包括进口轻工、纺织、机械、电子等行业的原材料、零部件、元器件，加工、制造或装配出成品再出口外，还包括从国外引进农、牧、渔业的优良品种，经过种植或繁育出成品再出口。

进料加工与前面所讲到的来料加工有相似之处，即都是“两头在外”的加工贸易方式，但两者又有明显的不同。第一，来料加工在加工过程中均未发生所有权的转移，原料运进和成品运出属于同一笔交易，原料的供应者即成品的接受者；而在进料加工中，原料的进口和成品的出口是两笔不同的交易，均发生了所有权的转移，原料供应者和成品购买者之间也没有必然的联系。第二，在来料加工中，我方不用考虑原料的来源和成品的销路，不承担商业风险，只收取工缴费，对于广大中小企业就比较合适；而在进料加工中，我方是赚取从原料到成品的附加价值，要自筹资金、自寻销路、自担风险、自负盈亏。这项业务在乡镇企业和规模较小的企业中就难以开展。

（二）进料加工贸易的做法

进料加工贸易的具体做法，归纳起来大致有以下三种。

第一种是：先签订进口原料的合同，加工出成品后再寻找市场和买主。这种做法的好处是进料时可选择适当时机，在价格较低时购进，而且，一旦签订出口合同，就可尽快安排生产，保证及时交货，交货期一般较短。但采取这种做法时，要随时了解国外市场的动向，以保证所生产的产品能适销对路，否则，就会造成库存积压，影响企业的经济效益。

第二种是：先签订出口合同，再根据国外买方的订货要求从国外购进原料，加工生产，然后按合同的规定交货。这种做法包括来样进料加工，即由买方先提供样品，我方根据其样品的要求再从国外进口原料，加工生产。这种做法的优点是产品的销路有了保障，但要注意加工成品所需的原料来源必须落实，否则会影响到成品的质量或者导致无法按时交货。

第三种是：对口合同方式。即与国外客户签订进口原料合同的同时签订出口成品的合同，原料的提供者也就是成品的购买者。但这两个合同相互独立，分别以现汇结算。采用这种做法时，原料来源和成品销路均有了保证，但它的适用面较窄，不易成交。实际做法中，有时原料提供者与成品购买者也可以是不同的人。

（三）开展进料加工的意义

进料加工在我国并非一种新的贸易方式，但在改革开放的过程中，在中央政策的鼓励下有了较为迅速的发展，特别是东部沿海地区开展得十分普遍。我国开展进料加工的意义主要表现在以下几个方面。

第一，有利于解决国内原料紧缺的困难，利用国外提供的资源，发展出口商品生产，为国家创造外汇收入，有些不能出口的产品还可以满足国内市场的需要。

第二，开展进料加工可以更好地根据国际市场的需要和客户的要求，组织原料进口和加工生产，特别是来样进料加工方式，有助于做到产销对路，避免盲目生产，减少库存积压。

第三，进料加工是将国外的资源和市场与国内生产能力相结合的国际大循环方式，也是国际分工的一种形式。通过开展进料加工，可以充分发挥我国劳动力价格相对低廉的优势，并有效利用相对过剩的加工能力，扬长避短，促进我国外向型经济的发展。

三、境外加工贸易

（一）境外加工贸易的含义

境外加工贸易是指我国企业以现有装备、技术在国外进行直接投资时，利用当地的劳动力开展加工装配业务，以带动和扩大国内设备、技术、原材料、零配件出口的一种国际经济合作方式。

可见，境外加工贸易是在海外进行投资办厂的基础上，结合开展来料加工或进料加工，其目的是促进我国设备、技术及原料的出口。

（二）开展境外加工贸易的必要性和可行性

我国企业开展境外加工贸易时间很短，可以说是刚刚起步，还缺乏经验，但应该看到，它是当前国民经济结构调整和培育新的出口增长点的一项重要战略措施。我国政府决定开展这项业务是经过深思熟虑的，开展境外加工贸具有其必要性和可行性。

1. 开展境外加工贸易的必要性

① 我国与许多国家存在着双边贸易不平衡问题，影响贸易关系的发展，开展此项业务，有助于绕过贸易壁垒，保持和拓展东道国市场或发展向第三国的出口，从而缓解双边贸易不平衡的矛盾。

② 在某些行业，如家电行业，我国生产技术已经成熟，要想在劳工成本不断上升的压力下维持产品的国际竞争力，必须将长线产品转移到相对落后的国家或地区，来支持本国产业结构的调整。

③ 现在经济全球化是个大趋势，我国企业需要走出国门，开展跨国经营，利用当地较低的生产、运输成本和现有的市场销售渠道及其在区域经济一体化中的影响，获得较高的经济效益。

2. 开展境外加工贸易的可行性

① 改革开放以来，我国在开展加工贸易方面积累了丰富的经验，也培养了一大批管理人才，为企业走出国门打下了坚实的基础。

② 在劳动力密集、技术层次较低、产品标准化的行业中开展加工装配业务，我国有着较强的竞争优势。在一些科技含量较高的行业，经过近年来的不断努力，我国也具备了参与国际竞争的实力。

③ 我国资源丰富，某些原材料（如棉花、棉布等）在国内有库存积压，通过带料加工，既有助于国产料件的出口，也解决了东道国资源不足的问题。

为了促进这项业务的开展，国家制定了一系列鼓励措施，主要包括资金支持、外汇管理、出口退税、金融服务和政策性保险等。

（三）开展境外加工贸易时应注意的问题

从我国一些大型企业开展这项业务的经验教训来看，应注意以下几个重要问题。

1. 做好人才方面的准备

国际市场竞争的关键是人才竞争，我国企业要想走出国门，并且在复杂多变的国际市场站稳脚跟，首先需要一大批精干的人才。这些人除了要懂专业技术外，还必须具有从事外经贸业务的必要知识，熟练地掌握外语技能，熟悉国际经贸法律和市场营销知识，而且尽可能是一专多能的复合型人才。当然，这主要靠长期的培养和选拔。此外，举办各种培训班也可以起到一定的作用。

2.注重信息的积累

境外加工贸易是我国企业在国外进行直接投资的基础上开展起来的，也就是说，企业活动的主要场地在国外，对当地的有关信息掌握得好坏直接关系到这项业务的成败。我们在选定目标市场时，一定要做充分的调查研究，了解有关信息，特别是与投资环境有关的当地法规、税收政策、文化背景、基础设施、自然条件及工会情况等。只有在广泛搜集信息的基础上，进行科学的分析，才能减少盲目性，降低投资风险。

3.注意加强宏观管理

要进行合理规划，做好项目的可行性研究，并努力做到四个结合：与扩大我国外贸出口相结合，与国内产业结构调整相结合，与国外市场需求相结合，与企业自身优势相结合。此外，在选择目标市场时要避免扎堆，不搞无序竞争。

第五节 商品期货交易与套期保值

一、期货交易的概念

（一）期货交易的含义

期货交易是指在期货交易所内，按一定的规章制度进行的期货合约的买卖。

现代期货交易是在期货交易所内进行的。目前期货交易所已经遍布世界各地，期货交易的品种基本上都是供求量较大、价格波动频繁的初级产品，如谷物、棉花、食糖、咖啡、可可、油料、活牲畜、木材、有色金属、原油，以及贵金属如金、银等。随着金融创新的不断发展，金融期货交易成为发展最快、交易最活跃和影响最大的期货交易。[1]

[1] 马连杰，陈捍宁.期货、期权在国际贸易中的应用[J].税务与经济（长春税务学院学报），1994（05）：62-64.

（二）期货交易与现货交易的联系与区别

现货交易是传统的货物买卖方式，交易双方可以在任何时间和地点通过签订货物买卖合同达成交易。在进出口业务中，无论是即期交货，还是远期交货，进出口商之间达成的交易均属于现货交易的范畴。而期货交易是以现货交易为基础发展起来的。在商品期货交易中，期货合约所代表的商品是现货交易市场中的部分商品，绝大多数的商品是不能以期货合约的方式进行交易的。在国际期货市场上，交易的期货商品以农副产品、金属等初级产品为主。尽管两种市场的价格都要受到同一经济规律的制约，然而，期货交易与现货交易却存在着下列明显的区别。

① 从交易的标的物看，现货交易买卖的是实际货物，而期货交易买卖的是期货交易所制定的标准期货合约。

② 从成交的时间和地点看，现货交易中交易双方可以在任何时间和地点达成交易，而期货交易必须在期货交易所内，按交易所规定的开市时间进行交易。

③ 从成交的形式看，现货交易基本上是在封闭或半封闭的双边市场上私下达成的，交易双方在法律允许的范围内按“契约自主”的原则签订买卖合同，合同条款是根据交易双方的情况而订立的，其内容局外人是不知道的；而期货交易是在公开、多边的市场上，通过喊价或竞价的方式达成的。期货合约的条款是标准化的（除交易数量、交割月份和价格由交易双方达成），而且达成交易的信息，包括价格是对外公布的。

④ 从履约方式看，在现货交易中，无论是即期现货交易，还是远期现货交易，交易双方都要履行买卖合同所规定的义务，即卖方按合同规定交付实际货物，买方按规定支付货款；而在期货交易中，双方成交的是期货合约，卖方可以按期货合约的规定履行实际交货的义务，买方也可以按期货合约规定接受货物。但期货交易所都规定，履行期货合约不一定要通过实际交割货物来进行，只要在期货合约到期前，即交易所规定的该合同最后交易日前，交易者做一笔方向相反、交割月份和数量相等的相同合同的期货交易，交易者就可解除其实际履行合同的义务。这也就是期货市场上所称的对冲或平仓。值得注意的是，绝大多数期货交易并不涉及货物的实际交割。

⑤ 从交易双方的法律关系看，在现货交易中，买卖双方达成交易，就固定了双方的权利和义务，交易双方之间产生直接的货物买卖的法律关系，任何一方都不得擅自解除合同；而期货交易双方并不互相见面，合同履行也无须双方直接接触。交易达成后，期货交易双方并不建立直接的法律关系。

⑥ 从交易的目的看，在现货交易中，交易双方的目的是转移货物的所有权。从卖方讲，是出售货物，取得货款；从买方讲，是取得一定经济价值的实际商品。而参加期货交易的人可以是任何企业和个人。不同的参加者进行期货交易的目的不同，有的是为了配合现货交易，利用期货交易转移价格变动的风险；有的是为了在期货市场上套取利润；有的是专门从事投机，目的是取得相应的投资利润。

二、期货市场的构成

期货市场是指按一定的规章制度买卖期货合约的有组织的市场。期货交易就是在期货市场上进行的交易行为。

期货市场主要由期货交易所、期货佣金商和清算所构成。

进出口商通常都是通过期货佣金商下单，由佣金商在期货交易所执行，交易达成后，所有合约都要通过清算所统一清算。

（一）期货交易所

期货交易所是具体买卖合同的场所。我们将从事期货交易的场所统称为期货交易所，把包括期货交易所在内，涉及期货交易及其运行的组织机构称为期货市场。

期货交易所本身不参与期货交易，其运营资金主要靠创立之初的投资、会员费和收取的手续费。交易所的职能是：第一，提供交易场地；第二，制定标准交易规则；第三，负责监督和执行交易规则；第四，制定标准的期货合约；第五，设立仲裁机构，解决交易争议；第六，负责收集和向公众传播交易信息。

（二）期货佣金商

期货佣金商（Futures Commission Merchant，简称FCM）又称经纪行或佣

金行，是代表金融、商业机构或一般公众进行期货交易的公司或个人组织，其目的就是从代理交易中收取佣金。

期货佣金商的主要业务包括：第一，向客户提供完成交易指令的服务；第二，作为客户进行期货交易的代理人，负责处理客户的保证金；第三，记录客户盈亏，并代理进行货物的实际交割；第四，向客户提供期货交易的决策信息，以及咨询业务。

期货佣金商往往是如下机构：主要经营证券业务的大证券投资公司，专营期货交易的期货公司，以及从事实物交易的公司，如生产商、中间商和进出口商等。

（三）清算所

清算所是负责对期货交易所内买卖的期货合约进行统一交割、对冲和结算的独立机构，它是随期货交易的发展及标准化期货合约的出现而设立的清算结算机构。在期货交易的发展中，清算所的创立完善了期货交易制度，保障了期货交易能在期货交易所内顺利进行，因此成为期货市场运行机制的核心。

清算所的创立使期货交易者在交易所内达成交易，却不建立通常货物买卖中转移货物所有权的直接法律关系。一旦期货交易达成，交易双方分别与清算所发生关系。清算所既是所有期货合约的买方，也是所有期货合约的卖方。这是因为清算所有特殊的“取代功能”。清算所这一功能得以实现，又是因为清算所的财力雄厚，而且实行了一套严格的无负债的财务运行制度——保证金制度。

保证金制度，也称押金制度，指清算所规定的达成期货交易的买方和卖方应交纳履约保证金的制度。

清算所要求每一位会员都必须在清算所开立一个保证金账户，对每一笔交易，会员都要按规定交纳一定数额的保证金。为防止出现违约，非会员也要向清算所会员交纳一定的保证金。

清算所规定的保证金有两种：初始保证金和追加保证金。

初始保证金是指期货交易者在开始建立期货交易部位时要交纳的保证金。对于所交纳初始保证金的金额，世界各地不同期货交易所有不同的规定，通常按交易金额的一定百分比收取，一般在5%～10%。该笔保证金一旦交纳，即存入清算所的保证金账户。

追加保证金是指清算所规定的，在会员保证金账户金额短少时，为使保证金金额维持在初始保证金水平，而要求会员增加交纳的保证金。清算所为了防止出现负债情况，采取逐日盯市的原则，用每日的清算价格对会员的净交易部位核算盈亏。当发生亏损，保证金账户金额下降时，清算所便要求会员必须交纳追加保证金。

清算所规定交纳追加保证金的目的是保证交易顺利进行，杜绝可能出现的违约现象。当会员净交易部位发生亏损时，清算所就会向会员发出追加保证金的通知，一般要求在第二天开市前就要交纳。否则，清算所有权在第二天开市时，在期货交易所中，对违约客户已建立的交易部位按市价平仓或对冲，亏损部分由客户已交纳的保证金来弥补。

（四）期货交易的参加者

按参加期货交易的目的，交易者可分为下列两大类。

1.套期保值者

套期保值者一般为实际商品经营者、加工者和生产者。他们的主要目的是在现货市场中进行实际货物的买卖。为了保障现货交易的正常合理利润，他们往往在期货市场上采取适当的套期保值策略来避免或减少价格波动风险带来的现货交易损失。

2.投机者

投机者指在期货市场上通过“买空卖空”或“卖空买空”，希望以较小的资金来博取利润的投资者。与套期保值相反，投机者愿意承担期货价格变动的风险，一旦预测期货价格上涨，投机者就会买进期货合约（或称“买空”或“多头”）；一旦预测期货价格下跌，投机者就会卖出期货合约（或称“卖空”或“空头”），待价格与自己预料的方向变化一致时，再抓住机会进行对冲。

三、套期保值

（一）套期保值的含义

套期保值是指期货市场交易者将期货交易与现货交易结合起来进行的一种

市场行为。其定义可概括为交易者在运用期货交易临时替代正常商业的活动中，转移一定数量的商品所有权的现货交易的做法。其目的就是通过期货交易转移现货交易的价格风险，并获得这两种交易相配合的最大利润。

（二）套期保值的做法

套期保值者在期货市场上的做法有下列两种。

1.卖期保值

卖期保值是指套期保值者根据现货交易情况，先在期货市场上卖出期货合约（或称建立空头交易部位），然后再以多头进行平仓的做法。例如，生产厂商或加工商在采购原材料的同时，为了避免价格波动的风险，往往采取卖期保值的做法。

2.买期保值

买期保值是指套期保值者根据现货交易情况，先在期货市场上买入期货合约（或称建立多头交易部位），然后再以卖出期货合约进行平仓的做法。通常中间商在采购货源时，为避免价格波动，固定成本，经常采取买期保值的做法。

（三）套期保值应注意的事项

1.必须审慎从事

从套期保值的做法可以得知，卖期保值是为了防止现货价格下跌，买期保值是为了防止现货价格上升。但如果在卖期保值后，价格非但没有下跌反而上升，或在买期保值后，价格没有上升反而下跌，那么套期保值的结果就会事与愿违。

套期保值对实物交易者而言，是排除了对现货市场价格变动风险进行投机，目的是保障实物交易中的合理利润免遭损失，而丧失了不做套期保值可以取得更多现货营利的机会。

正因为如此，有人认为，对套期保值应有选择地进行。但由于市场价格变化莫测，要对其走势做出正确判断并非易事，故目前一般商人仍习惯于在每笔实物交易之后，即做一笔套期保值的传统做法，以保安全。

2. 注意基差的变化

套期保值的效果，往往取决于套期保值时和取消套期保值时实际货物和期货之间差价的变化，即基差的变化。

基差（basis）指的是在确定的时间内，某一具体的现货市场价格与期货交易所达成的期货价格之间的差额。其公式如下：

基差=现货市场价格–期货市场价格

在现货市场的实物交易中，商人之间经常用基差来表示现货交易的价格，特别是在签订非固定价格合同时，用基差来表示实际现货价格与交易所期货价格的关系。

实践表明，套期保值的效果取决于基差的变化。从另一个角度讲，套期保值能够转移现货价格波动的风险，但最终无法转移基差变动的风险。然而，在实践中，基差的变化幅度要远远小于现货价格变动的幅度。交易者对基差的变化是可以预测的，而且也易于掌握。

第十章 国际货物运输与保险

第一节 运输方式及特点

目前国际贸易货物的运输方式有海洋运输、铁路运输、航空运输、集装箱运输、国际多式联运和其他运输等。在对外贸易业务中，应该根据进出口货物的特点、货运量大小、自然条件和装卸港口的具体情况及国际政治局势的变化等因素，认真选择合理的运输方式，保证“安全、迅速、准确、节省”地完成我国对外贸易货物运输，这对于建立贸易关系、商品的应季适销都非常重要。

一、海洋运输

海洋运输是国际物流中最主要的运输方式之一。它是指使用船舶通过海上航道，在不同国家或地区的港口之间运送货物的一种方式，在国际货物运输中使用最为广泛。目前，国际贸易总运量的2/3以上、中国进出口货运总量的约90%都是利用海洋运输。随着中国经济的快速发展，中国已经成为世界上最重要的海运大国之一。全球目前有19%的大宗海运货物运往中国，有20%的集装箱运输来自中国；而新增的大宗货物海洋运输之中，有60%～70%是运往中国的。中国的港口货物吞吐量和集装箱吞吐量均已居世界第一位；世界集装箱吞吐量前5大港口中，中国占了3个。随着中国经济影响力的不断扩大，世界航运中心正在逐步从西方转移到东方，中国海运业已经进入世界海运竞争舞台的前列。

海洋运输是国际商品交换中最重要的运输方式之一，货物运输量占全部国际货物运输量的比例在80%以上，海洋运输具有以下特点：第一，天然航道。海洋运输借助天然航道进行，不受道路、轨道的限制，通货能力更强。随着政治、经贸环境及自然条件的变化，可随时调整和改变航线，完成运输任务。第二，载运量大。随着国际航运业的发展，现代化的造船技术日益精湛，船舶日趋大型化。超巨型油轮载重已达60多万吨，第五代集装箱船的载箱能力已超过5000 TEU。第三，运费低廉。海洋运输航道为天然形成，港口设施一般为政府所建，经营海运业务的公司可以大量节省用于基础设施的投资。船舶运载量大、使用时间长、运输里程远、单位运输成本较低，为低值大宗货物的运输提供了有利条件。第四，运输的国际性。海洋运输一般都是国际贸易，它的运输过程涉及不同的国家或地区的个人和组织，海洋运输还受到国际法和国际管理的约束，也受到各国政治、法律的约束和影响。第五，速度慢，风险大。海洋运输是各种运输工具里速度最慢的运输方式。由于海洋运输是在海上，受自然条件的影响比较大，如台风，可能会把运输船卷入海底，风险比较大；另外，还有诸如海盗的侵袭，风险也不小。第六，海洋运输的不完整性。海洋运输只是整个运输过程的一个环节，它两端的港口必须依赖其他运输方式的衔接和配合。海洋运输有明显的不足之处，如海洋运输易受自然条件和气候的影响，航期不易准确，遇险的可能性也大。

目前国际航运中的远洋货物运输船舶，按其结构和载运的货物的种类，可分为干货船和油槽船。干货船又分为杂货船、散装货船、冷藏船、木材船、集装箱船、滚装船和子母船等。

海洋货物运输，按照船舶的经营方式，可分为班轮运输和包租船运输。

（一）班轮运输

班轮是指按照固定的航行时间表，沿着固定的航线，停挂固定的港口，收取固定运费的运输船舶。它是国际航运中的一种主要货物运输方式。

1. 班轮运输的特点

① 船方出租舱位一般是部分舱位，凡是班轮停挂的港口，不论货物数量多少，一般都可承运。

② 船方负责货物的装卸，即通常所说的管装管卸。

③ 班轮的运费是按照固定费率计收的，而且装卸费也包括在内。

④ 船方或其代理人签发的班轮提单是承运人与托运人之间订立的运输契约的证明。船方与货主的权利义务以班轮提单为依据。❶

由此可见，利用班轮运输是十分灵活和方便的，尤其是对成交量少、分运批次多、交货港口分散的货物更为合适。

2. 班轮运费的计算标准

① 按货物毛重计算，即重量吨。

② 按货物的体积计算，即体积吨或尺码吨。一体积吨一般以1立方米或40立方英尺（合1.328立方米）作为计量单位。在运价表上用“M”标注。

③ 按货物的价格计收，俗称从价计收运费。通常承运黄金、白银、宝石等贵重货物时才按从价计收运费。但是在这样的货物发生货损或者丢失时，船方照价赔偿的条件是：货主另外加付货价的百分之几，通常付1%。按从价计收运费时，在运价表上标注“A.V.”或者“Ad Val”。

④ 按货物毛重或体积计收，即在重量吨或体积吨两种计算标准中，从高收费，以“W/M”标注。

⑤ 按货物毛重或体积或从价计收，即在这三种计算标准中按较高的一种计收，以“W/M”或“A.V.”标注。

⑥ 按货物毛重或体积计收，再加从价运费，即在重量吨或体积吨计算标准中，按较高的一种计收，再加上一定百分比的从价运费，以“W/M Plus A.V.”标注。

⑦ 按货物的个数计算，如汽车以辆、牲畜按头数。

⑧ 由船方与货主临时议价，这样协定运费的方法主要是在承运大宗货物，像粮食、矿石、煤炭等时采用，在议价表中一般只列出“议价货”的品名。

---

❶ 贯勇. 国际海洋运输的租船方式及征税问题[J]. 涉外税务，1995（08）：37.

3. 班轮运价

货物使用班轮运输时，运输是按照班轮运价表（Liner Freight Tariff）的规定来计算的。

班轮运价是班轮公司承运单位货物所计收的班轮运费，班轮承运货物除了要按基本运费率收取基本运费之外，往往还要加收种种附加费用。所谓基本费率是指每一计费单位（如一运费吨）货物收取的基本运费，英文也可说成freight unit price，即航线内基本港之间对每种货物规定的必须收取的费率，也是其他一些百分比收取附加费的计算基础。基本费率有等级费率、货种费率、从价费率、特殊费率和均一费率之分。为了既保持在一定时期内基本费率的稳定性，又能正确反映出各港的各种货物的航运成本，班轮公司在基本费率之外，为了弥补损失又规定了各种额外加收的费用，即附加费。主要有如下几种。

① 燃油附加费：在燃油价格突然上涨时加收。

② 货币贬值附加费：在货币贬值时，船方为实际收入不致减少，按基本运价的一定百分比加收的附加费。

③ 转船附加费：凡运往非基本港的货物，需转船运往目的港，船方收取的附加费，其中包括转船费和二程运费。

④ 直航附加费：当运往非基本港的货物达到一定的货量，船公司可安排直航该港而不转船时所加收的附加费。

⑤ 超重附加费、超长附加费和超大附加费：当一件货物的毛重或长度或体积超过或达到运价规定的数值时加收的附加费。

⑥ 港口附加费：由于有些港口设备条件差或装卸效率低，以及其他原因，船公司加收的附加费。

⑦ 港口拥挤附加费：由于有些港口拥挤，船舶停泊时间增加而加收的附加费。

⑧ 选港附加费：货方托运时尚不能确定具体卸货港，要求在预先提出的两个或两个以上港口中选择一港卸货，船方加收的附加费。

⑨ 变更卸货港附加费：货主要求改变货物原来规定的港口，在有关当局（如海关）准许，船方又同意的情况下所加收的附加费。

⑩ 绕航附加费：由于正常航道受阻不能通行，船舶必须绕道才能将货物运至目的港时，船方所加收的附加费。

（二）包租船运输

包租船是指租船人向船东租赁整船运输货物。包租船可分为定程租船、定期租船和光船租船。

1.定程租船

定程租船，又称程租船或航次租船。它是根据船舶完成一定航程来租赁的。一般可分为按单航次、来回航次、连续单航次和连续来回航次等方式租赁船舶。程租船的特点是：船舶经营管理由船东负责；在租船合同中规定一定的航线和装运货物的种类、名称、数量及装卸港口；船东除对船舶航行、驾驶、管理负责外，还对货物运输负责；运费一般按承运货物总量计算或包干运费或保价运费。租船双方在租船合同中要规定装卸期限或装卸率，并计算滞期费和速遣费；船东和租船人的权利与义务以双方签订的定程租船合同为准。

2.定期租船

定期租船，又称期租船，是指按一定期限租赁船舶。船期可长可短，从数日到几年，租金一经约定即固定不变。船方负担船员薪金、伙食等费用，并负责保持船舶在租赁期间的适航状态，以及因此而产生的费用和船舶保险费用。所谓适航状态是指船舶能够正常运转，具有航海安全能力，能够适合接受和保管货物。定期租船的特点是：船舶租赁期间，船舶的经营管理由租船人负责；在租船合同中不规定航线和装卸港，只规定船舶航行区域；船东负责船舶的维护、修理和机器设备正常运转；租金按租期每月每吨若干金额计算；在租船合同中不规定装卸率和滞期费及速遣费；船东和租船人的权利与义务以定期租船合同为准。

3.光船租船

光船租船，又称净船期租船，是指船舶所有人将船舶出租给承租人使用一定期限，但船舶所有人提供的是空船，承租人要自己任命船长、配备船员，负责船员的给养和船舶经营管理的一切费用。

二、铁路运输

铁路运输具有运量较大、运输速度较快、运途风险较小并有高度的连续性等特点。在国际货运总量中，铁路货运量仅次于海洋货运量。铁路运输包括国内铁路运输和国际铁路联运两种。

（一）国内铁路运输

我国进口的货物由港口通过铁路运输转运到全国各地用货部门，出口的货物经铁路运输集中到港口装船出运。

（二）国际铁路联运

凡是使用一份统一的国际联运票据，由铁路负责经过两国或两国以上的铁路的全程运送，并且由一国铁路向另一国铁路移交货物时无须发货人和收货人参加，这种运输称为国际铁路联运。

采用国际铁路联运，有关当事国事先必须有书面的约定。许多欧洲国家都参加了《国际铁路货物运送公约》（简称《国际货约》）。从1951年4月1日起，我国参加了《国际铁路货物联运协定》（简称《国际货协》）。从20世纪80年代末期开始，因一系列国际事件导致《国际货协》名存实亡，不再有效。

三、航空运输

航空运输是一种现代化的运输方式，它具有运输快、货运质量高，且不受地面条件限制等优点。特别是对鲜活商品、易腐易烂商品和季节性较强的商品的运送更为有利。采用国际空运货物的运输方式包括班机运输、包机运输、集中托运和航空快递四种。

四、集装箱运输和国际多式联运

（一）集装箱运输

集装箱运输是以集装箱作为运输单位进行货物运输的一种现代化运输方式，它适用于海洋运输、铁路运输及国际多式联运等。集装箱运输有两种方式：一种是使用FOB、CIF、CFR贸易术语实行港到港交货，是传统的运输交货方式；另一种是使用FCA、CPT、CIP贸易术语，实行门到门交货的运输交货方式。集装箱运输有许多优点：可以提高港口吞吐能力，加速船舶运转；减少货损货差，降低营运成本；简化运输手续，便利货物运输。

（二）国际多式联运

国际多式联运是在集装箱运输的基础上产生和发展起来的一种综合性的连贯运输方式，它一般是以集装箱为媒介，把海、陆、空各种传统的单一运输方式有机地结合起来，组成一种国际连贯运输。它应具备下列条件。

第一，必须使用包括全程的运输单据，如联合运输单据。

第二，必须是使用两种或两种以上的不同运输方式的连贯运输。

第三，必须是国际货物运输。

第四，必须是多式联运经营人负有全程运输责任。

第五，必须使用全程单一的运输费率。

国际多式联运经营人是多式联运的当事人，是一个独立的法律实体。对于货主来说，他是货物的承运人；对各区段分承运人来说，他又是货物的托运人。一方面他同货主订立多式联运合同，另一方面他又与分承运人以托运人的身份签订各区段运输合同。国际多式联运经营人的责任期间是从接管货物之时起到向收货人交付货物之时止。在此期间，在责任范围和赔偿限额方面，目前国际上有三种做法。

1.统一责任制

它是国际多式联运经营人对货主负有不分区段的运输的统一责任，即货物灭失或损坏，包括隐蔽损失，无论发生在哪个区段，国际多式联运经营人按一个统一原则负责，并按一个约定的限额赔偿。

2.分段责任制

分段责任制又称网状责任制，是国际多式联运经营人的责任范围以各区段运输原有的责任为限，如海上区段按《海牙规则》办理，航空区段按《华沙公约》办理。在不适用国际法时，应按相应的国内法办理。赔偿按各区段的国际法或国内法规定限额赔付，对不明区段的货物隐蔽损失，按双方约定办理。

3.修正统一责任制

这种责任制是介于统一责任制与分段责任制之间的责任制，又称混合责任制，即在责任范围方面与统一责任制相同，而在赔偿限额方面与分段责任制相同。

五、其他运输

（一）邮政运输

邮政运输是一种较简便的运输方式。各国之间通过相互签订的协定和公约，可以互相传递邮件包裹，从而形成国际邮件运输网。国际邮件运输具有国际多式联运和“门到门”运输的性质，托运人只要按邮局章程一次托运并付清足额邮资，取得邮件包裹收据，即算完成交货手续。邮政运输一般适合于量轻体小的货物，如精密仪器、机械零配件、药品、样品和各种生产急需的物品。

（二）管道运输

管道运输是运输通道和运输工具合二为一的一种特殊的运输方式，它可以连续作业，并具有运量大、速度快、运输成本低、货损货差小的优越性。随着石油工业的发展和我国对石油需求的不断增长，管道运输在我国经济和对外贸易中起着日益重要的作用。

（三）陆桥运输

陆桥运输指以大陆上铁路或公路运输系统作为中间桥梁，把大陆两端的海洋连接起来，组成一个“海—陆—海”的连贯运输方式，一般以集装箱为媒介。在国际多式联运中，陆桥运输起着非常重要的作用。它是远东和欧洲国际多式联运的主要形式。目前世界上主要有三条路桥：西伯利亚大陆桥、北美大陆桥、亚欧第二大陆桥。其中利用率最高的是西伯利亚大陆桥。

1.西伯利亚大陆桥

西伯利亚大陆桥是将集装箱货物由远东海运到俄罗斯东部港口，再经跨越欧亚大陆的西伯利亚铁路运至波罗的海沿岸的港口，然后再采用铁路、公路或海运运到欧洲各地的国际多式联运的运输线路。

西伯利亚大陆桥缩短了从日本、远东、东南亚及大洋洲到欧洲的运输距离，节省了运输时间。从日本横滨到欧洲鹿特丹，采用陆桥运输不仅可使运距缩短1/3，运输时间也可节省1/2。在一般情况下，运输费用还可节省20%~30%，因而对货主有很大的吸引力。

2.北美大陆桥

北美大陆桥是指利用北美的大铁路从远东到欧洲的“海陆海”联运。该陆桥运输包括美国大陆桥运输和加拿大大陆桥运输。美国大陆桥有两条运输线路：一条是从西部太平洋沿岸至东部大西洋沿岸的铁路和公路运输线，另一条是从西部太平洋沿岸至东南部墨西哥湾沿岸的铁路和公路运输线。

3. 亚欧第二大陆桥

亚欧第二大陆桥，也称新亚欧大陆桥。该大陆桥东起中国连云港，西至荷兰鹿特丹港，全长10837千米，其中在中国境内4143千米，途经中国、哈萨克斯坦、俄罗斯、白俄罗斯、波兰、德国和荷兰7个国家，可辐射到30多个国家和地区。1990年9月，中国铁路与哈萨克斯坦铁路在德鲁日巴站正式接轨，标志着该大陆桥的贯通。1991年7月20日开办了中国新疆—哈萨克斯坦的临时边贸货物运输。1992年12月1日由连云港发出首列国际集装箱联运“东方特别快车”，经陇海、兰新铁路，西出边境站阿拉山口，分别运送至阿拉木图、莫斯科、圣彼得堡等地，标志着该大陆桥运输的正式开办。近年来，该大陆桥运量逐年增长，并具有巨大的发展潜力。

第二节 运输单据

运输单据是指代表运输中的货物已经装运或已被承运人或其代理人接管的单据。它具体说明货物运输有关当事人的责任、权利及义务，是货物运输业务中最为重要的单据，也是出口结汇不可缺少的单据。

按照运输方式的不同，运输单据可以分为海运提单，空运提单，公路、铁路或内河运输单据，快递及邮政收据和多式联运单据等。[1]

一、海运提单

（一）海运提单的含义

海运提单，是承运人收到货物后出具的货物收据，也是承运人所签署的运

[1] 马连良.从一则案例看国际贸易运输单据的物权属性[J].对外经贸实务，2019（09）：65-67.

输契约的证明，提单还代表所载货物的所有权，是一种具有物权特性的凭证。

（二）海运提单的作用

1. 货物收据

提单是承运人发给托运人的收据，确认承运人已收到提单所列货物并已装船，或者承运人已接管了货物，已代装船。

2. 运输契约证明

运输契约证明是托运人与承运人的运输契约证明。承运人之所以为托运人承运有关货物，是因为承运人和托运人之间存在一定的权利义务关系，双方的权利义务关系以提单作为运输契约的凭证。

3. 物权凭证

提单是货物所有权的凭证。谁持有提单，谁就有权要求承运人交付货物，并且享有占有和处理货物的权利，提单代表了其所载明的货物。

（三）海运提单的内容

世界上每个轮船公司都有自己的提单格式和提单条款，但其基本内容都是按照《海牙规则》加以规定的。提单的正面内容除了包括托运人、收货人、被通知人、船名、国籍、航次、装运港、运费、提单签发份数、签单日期及签单人外，还有如下规定。

① 托运人所提供的详细情况，主要包括货名、标志和号数、件数、毛重、尺码等。如填写不准、错误或谎报，一切后果和所造成的损失，应由托运人承担。

② 声明货物表面状况良好已装上船，并应在卸货港或该船所能安全到达并保持浮泊的附近地点卸货。

③ 正本提单其中一份完成提货手续后，其余各份失效。

④ 托运人、收货人和本提单的持有人明确表示接受并同意提单和它背面所载的一切印刷、书写或打印的规定、免责事项和条件。

提单的背面条款包括：

① 承运人的责任与义务条款；

② 承运人免责条款；

③ 索赔与诉讼的责任与义务条款；

④ 有关特殊货物运输条款；

⑤ 其他条款。

提单条款基本上是依据1924年制定的《海牙规则》的规定。《海牙规则》对承运人的责任与权利和豁免进行了规定，从而使货方的利益在一定程度上获得保障，但从《海牙规则》实行半个多世纪以来，国际形势发生了很大变化，原来制定《海牙规则》的是主要航运国，代表船方利益，所以其内容明显地偏袒船方利益，如承运人的免责条款竟达17条之多，因而受到代表货方利益的不发达国家的反对。为此，联合国于1978年3月在汉堡会议上通过了《1978年联合国海上货物运输公约》（*U.N.Convention on the Carrier of Goods by Sea 1978*），简称《汉堡规则》，（*Hamburg Rules*）。

《汉堡规则》的内容在较大程度上保护了货方的利益和加重了承运人的责任。如承运人的责任区间从原来的货物装上船到货物卸下船扩展到承运人收到货物时直至交付货物为止，并进一步明确规定承运人须对交货延误负责，删去了《海牙规则》规定的17条免责条款。每件货物赔偿责任限制提高为835特别提款权或每千克2.5特别提款权。诉讼时效也延长至两年。《汉堡规则》已于1992年11月1日起正式生效。

二、空运提单

空运提单是由空运的承运人或其代理人签发的货运单据，通常称为航空运单。它是货物的收据，也是托运人与承运人之间的运输契约，但不具有物权凭证的性质。收货人不能以航空运单提货，而是凭航空公司的提货通知单在目的地机场或仓库提取货物，所以空运单据是不可转让的，应该在航空运单的收货人栏内详细填写收货人全称和地址，而不得做成“指示抬头”。

航空运单分为两种：一种是航空公司的运单（Air WayBill，简称AWB），又称总运单（Master Air WayBill，简称MAWB）；另一种是航空货运公司的运单（House Air WayBill，简称HAWB），又称分运单，在航空货运公司办理集中托运、联运及实行“门到门”运输时使用。

根据UCP 600的规定，银行将接受由承运人或作为承运人的具体代理或代表签字或以其他方式证实的空运单据；银行将接受注明货物已收妥待运的空运单据。该惯例还规定，只要是同一空运单据包括运输全程，即使信用证禁止转运，银行也会接受注明将发生或可能发生转运的空运单据。

三、国际多式联运单据

国际多式联运单据（Multimodal Transport Document，简称MTD或Combined Transport Document，简称CTD）是指国际多式联运合同及证明多式联运经营人接管货物，并负责按照合同条款交付货物的单据，它是适应国际集装箱运输需要而产生的，在办理国际多式联运业务时使用。国际多式联运单据也称国际多式联运提单。

（一）国际多式联运单据的性质与作用

第一，它是国际多式联运经营人与托运人之间订立的国际多式联运合同的证明，是双方在运输合同中确定的权利和责任的准则。在国际多式联运成立后签发多式联运单据，它不是运输合同，而是运输合同的证明。在国际多式联运的内容和条款中规定双方当事人订立的合同条款与实体内容。托运人在订立运输合同前应了解运输单据上的所有条款，除非另有协议外，应把单据内容和条款作为双方权利义务和责任的准则。

第二，它是国际多式联运经营人接管货物的收据。国际多式联运经营人向托运人签发多式联运单据表明已承担运送货物的责任并占有了货物。

第三，它是收货人提取货物和国际多式联运经营人交货的凭证。收货人或第三人在目的地提取货物时，必须凭国际多式联运单据换取提货单（收货记录）才能提货。

第四，它是货物所有权的证明。国际多式联运单据持有人可以押汇、流通转让，因为国际多式联运单据是货物所有权的证明，可以产生货物所有权转移的法律效力。

（二）国际多式联运单据的种类

国际多式联运单据可以分为两大类：可转让国际多式联运单据与不可转让国际多式联运单据。

第一，可转让国际多式联运单据。分为指示单据（提单）和不记名单据（提单）。

第二，不可转让国际多式联运单据。它是记名单据（提单），是在单据下面收货人一栏中载明作为收货人的特定人（或公司）的提单，一般不能流通转让。

（三）国际多式联运单据与联运提单的区别

国际多式联运单据在使用形式上与联运提单有相同之处，但在性质上又有极大的区别。两者的主要区别如下。

第一，联运提单限于由海运与其他运输方式所组成的联合运输时使用，而多式联运单据既可用于海运与其他运输方式的联运，又可用于不包括海运的其他运输方式的联运，但必须是两种或两种以上不同运输方式的联运。

第二，联运提单由承运人、船长或承运人的代理人签发，多式联运单据则由多式联运经营人或经其授权的人签发，多式联运经营人可以是完全不掌握运输工具的无船承运人，全程运输由经营人安排其他承运人负责。

第三，联运提单的签发人仅对第一程运输负责，而多式联运的签发人则要对全程负责，无论货物在任何区段发生属于承运责任范围的灭失或损害，均对托运人负责。

第四，联运提单是货物装船之后，由第一承运人签发的全程联运提单，它属于已装船提单，而多式联运单据可以是已装船的，但大部分是在联运经营人接管货物后准备待运时签发的单据。UCP 600规定，银行将接受注明货物已发运、接受监管或已装载的单据。发运、接受监管或装载，可在多式运输单据上以文字标明，且出单日即视为发运、接受监管或装载日期及装运日期。然而，如果单据上以盖章或其他方式标明发运、接受监管或装载日期，则此类日期即视为装运日期。该惯例还规定，只要同一多式运输单据包括运输全程，即使信用证禁止转运，银行也将接受注明转运将发生或可能发生的多式运输单据。

第三节 买卖合同中的运输条款

运输条款是贸易合同的组成部分，如果在成交时忽略了运输问题，从而使运输条款订得不恰当，或者责任不明确，甚至脱离了运输的实际可能，不但会在执行合同时使运输工作陷于被动，引起经济损失和种种纠纷，严重的还会影响履约，使出口任务无法完成。在签订出口合同前，充分考虑到运输条件，将运输条款订得尽可能完整、明确和切实可行是有其重要意义的。

一、我方派船合同运输条款

（一）关于装运期的条款

第一，装运期必须订明年度及月份，对船舶较少去的偏僻港口，最好争取跨月装货以便于安排船舶，不要订“即装”条款。

订装运期应结合商品的性质选择季节，如雨季不宜装烟叶，夏季不宜装沥青等。还应结合交货港、目的港的特殊季节因素，如北欧港口不宜订在冰冻期，热带地区不宜订在雨季，等等。

第二，出口货的装运期分远洋、近洋地区，应掌握在信用证收到后有一定的期限。远洋地区不少于30天，近洋地区不少于20天。应在合同中订明信用证于装运期前开到卖方的期限。

第三，签订出口合同时，应避免信用证结汇有效期与装运期订为同时到期即“双到期”。一般应争取结汇有效期长于装运期15天，以便货物装船后有足够的时间办理结汇手续。

第四，不能接受一笔货物在短期内分若干批出运的条款。因为在规定期内，如无适当的足够数量的船舶，就会影响这批货物的出运。❶

（二）关于装运口岸和目的港的条款

第一，出口装运港口，尽可能争取订为“中国港口”，或者订为几个中国港口，由卖方选择。

第二，出口目的港，应尽量选订班轮航线通常靠挂的基本港口或条件较好的港口，以便组织直达运输，减少中转。

第三，目的港要明确具体，不要笼统订为“……地区主要港口”，以避免由于含义不明给安排船舶造成困难。如买方提出几个主要港口，并选择其中任何一港交货时，应在合同中有以下明确规定：选卸港费和所选目的港需要增加的运费、附加费等，应由买方负担；买方在开信用证的同时，宣布最后目的港；

❶ 陈媛媛.国际贸易术语、运输条款与保险条款[J].合作经济与科技，2008（03）：13-14.

供选择的港口必须在同一航线内，不应跨航线选卸港口，选卸港口最多不要超过三个；运费应按选卸港口中最高的费率及附加费计算。

第四，在不以联运方式承办运输的条件下，一般不接受内陆城市为目的地的条款。对于内陆国家的贸易，应选择其最近的、我方能安排船舶的海港为目的港。

（三）关于出口转船的条款

第一，货物出口至没有直达船或虽有直达船但没有固定船期、航班较少的港口，必须订明“允许转船”，以利装运。

第二，对某些数量较大的商品或需要运往条件差的港口时，应考虑到港口吃水限度和派船的可能条件，在合同中订明“允许转船及分批装运”的条款。

第三，凡是“允许转船”的货物，不能接受买方指定中转港、二程船公司和船名的条件，也不要接受在提单中注明中转港和二程船舶名称的条件。

（四）关于装卸费负担的条款

由于世界各地的港口对《国际贸易术语解释通则》有不同的解释和不同的习惯做法，我们在签订CFR或CIF的出口合同时，应根据各地的实际情况，在合同中明确规定在目的港的卸货费用由谁负担，以免产生纠纷。

（五）签订运输条款应注意的问题

1.关于限期运抵目的港的条款

对买方提出限期运抵目的港的要求应予重视，但不能接受在合同上规定限期运抵目的港的条款。因船舶在海上航行，很难保证到达目的港的时间。如因特殊情况，必须限期运抵目的港时，需事先征求运输部门的意见。

2.关于指定船舶或限制航线的条款

在合同中一般都不能接受由买方指定装某国籍船、某班轮公司船及限制船型、船级或航线等条款。对于买方要求指定装船部位的条款，要做具体分析，合理的应予接受，对于不合理的要求，则不能接受。

3.关于指定装卸码头、仓库的条款

对于买方要求指定装卸码头及仓库的条款，一般不能接受。如有特殊情况，应根据货量的大小和所指定的装卸码头及仓库的实际情况来确定。

4.关于大宗出口商品出具提单问题

对于大宗出口商品，通常采用程租船装运，同时签发租船提单。对于这种提单，银行一般是不接受的。在签订合同时，应商定双方可以接受的提单，以便做出相应的安排。

5.关于大宗货的溢短装条款

对于大宗货物，应订明溢短装条款，一般为增减5%～10%。由船方选择，而不是由货方选择。

二、对方派船合同运输条款

第一，对于FOB出口合同，卖方应在合同规定的交货期前30天，向买方发出准备装船通知。买方应从卖方发出通知之日起20天内，将装货船只的船舶规范和预计到港日期等通知卖方和装货港的船务代理公司。

第二，在我国港口装货所发生的理货费，应在合同中明确由买方或船方负担。因为我国港口一般是由船方申请理货和收受货物，卖方不负担此项费用。

第三，以FOB条件成交的出口货物，由船边至船舱的装船费（包括绞车费、开关舱费、垫舱物料费、理舱和平舱费及在船上的有关工力费用等）一概由买方负担。如为FOB ST条款，上述费用则应由卖方负担。

第四节 国际货物运输中货代提单的实际应用

当前，我国国际货运代理业发展迅速，截至2014年年底，在商务主管部门备案的国际货代企业超过4万家，从业人员超过200万人。国际货运代理企业在为广大船东、收发货人等客户提供专业服务的同时，也有不少货代企业逐步开展无船承运业务，拓展业务范围，由代理向当事人转变。由此，货代提单的使用日趋广泛，极大地方便了国际贸易、国际物流的各方当事人，约80%的国际海上货物运输有国际货代企业参与。但由于国际货代企业在业务中可表现为运输合同当事人，一些货主对货代提单的性质和使用把握有误，进而陷入货代提单的认识误区，致使贸易遭受损失。

一、对货代提单及其性质的曲解

货代提单又称为HOUSE B/L，法律上并无确切的定义，简言之，货代提单就是国际货运代理所签发的提单。提单由承运人签发给发货人，国际货运代理签发提单，不是接受进出口货物收发货人的委托，而是接受承运人的委托，是承运人的代理人，或者就是承运人本身。UCP 500第30条主要针对货代提单而设，由于对提单的签字方式已有具体规定，UCP 600取消了对货代提单的特别规定。

货代提单通常相对于船东提单而言，船东提单就是由经营海上货物运输的船公司所签发，两相对比清楚地表明了货代提单的签发人，但是没能表明国际货代的身份。国际货运代理在签发提单时有三种身份：一种是作为具名承运人的代理人；另一种表明了国际货代的身份，但没在提单上披露承运人；最后一种是作为承运人签单。此三种方式的提单都是由国际货代签发，都可称为货代提单，但性质完全不同，各方当事人的权利义务大相径庭，应予以澄清。

（一）直接代理

当国际货运代理接受船公司的委托，以船公司的名义，向托运人签发提单，完全符合我国《民法典》的规定，国际货运代理企业是船公司的直接代理人。此时船公司是被代理人，国际货运代理企业是代理人，托运人是代理行为的第三人，签发提单是代理行为，其民事责任由被代理人即船公司承担。故国际货代以船公司的名义签发提单，应视同船公司签的提单，其效力与船公司自行签发相同，流转程序亦相同，无论根据UCP 500还是UCP 600，该提单都会被银行接受。提单的条款约束了船公司和收发货人，提单记载是船公司收到所述货物的表面证据，收货人可凭提单在目的港向承运人提取货物。若发生运输合同纠纷，国际货运代理企业并不承担责任，货主直接与船公司发生关系。

（二）间接代理

若国际货运代理接受承运人的委托，但签发提单时不披露承运人的名称，仅落款为货运代理，以自己的名义进行业务行为，则他是承运人的间接代理人。此时国际货代虽然是承运人的代理，但由于以自己的名义从事代理行为，若发生运输合同的纠纷，收发货人可以向国际货代主张权利，也可以在国际货代披露承运人后向承运人主张权利，作为运输合同证明的提单并不直接指向承运人，同时，由于收发货人不了解国际货代的委托方，不清楚承运人的资质和实力，极易遭遇商业风险，甚至商业欺诈。按照UCP 500第30条，该种提单不能结汇；而提单未显示签发人是具名承运人的代理，显然不符合UCP 600的要求，当然也不能结汇，同时也可以看出UCP 600取消运输行单据条款的原因：有关提单的条款已经界定了何种货代提单可以接受。

（三）当事人与曲解之源

当国际货运代理作为承运人签发提单，提单落款为承运人时，他不是承运人的代理人，而是承运人本身，是不经营船舶的无船承运人。为了完成运输合同，国际货代会向实际承运人托运。相对于收发货人而言，国际货代是承运人，他向收发货人签发货代提单，收发货人凭货代提单结汇；相对于实际承运的船公司而言，国际货代是货主，船公司向国际货代签发船东提单，船东提单的发货人是国际货代企业。

由于一票货物存在货代单和船东单两份提单，且货代提单不能约束船公司，不能向船公司提货，通常的程序是由国际货代在目的港的代理持船东提单向船公司提货后，再凭货代提单将货物交由收货人。故有些学者认为：货代提单一般只是运输代理收到货物的收据，不可转让，也不能作为向承运人提货的凭证。这种曲解是不正确的，混淆了契约承运人（无船承运人）和实际承运人（船公司）的区别，也否认了货代提单所具有的三种功能性质。在实际业务中，国际货运代理作为契约承运人，货代提单的条款约束国际货代和收发货人，尽管收发货人与实际承运人没有签订运输合同，但并不影响货代提单的效力。

二、货代提单在国际货运中的应用

（一）集装箱拼箱运输

自20世纪60年代以来，国际集装箱运输迅速风靡全球，至今几乎所有的件杂货班轮都已消失，被集装箱运输取而代之。由于大多数外贸企业在国际贸易中只成交了小批量货物，租用整箱将出现亏舱，而集装箱货运站可以提供拼箱服务，将多票小批量货物集中装在一个集装箱中，再以整箱交给船公司托运。

负责拼箱的从业者称为集拼经营人，通常由国际货运代理、国际仓储业者等发展而来，实际上是货运代理业务的一部分。集拼经营人通常是作为无船承运人，接受货主的托运，签发货代提单给实际托运人，运输条款为CFS-CFS，集拼经营人成了无船承运人；集拼经营人将货物拼箱后，整箱交给船公司，船公司出具整箱的船东提单给集拼经营人，运输条款为CY-CY或DOOR-DOOR，集拼经营人又成了货物托运人。货物到达目的港后，集拼经营人的代理凭船东提单提取整箱，拆箱后凭货代提单交货给收货人。

（二）美国航线班轮运输

美国建立了完备的运价管理制度，实行严格的运价报备，从事美国远洋运输的公共承运人（包括远洋船舶运输经营者和无船承运人）必须向美国海事联邦委员会报备运价并予以公布，报备运价生效期间不允许任意变动。但美国允许托运人和公共承运人签订服务合同，托运人承诺提供一定的货源，而公共承运人承诺按约定的运费率和运输服务水平提供服务。

经营美国航线业务的无船承运人需报备和公布费率表，调整运费的自由度大大降低。除通过比较远洋船舶运输经营者的运价以获得较低费率外，无船承运人将根据自己所能揽取的货物，以托运人的身份与远洋船舶运输经营者签订服务合同，争取优惠费率。货物出运时，无船承运人向发货人收取自己所报备的运价，以承运人身份向发货人签发货代提单，货代提单转让后，收货人凭货代提单向无船承运人的目的港代理提货；同时远洋船舶运输经营者向无船承运人签发船东提单，船东提单的托运人是无船承运人，收取服务合同的费率，无船承运人的目的港代理凭船东提单向远洋船舶运输经营者提货。

（三）公共支线运输

为达到快速、高效的目的，集装箱运输要尽量减少挂靠港口，远洋船舶挂靠的干线港必须有支线港的货源支撑，从支线港口到干线港口的运输称为支线运输，集装箱班轮航线由干线加支线组成。远洋船舶运输经营者不可能覆盖所有的支线港口，不少支线船舶运输经营者向各远洋船舶运输经营者提供支线运输服务，比如，我国的环渤海湾、长江流域、珠江流域已经形成较为齐全的支线网络，使远洋船舶运输经营者以大连、上海、宁波、深圳、广州等干线港为中心，提供至各支线港的全程运输服务。

干线和支线运输由不同的承运人完成，远洋船舶运输经营者选择公共支线的服务时，其自有船舶并不挂靠支线港口，通常会委托支线港口的国际货运代理组织货源、管理集装箱和签发提单。若该国际货代以远洋船舶运输经营者的名义签发提单，则此提单可视同承运人本人签发；若该国际货代有多个远洋公司可供选择，为赚取更多利润和提升揽货实力，以承运人的身份向发货人签发货代提单，则成为无船承运人。

（四）多式联运

集装箱可以方便地从一种运输工具转移到另一种运输工具，故集装箱运输的盛行使多式联运与“门到门”运输成为现实。“门到门”运输通常由多式联运来完成，多式联运是指以两种或两种以上的不同运输方式，负责将货物从接收地运至目的地。多式联运经营人签发多式联运单据，若有一程涉及海上运输，多式联运经营人将签发多式联运提单。

多式联运经营人可以是某种运输工具的经营者，也可以不经营任何的运输工具，如仓储业者、国际货运代理等。多式联运经营人通常将各区段运输分包给实际承运人，若将海运区段分包，则多式联运提单就是货代提单。多式联运经营人是契约承运人，对全程运输负责，向货主签发多式联运提单；海运区段承运人向多式联运经营人签发船东提单，多式联运经营人是海运区段的托运人。

三、货代提单在国际货运应用中应注意的问题

（一）货代提单与船东提单的指定问题

不同的贸易条款和运输方式应选择适合的提单。出口商以FOB术语缔结贸易合同应指定船东提单，因进口商租船订舱，选择无船承运人并签发货代提单时，出口商无法掌握该国际货运代理的资信和实力状况，若国际货运代理对进口商通融而采取无单放货时，出口商往往难以挽回损失。

若货量较少，不能使用集装箱整箱运输，只能采用拼箱运输时，不应指定船东提单。因船公司通常不经营拼箱业务，拼箱业务中提单只能由集拼经营人签发，只能是货代提单，指定船东提单将导致拼箱运输无法完成。

（二）提单记载事项的要求问题

国际货运代理业是服务行业，国际货运代理企业不经营船舶运输，只能依靠服务和价格吸引客户，顾客满意度至关重要，国际货运代理企业通常会满足顾客需求。在国际贸易中遇到不寻常的运输条款，如信用证规定在提单上记载最迟抵达目的港的时间等，货主应使用货代提单，易于满足单证要求。

但我国出口商使用货代提单时，应避免接受记名提单，即提单的收货人一栏记载为具名收货人。记名提单不能转让，在有些国家具名收货人可不凭记名提单提取货物，出口商无法通过控制单证去控制货权，将面临巨大的风险。

（三）承运人的正确识别问题

无船承运人直接发源于国际货运代理人，国际货运代理可能既从事代理业务，又从事无船承运业务，具有双重身份，正确识别承运人身份是分清承、托双方权利义务的前提。承运人是海上货物运输合同的一方当事人，在提单运输中，对承运人的识别主要依据提单的签名。

国际货运代理以自己的名义作为承运人签发提单，则是无船承运人。国际货运代理获得承运人的授权，以承运人的名义签发提单，在提单中注明代理人的身份，则是承运人的签单代理。若国际货运代理接受未在我国交通主管部门办理提单登记的无船承运人的委托签发提单，将对提单项下的损失承担连带责任。

第五节 国际货物运输保险之保险利益原则

国际货物运输是不同国家之间进行经济交流的通道，这些运输保障了两国之间的货物顺利进行交换，而在运输途中，会因为各种运输事故而造成货物的丢失或未能按时到达，由此出现了国际货物运输保险，它将运输过程中的损失进行分散和转接，以让受害人的利益损失降到最低。这种保险是财产保险的一种，是一种在货物运输中弥补受害者经济利益的手段。我国综合国力的增强和国际地位的提高也让我国的国际贸易不断加快。为了保障两国之间的贸易利益，我国对国际货物运输保险的重视程度也不断加大，国家规定了投保人与保险人之间不具有利益关系，这也就代表了保险者与投保人要依据相关合同遵守保险原则，做到诚实守信，依合同给予补偿，相互配合，相互信任，这是国际货物运输保险原则的基础。作为国际贸易不可缺少的环节，保险起着不可言喻的作用。

一、保险利益原则

（一）保险利益的内容

保险利益就是保障人们的利益不受损失，它的主要表现形式为为了防止利益受到损失，而在投保人处进行的保险交易。它作为一种可以用确定的东西来衡量的经济利益，用现金、支票等有价值的东西来发挥它的职能。投保人和保险人所签订的赔偿合同受到法律的保护，如果投保人未按约定给予相应的赔偿，保险人可以用法律来申请对他经济的赔偿。从另一种程度来讲，也就是保险人的经济利益受到伤害时才有赔偿，两者相互之间具有利害关系。例如，一个化妆品公司的货物主管要往美国空运一批化妆品原料，他找到投保人买了保险，保险合同中承诺了如果原料受到的损坏达到5%，或未按约定日期送达就给予他相应的现金赔偿，可是在运送途中，由于中转站出现了事故，导致货物丢失了一半。货物主管投了保险，保险对丢失的货物进行了现金赔偿，可是也因为原料的不够让他受到了领导的责备。从这个例子可知，保险只能够保险一些有形的东西，但一些无形的东西如心理情绪等是无法弥补的。在保险过程中，投保人与保险人之间的交易必须是合法的，运送的货物必须是合法的，保障受害人的利益也必须是在不损害国家利益的前提下进行的补偿交易。[1]

[1] 林翠文.国际货物运输保险的保险利益原则研究[J].商场现代化，2019（19）：39-40.

（二）保险利益的发展

保险利益最早产生于英国，1745年海上贸易就已经产生，因为在其交易中不断有赌博事件的发生而影响了国家贸易的往来，为了杜绝这种行为，英国颁布了《海上交易法》，从此保险利益原则出现，并一直沿用至今。它要求双方只有都签订了协议，合同才具有有效性。之后的贸易经济不断发展，各国之间进行货物交易，为了保障两国之间的利益不受损害，各国都制定了保险利益原则，因为英国的保险原则可以从根本上保障受害者的利益，因此英国的保险原则也成为其他各国制定保险原则的基础。但保险利益的统一并没有那么容易，在14世纪的意大利，他们认为只要在投保时可以证明货物是自己的，在运送途中经济利益受到损害就可以进行赔偿。但经济性保险利益学说认为，保险法毕竟只是一种法律，只要保险人与保险者之间因为保险财产的损失而使其经济利益降低，那么保险人就应依法对投保人进行赔偿。澳大利亚随后也制定了相关的法律法规，其重要部分都是对英国保险利益原则的沿用，这也体现了英国保险原则对各国的影响深远。

（三）保险利益原则的应用

对各种运输方式的应用，主要有CPT、CIP、DDP、DAT、DAP、FCA、EXY、FAS等运输方式，CIP和CPT的货运方式相似，保险利益随着货物的转运，可保利益的承运人也会随之转移。FCA在将货物交给买方时，可保利益也一并转给买方。DAT和DAP贸易术语是卖方在合同规定的地点转交货物时，可保利益同时转给买方。DDP是在交完税后，在进口国交货时转交可保利益。EXY是在合同交货点作为可保利益点，买方处置货物时风险转移。在水上运输时，FOB指在船上交货，即把货物交到船上时，可保利益转移。CFR和CIF都是在装货港完成交货后可保利益转移，不同的是CFR需卖方承担成本和运输费用。FAS指按照合同在船边交货后可保利益转移。

二、保险利益原则在国际货物运输保险中的重要作用

（一）避免出现投机获利

在国际货运保险原则当中，保险利益原则是其一大关键内容，将其应用在

国际货物运输保险中，首先可以从根本上避免投机行为和赌博行为的出现。对于保险标的，若投保人具有保险利益，则表明该合同属于保险合同，反之即为赌博合同。在保险利益原则下，即便双方签订国际货物运输保险合同时，并未涉及保险利益，但他人也无法在无保险利益下通过投保他人的生命或财产以获利。事实上，在保险这一概念刚刚出现时，尚未形成完整、系统的保险原则，在缺乏可保利益原则的约束与限制下，有部分投机取巧之人会通过对和自己根本无任何利益关系的船舶货物进行投保，此时虽然其需要支付一定保险费用，但如果货物在运输过程中受到伤害出现损失，投保人便可以因此获得高额赔偿金。事实上，因国际货物运输本身存在较大的不确定性，外部环境如天气等与运输人员、货运装备等因素均会在不同程度上影响国际货物运输的安全性，故而使得保险活动可以被近似于看作是一项高风险、高回报的赌博行为，但在保险利益原则中，明确规定投保人对保险标具有法律承认的保险利益，因此消除了国际货运保险合同成为赌博合同的可能性，防止有“赌徒”从中牟利。

（二）有效控制道德风险

国际货物运输保险中往往会存在较大道德风险，所谓道德风险指的就是为了能够获得更多的保险赔偿金，保险合同的投保双方，或是其他关系人故意促成保险事故发生，或是人为将保险标的损失风险扩大，以此获利。在无保险利益原则的情况下，极有可能导致国际货物运输保险中，部分别有用心之人故意促成保险事故发生，或是在有能力避免发生保险事故时，不作为任由保险事故发生，以此达到获取高额赔偿金的目的。而将保险利益原则积极应用在国际货物运输保险中，也可以对该道德风险进行有效防控，即便保险标的发生损失，基于保险利益原则下投保人仅仅只能获得合同规定的赔偿损失金额，无法获得其他特殊利益。

（三）明确保险赔偿限度

在保险利益原则当中，明确规定保险利益范围不允许超出被保险人对于保险标的所拥有的实际利益。如果在国际货物运输保险中，投保人投保范围明显超出所规定的利害关系，则超出部分并不具有法律承认的保险利益，一旦超出部分出现损失，投保人依然无法从中获得相应的保险利益即保险赔偿金。因此对于国际货物运输保险而言，保险利益原则不仅明确规定了保险赔偿限度、获赔资格条件，同时有效防止保险合同向赌博合同转变，极大地制约了可能存在的道德风险，使得保险的应有效用得以在国际货物运输中得到充分发挥。

三、我国国际货物运输保险的保险利益原则发展对策建议

（一）建立健全相关法律及规定

笔者建议我国在未来继续发展国际货物运输保险尤其是保险利益原则时，首先需要尽快立足本国国情与国际货物运输保险需求，通过主动学习和借鉴英国等发达国家在该方面的先进经验、优秀法律，尽快建立健全我国相关法律法规，为实现国际货物运输的长效稳健发展奠定坚实基础。

（二）重视高素质专业人才培育

我国在不断完善相关法律法规的同时，也需要高度重视对相关专业人才的培育力度。坚持“引进来”与“走出去”同步走战略，一方面尽快敦促相关企业及培训机构，定期组织现有从业人员参加与保险利益原则、国际货物运输保险等相关的专业培训教育，使其能够不断接触学习更多先进工作理念与工作方法手段，为推动我国国际货物运输发展提供源源不断的人才支持；另一方面，也需要积极从社会上大力引进在相关方面具有丰富工作经验和扎实专业基础知识技能的优秀人才，从而不断扩充国际货物运输专业团队规模。

在国际货物运输保险中，保险利益原则对于控制道德风险、规避赌博行为等均发挥了关键作用。针对我国目前在国际货物运输保险领域应用保险利益原则所存在的、缺乏相关完善法律法规与大量专业人才的问题，日后国家还需要不断建立健全相应法律，补充完善各项法律规定的同时重点加强该领域高素质专业人才的培育与引进，从而更好地促进我国国际货物运输业实现稳健发展。

结束语

随着世界格局的改变，对外贸易环境日益复杂，传统外贸指导思想已经难以满足我国国际贸易的发展实际。笔者探讨了国际贸易的相关理论，分析了国际贸易对我国产生的积极影响，针对性地提出了适合我国现阶段的国际贸易发展路径。

（一）充分利用互联网优势，全面发展电子商务贸易，促进国际贸易发展

随着社会科技的不断发展，当前社会经济已经逐渐从工业型经济转变为知识型经济。就全球范围来说，互联网已经深入经济发展，能够很好地降低经济贸易活动的成本。在这种背景下，各种电子商务经济不断涌现，并且发展非常迅速，已然成为当前经济贸易的主流形式，同时还是经济贸易活动未来发展的必然趋势。电子商务促使国际贸易打破传统的局限性，实现创新发展，为促使全球经济发展和我国社会经济建设提供有力的支持和帮助。

（二）大力发展旅游服务，促进国际贸易发展

随着世界经济的不断增长，世界各区域的经济发展在增长的同时又具有各自的特征。21世纪以来，世界经济格局经历着巨大的变化，亚太地区尤其是太平洋西岸及印度洋地区国家的经济崛起，使得该区域成为世界经济最具活力与潜力的一极。旅游服务贸易成为世界经济重要的助推器，在世界各国都得到了重视。旅游在中国服务贸易部门中一直保持着最大顺差，是服务贸易部门最重要的创汇来源，中国已经确立了旅游服务贸易大国地位，但在迈向旅游强国之

路上，困难依然存在。笔者正是基于这一考虑来探讨中国旅游服务贸易提升竞争力的路径，遵循理论分析、政策建议这一思路，对提升中国旅游服务竞争力，促进国际贸易发展进行了系统研究。

（三）创新金融，推动国际贸易发展

在一个国家的经济发展过程中，金融发展与国际贸易相互影响、相互渗透，缺一不可。金融的快速发展能在一定程度上促进、推动国际贸易，而国际贸易对金融发展也起着重要的调节作用，金融发展与国际贸易相互影响、相互支撑。

（四）完善物流产业分工，促进国际贸易发展

国际物流是为国际贸易提供服务的，当前国际物流已经发展成为影响国际贸易发展的关键因素。国际物流既可以为国际贸易建立宽松的环境，又能够为国际贸易带动更多的发展条件。完善的国际物流系统能够为实现国际贸易的稳定发展提供强大的运行保障，也是国际贸易发展的基础。通过国际贸易的发展，能够给每个国家带来更多的经济利益，提高贸易商品的数目，减少贸易成本，采用最适宜的途径来完成产品的运输，为积极发展国际贸易提供有力保障。国际贸易和国际物流之间是一种相辅相成的关系，需要提高国际物流效率，避免国际物流和国际贸易出现脱节的情况，从而促进国际贸易的发展。

（五）打造民族企业自主品牌，提升企业综合竞争能力

打造企业品牌，提升品牌优势，树立起我国企业的国际品牌知名度，同时加强企业的软实力，全面提升企业综合竞争能力，是促进我国贸易发展的根本所在。把提升品牌知名度，运用品牌优势作为争夺市场的主要工具，比利用价格竞争为主要工具更加合理与有效，并且打造民族品牌可以形成良性循环，即使产品过时，成功的品牌也能使企业长盛不衰。从某种角度来说，品牌才是市场的灵魂，才是夺取市场的王道。随着国门的全面打开，国内市场被洋品牌迅速占领，国外市场却容不得民族企业进入半寸，面对这种局面，尽快壮大民族企业的自主品牌，提高我国企业品牌的国际竞争力就成了我国企业的当务之急。

参考文献

[1] 陈善涛. 金融危机对中国国际贸易的机遇与挑战研究[J]. 商场现代化，2017（24）：3-4.

[2] 陈亮. 贸易自由化对发展中国家收入分配的影响[D]. 大连：东北财经大学，2005.

[3] 陈茹. 试论当代国际贸易方式的创新研究[J]. 南昌教育学院学报，2013，28（12）：186-187.

[4] 陈雨兰，商明蕊. 绿色贸易壁垒对我国农产品国际贸易的影响分析[J]. 中外企业家，2020（05）：118.

[5] 崔航. 浅谈国际贸易理论发展思路及新趋向[J]. 品牌，2014（09）：7.

[6] 崔娟娟."金砖国家"内部贸易比较与合作研究[D]. 大连：东北财经大学，2013.

[7] 戴勇. 贸易自由化下我国收入差距研究[D]. 无锡：江南大学，2008.

[8] 高珅. 国际贸易对我国环境的影响与对策[J]. 时代金融，2012（36）：147+162.

[9] 郭鹏. 国际贸易货物通关程序研究[J]. 农村经济与科技，2019，30（24）：60-61.

[10] 洪雁南. 国际贸易与中国制造业行业内工资差距[D]. 南京：南京大学，2016.

[11] 胡兵. 出口贸易与经济增长[M]. 北京：科学出版社，2011.

[12] 胡秋华. 经济新常态下的中国国际贸易分析[J]. 辽宁高职学报，2016，18（12）：89-92.

[13] 姬艳洁. 市场潜力、国际贸易对地区间工资差距影响的实证分析[D]. 西安：西北大学，2014.

[14] 孔翠. 金砖国家服务贸易竞争力比较研究[D]. 成都：西南交通大学，2012.

[15] 李钢. 迈向贸易强国[M]. 北京：人民出版社，2006.

[16] 李娜. 经济全球化背景下国际贸易发展趋势分析及应对策略[J]. 现代营销（下旬刊），2020（02）：3-4.

[17] 李艳. 论国际贸易理论的体系与发展[D]. 哈尔滨：黑龙江大学，2005.
[18] 李铮. 马克思国际贸易理论及其对中国对外贸易战略研究的启示[D]. 开封：河南大学，2013.
[19] 刘翠翠. 经济开放对我国工资差距的影响研究[D]. 武汉：华中科技大学，2012.
[20] 刘德华. 电子商务与国际贸易[M]. 长沙：中南大学出版社，2013.
[21] 刘舒年. 国际金融[M]. 北京：对外经济贸易大学出版社，2011.
[22] 柳煌煌. BRICS国家对外贸易结构与贸易竞争力的对比研究[D]. 泉州：华侨大学，2013.
[23] 龙伟. 跨国公司内部贸易与国际竞争优势[M]. 武汉：湖北教育出版社，2011.
[24] 罗嘉颖. 新常态下电子商务对国际贸易的负面影响及应对策略[J]. 现代营销（下旬刊），2020（02）：114-115.
[25] 罗默. 高级宏观经济学[M]. 上海：上海财经大学出版社，2014.
[26] 马晓科. 外商直接投资（FDI）对中国收入差距的影响[D]. 上海：复旦大学，2012.
[27] 施志君. 电子商务案例分析[M]. 北京：化学工业出版社，2014.
[28] 苏士杰. 基于新国际贸易理论对中国制造业的分析[D]. 天津：河北工业大学，2011.
[29] 孙宝石. 面向企业优势的国际贸易理论研究[D]. 大连：大连理工大学，2000.
[30] 孙冰. 国际电子商务与传统国际贸易实务之比较[J]. 中国市场，2020（04）：9-10.
[31] 孙伟平. 价值哲学方法论[M]. 北京：中国社会科学出版社，2008.
[32] 王典. 金砖国家金融服务贸易竞争力影响因素研究[D]. 海口：海南大学，2016.
[33] 王慧鑫. 马克思主义国际贸易理论视角下我国对韩农产品出口发展研究[D]. 曲阜：曲阜师范大学，2016.
[34] 王澎涛，阿弗里德·马歇尔. 国际贸易理论研评[D]. 北京：对外经济贸易大学，2006.
[35] 王卿竹. 金融发展与国际贸易互动机理的研究进展[J]. 现代营销（信息版），2020（02）：121.
[36] 王恕立. 对外贸易预警管理[M]. 石家庄：河北科学技术出版社，1999.
[37] 王兴华. 马克思国际贸易理论在社会主义市场经济条件下的发展问题研究[D]. 贵阳：贵州大学，2009.
[38] 王耀中，张亚斌. 国际贸易理论与实务[M]. 长沙：中南大学出版社，2003.
[39] 席艳乐. 贸易自由化与工资和就业的性别差异[M]. 北京：经济科学出版社，2015.

[40] 徐岑. 我国应对贸易保障措施的建议[J]. 山西农经，2018（24）：122.
[41] 许晖. 国际企业风险管理[M]. 北京：对外经济贸易大学出版社，2006.
[42] 许美琪，张帆. 环境成本内部化对国际贸易带来的影响[J]. 农村经济与科技，2019，30（24）：59-60.
[43] 杨东霖. 马克思世界市场理论研究[D]. 保定：河北大学，2019.
[44] 于涛. 贸易自由化对中国区域间收入分配差距影响研究[D]. 厦门：厦门大学，2008.
[45] 于晓燕. 国际贸易・工资・就业[M]. 天津：南开大学出版社，2006.
[46] 余子威. 论国际贸易惯例与规则及其适用[J]. 中国商论，2018（36）：67-69.
[47] 张慧敏，刘洪钟. 政治距离、文化差异与中国的对外贸易[J]. 国际经贸探索，2020（01）：33-52.
[48] 张金昌. 国际竞争力评价的理论和方法研究[D]. 北京：中国社会科学院研究生院，2001.
[49] 张丽平. 产业升级与国家竞争优势[M]. 北京：北京师范大学出版社，2012.
[50] 张茂荣. 跨国公司内部贸易研究[D]. 长春：吉林大学，2004.
[51] 张伟. 我国对外贸易发展策略研究[D]. 武汉：武汉工程大学，2013.
[52] 张笑牧. 贸易自由化对中国工业企业工资水平的影响[D]. 上海：复旦大学，2011.
[53] 张翔鸣. 浅议国际贸易融资风险控制[J]. 品牌（下半月），2015（12）：157.
[54] 张鑫鑫. 外商直接投资对我国收入的影响研究[D]. 北京：北京交通大学，2016.
[55] 张正宜. 分析电子商务对当前国际经济贸易的影响[J]. 现代营销（信息版），2020（02）：106.
[56] 周小闪. 贸易开放对中国城乡居民收入差距的影响研究[D]. 成都：西南财经大学，2014.
[57] 朱琳. 迎接国际贸易与投资新规则的机遇与挑战[J]. 时代金融，2017（36）：6.
[58] 朱明晶. 国际贸易中绿色贸易壁垒的应对管理措施[J]. 中国商论，2020（05）：93-94.